차시	날짜	빠르기	정확도	확인란
1	월 일	타	%	
2	월 일	타	%	
3	월 일	타	%	
4	월 일	타	%	
5	월 일	타	%	
6	월 일	타	%	
7	월 일	타	%	
8	월 일	타	%	
9	월 일	타	%	
10	월 일	타	%	
11	월 일	타	%	
12	월 일	타	%	
13	월 일	타	%	
14	월 일	타	%	
15	월 일	타	%	
16	월 일	타	%	
17	월 일	타	%	
18	월 일	타	%	
19	월 일	타	%	
20	월 일	타	%	
21	월 일	타	%	
22	월 일	타	%	
23	월 일	타	%	
24	월 일	타	%	

이 책의 목차

01 #인공지능 #엑셀

이 식물은 무엇일까요? 4

02 #인터넷 #엑셀
퍼즐 굿즈 만들기 11

03 #인터넷 #엑셀

무인도에서의 하루 16

07 #인터넷 #엑셀
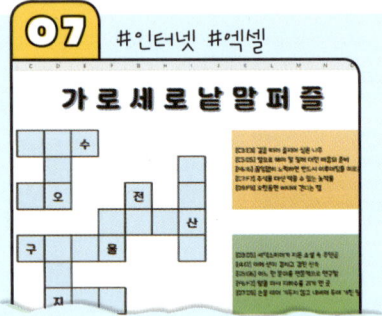
셀 주소 가로 세로 퍼즐 42

08 종합평가

재밌는 엑셀 빙고 게임 48

09 #인공지능 #엑셀
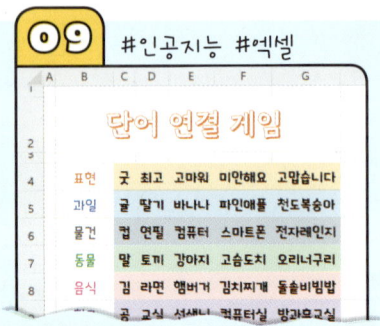
VBA 마법과 함께하는 단어 게임 50

13 #인터넷 #엑셀

후루룩짭짭 맛있는 라면 75

14 #인터넷 #엑셀

반짝반짝 픽셀아트 81

15 #인공지능 #엑셀

마린 당근 마켓 의류 상품 88

19 #인공지능 #엑셀

반려동물 선호도 조사 그래프 108

20 #인터넷 #엑셀

마우스 클릭 연습 게임 개발 116

21 #인터넷 #엑셀

내 맘대로 몬스터 도감 124

와우 그대로만 따라하면 작품이 된다!

04 #인터넷 #엑셀

쭉쭉 늘어나는 캐릭터 **22**

05 #인공지능 #인터넷 #엑셀
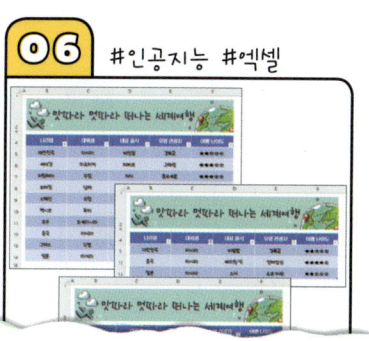
챗GPT와 함께 만드는 단어장 **28**

06 #인공지능 #엑셀

맛따라 멋따라 떠나는 세계여행 **36**

10 #인터넷 #엑셀

브랜드 로고 디자인하기 **56**

11 #인터넷 #엑셀

가장 인기 있는 이름은? **64**

12 #인공지능 #엑셀
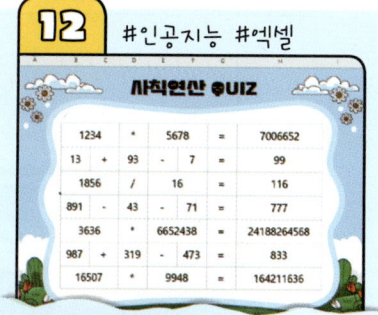
수식으로 풀어보는 사칙연산 QUIZ **70**

16 종합평가

편의점 대박 세일 기간 **94**

17 #인공지능 #엑셀

첫음절 단어 챌린지 **96**

18 #인터넷 #엑셀

네모네모 픽셀 스케치북 **103**

22 #인공지능 #엑셀

시끌벅적 장난감 매장 **131**

23 #인공지능 #엑셀

재미로 하는 랜덤 응답기 **140**

24 종합평가

스티커 오목 게임 **150**

CHAPTER 01 이 식물은 무엇일까요?

- 인공지능 ··· 이미지를 검색하여 식물과 관련된 정보를 찾아요.
- 엑셀 ··· 데이터를 입력하고 셀에 테두리를 지정해요.

📁 실습 및 완성파일 [Chapter 01] 폴더

오늘의 작품

오늘의 TOON — AI 기술로 이미지를 검색해 보세요!

AI(인공지능)는 사람처럼 생각하고 판단하는 기술이에요.
사진을 분석해 사물의 정체를 알려주는 것도 AI가 할 수 있는 일이죠!

STEP 1 셀에 데이터를 입력하고 편집하기

01 [Chapter 01] 폴더에서 **'무슨 꽃일까.xlsx'** 파일을 불러옵니다.

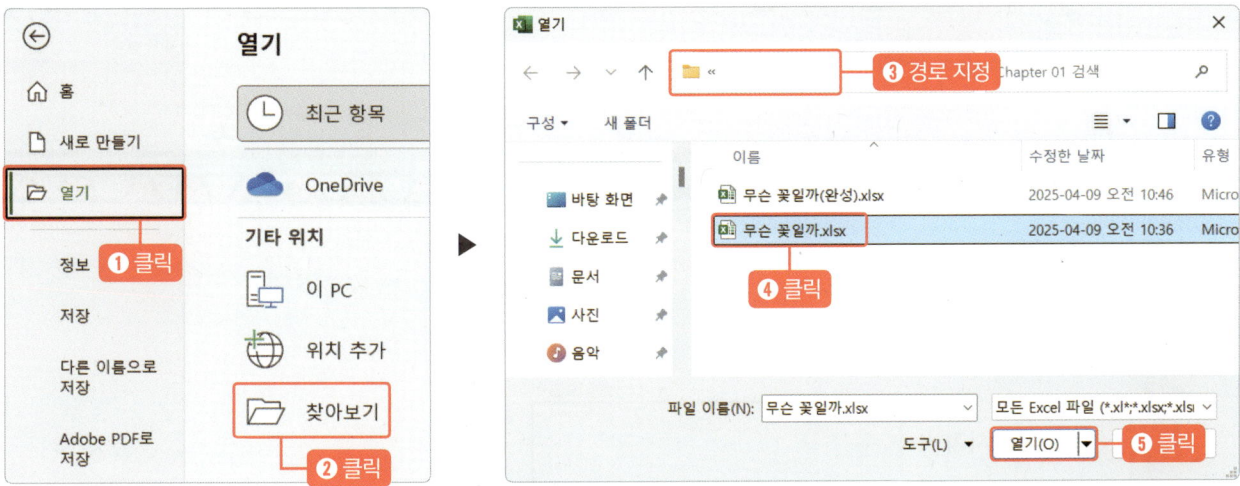

02 [B12:B14] 셀에 아래와 같이 내용을 입력해 보세요. Enter 를 눌러 아래쪽 셀로 이동이 가능합니다.

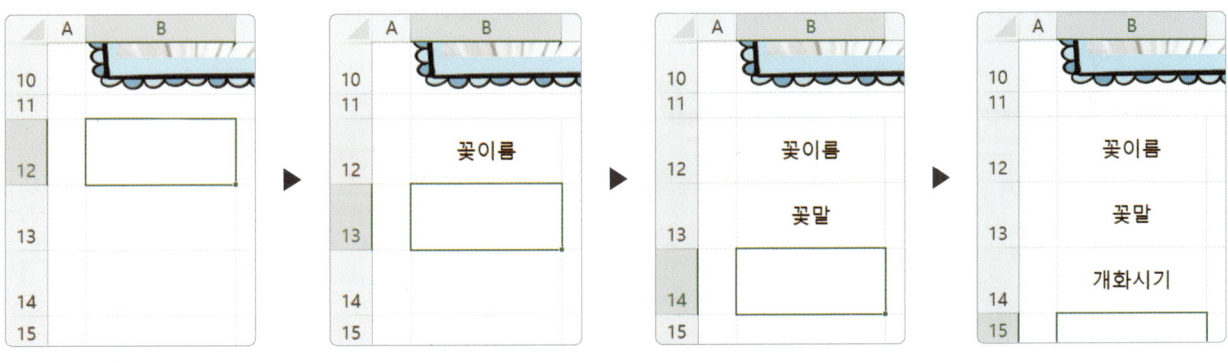

> **TIP** 셀이란 행과 열이 만나는 작은 상자이며, 숫자나 글자 등을 입력할 수 있어요!

03 [C12:D12]를 범위로 지정한 다음 [홈] 탭에서 **[병합하고 가운데 맞춤]**을 지정합니다.

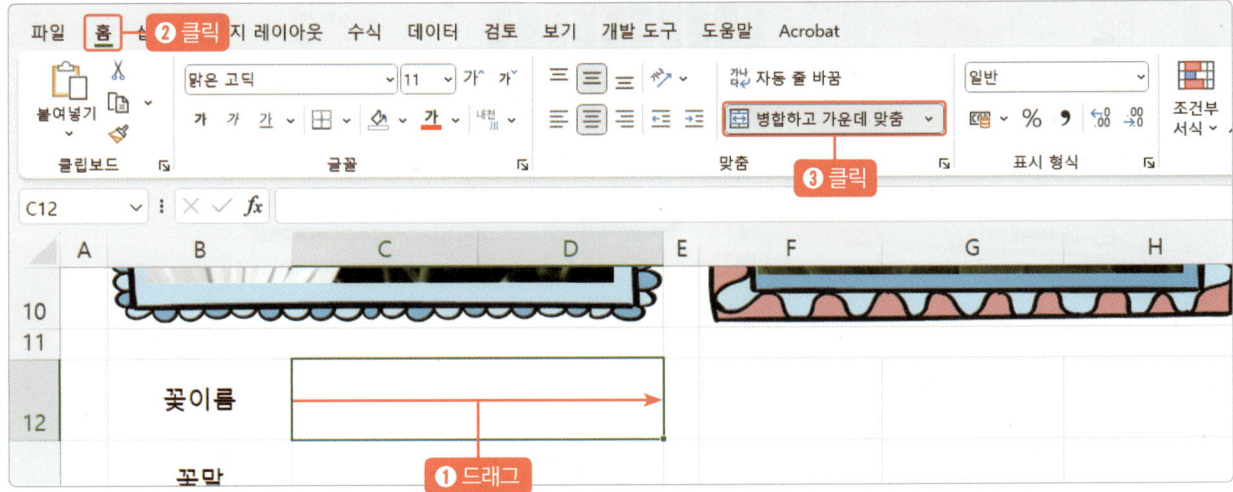

04 동일한 방법으로 [C13:D13], [C14:D14]를 각각 **[병합하고 가운데 맞춤]**으로 지정합니다.

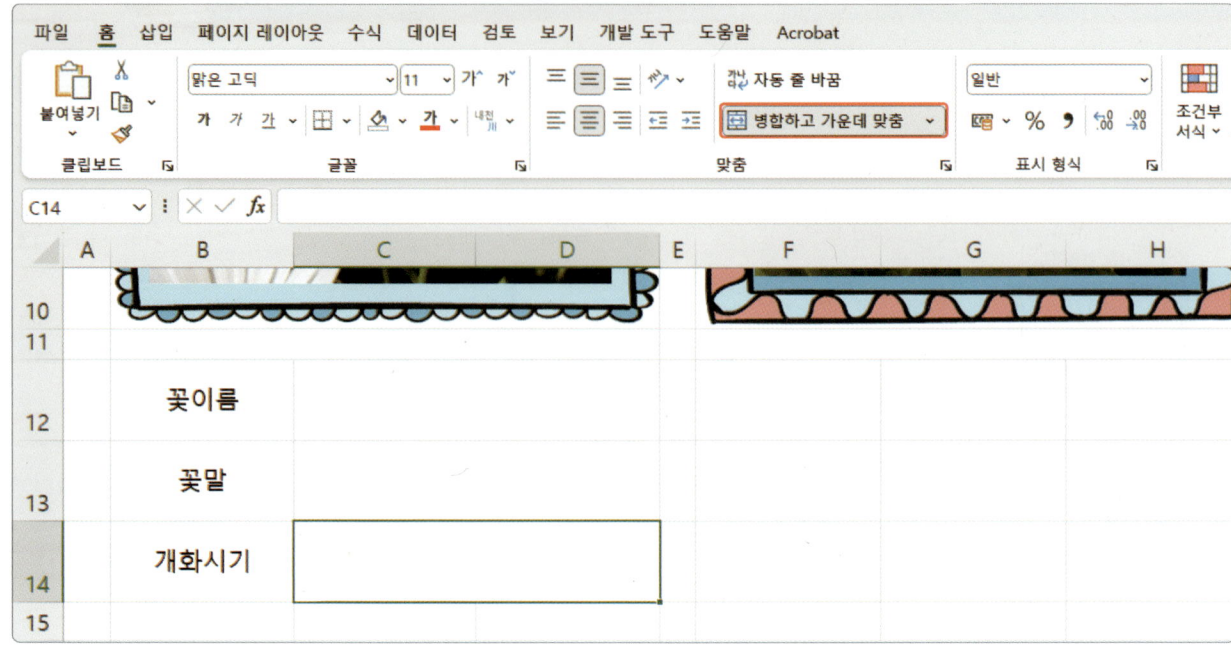

05 [B12:D14] 영역을 선택한 다음 [홈] 탭에서 아래와 같이 **테두리**를 설정합니다.

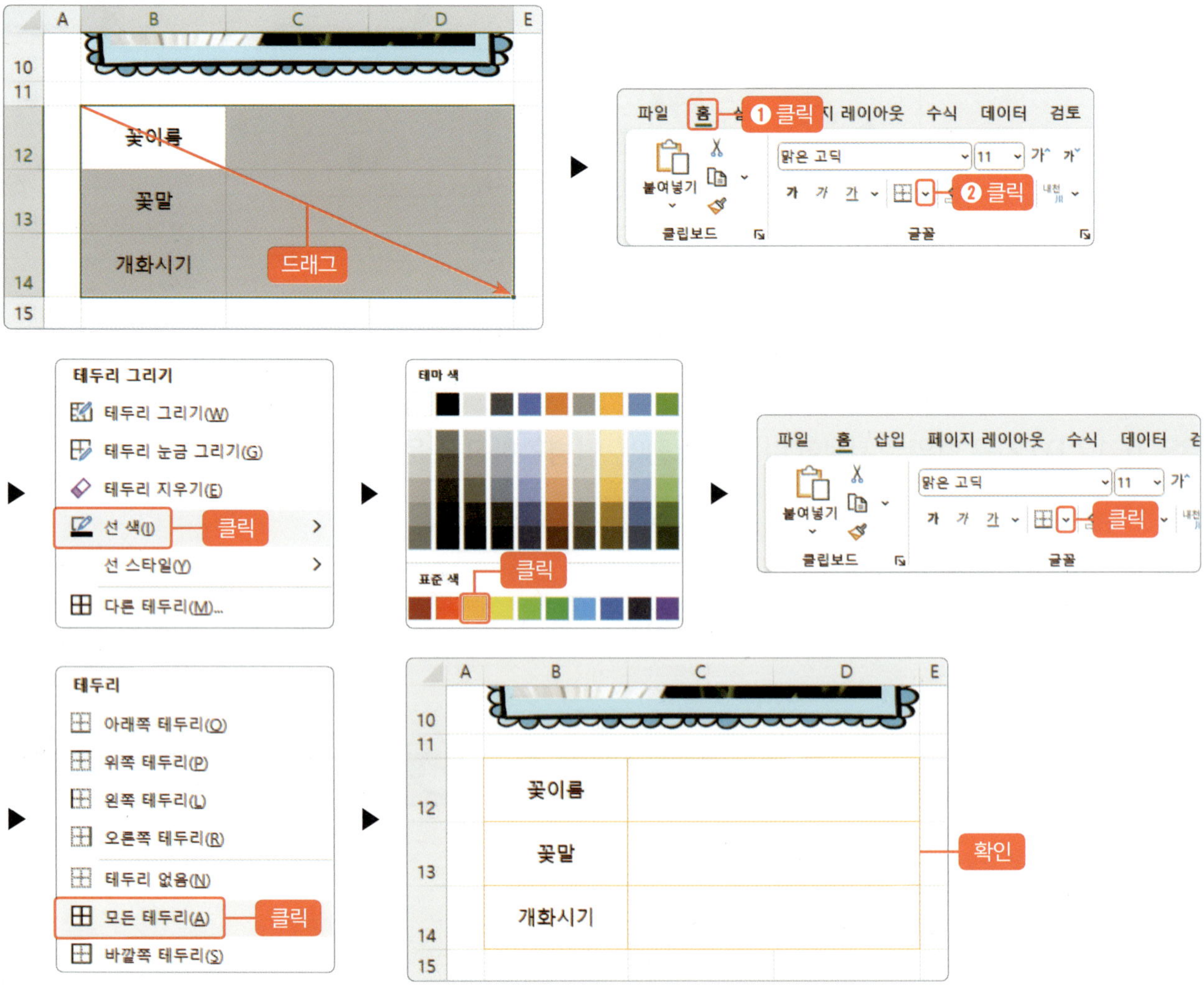

06 이번에는 [**굵은 바깥쪽 테두리**]를 적용합니다.

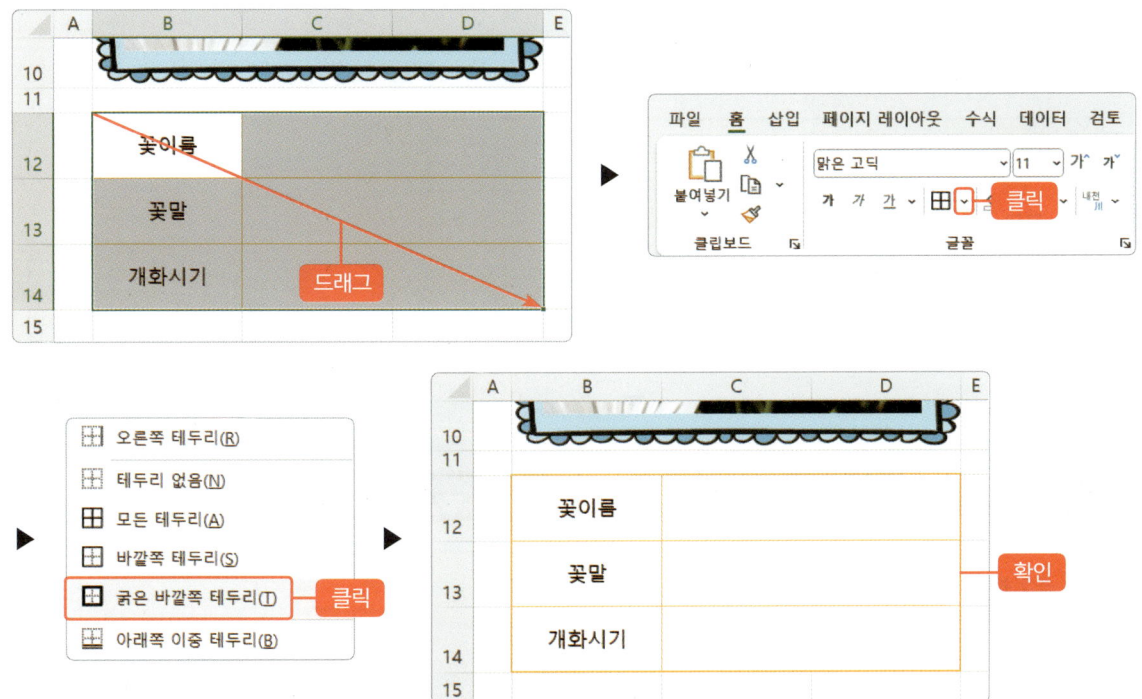

07 [**B12:B14**] 영역을 선택하여 셀에 **채우기 색상**을 적용합니다.

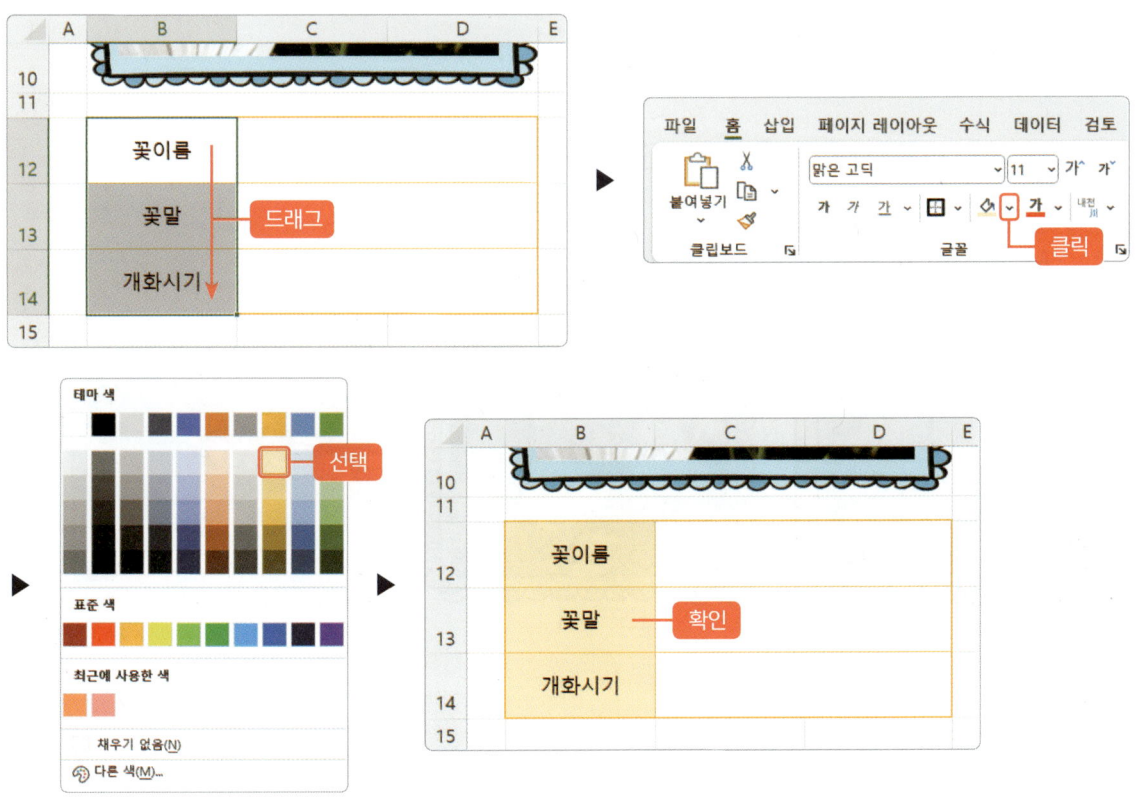

08 [B12:D14] 영역을 복사하여 [F12] 셀에 붙여넣기합니다.

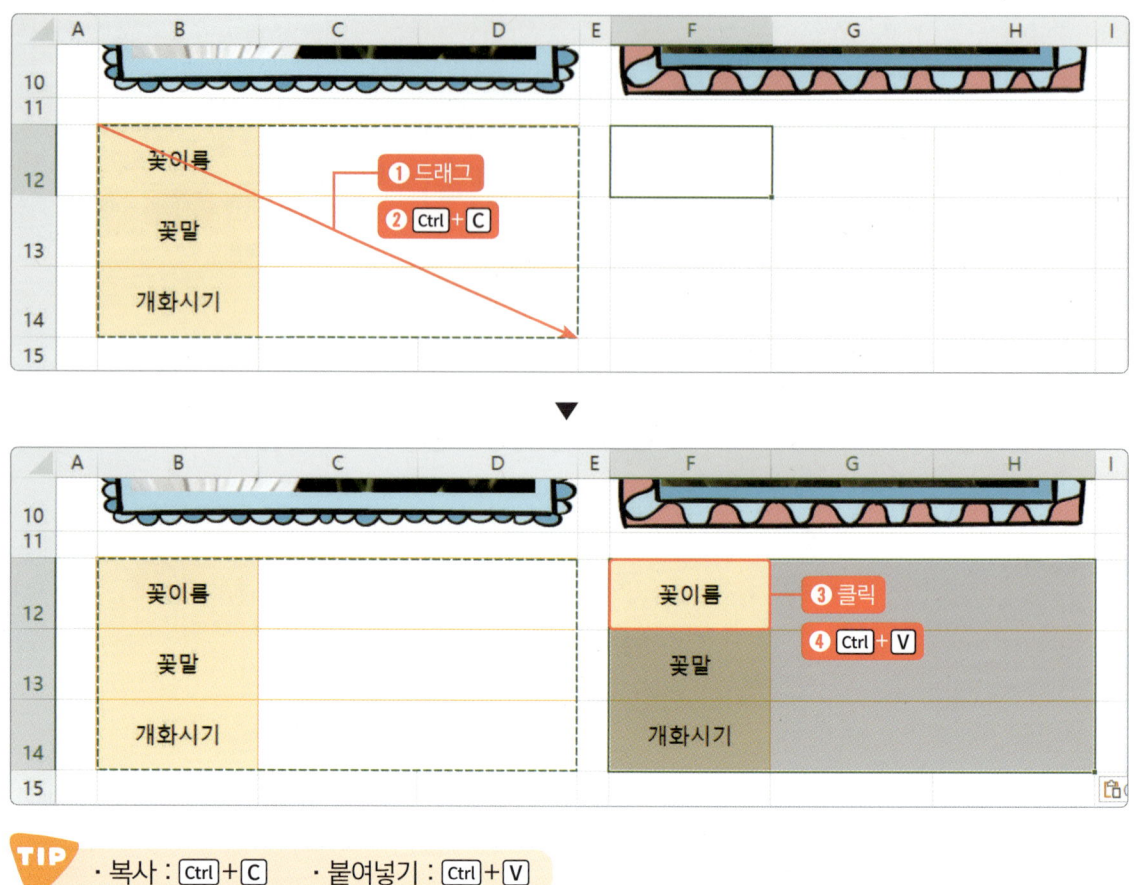

> **TIP** · 복사 : Ctrl + C   · 붙여넣기 : Ctrl + V

09 동일한 방법으로 [J12]셀과 [N12] 셀을 기준으로 데이터를 붙여넣어줍니다.

STEP 2 구글 이미지 검색으로 정보 찾기

01 구글(www.google.com)에 접속

02 🔍 아이콘 선택

> **TIP** 구글 이미지 검색은 인공지능을 활용해 그림을 분석하고 비슷한 이미지와 관련된 정보를 제공해줘요!

03 [Chapter 01] 폴더에서 '그림1' 이미지 업로드

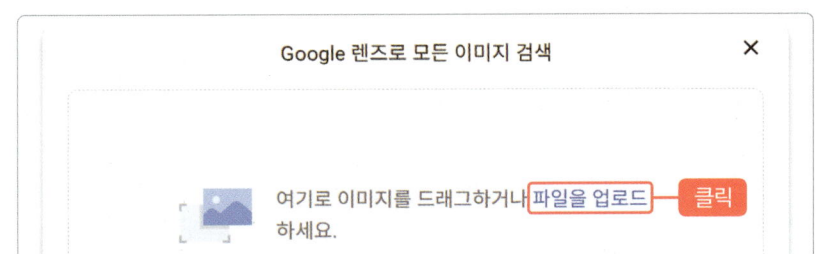

04 꽃 이름을 확인

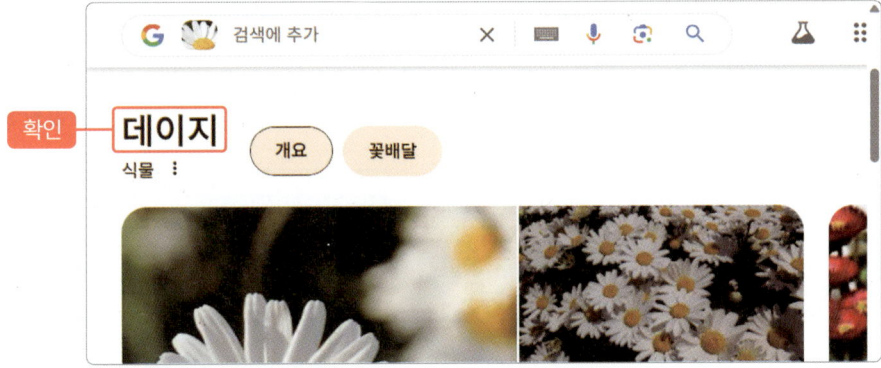

05 데이지의 꽃말과 개화시기를 검색하여 정보 찾기

CHAPTER 01 이 식물은 무엇일까요?

STEP 3 셀에 데이터 입력하기

01 엑셀 시트를 활성화하여 빈 셀에 해당 꽃과 관련된 내용을 입력합니다.

> **TIP** 9페이지에서 학습한 방법과 동일하게 이미지를 검색한 후 찾은 내용을 데이터를 입력해 보세요!

엑셀 2021과 인공지능을 이용하여 희귀동물 데이터를 완성해 보세요.

📁 **실습 및 완성파일** [Chapter 01]-[연습문제] 폴더

- ▸ [B11] 셀에 '이름'을 입력한 다음 [C11:D11] 셀을 병합하기
- ▸ [B11]셀에 색상을 채우고 [B11:D11] 영역을 선택하여 테두리 적용하기
- ▸ [B11:D11] 영역을 복사하여 [F11] 셀과 [J11] 셀에 각각 붙여넣기
- ▸ 구글 이미지 검색 기능을 이용하여 희귀 동물의 이름을 찾아 입력하기
  - ■ [Chapter 01] 폴더 안에 들어 있는 '희귀동물1~희귀동물3' 이미지를 이용하여 작업해 보세요!

퍼즐 굿즈 만들기

인터넷 ··· 검색 엔진을 통해 원하는 이미지를 저장해요.
엑셀 ··· 도형에 그림을 넣어 재미있는 모양의 퍼즐을 만들어요.

📁 실습 및 완성파일 [Chapter 02] 폴더

오늘의 QUIZ | 엑셀에서 도형과 관련된 내용으로 옳지 않은 것은 무엇일까?

 엑셀에서는 도형에 예쁘게 색상을 채우고 테두리를 지정할 수 있어!

 도형 안에 그림을 채워넣는 꾸미기 방식도 존재해!

 엑셀에서 제공되는 기본적인 도형 외에 다른 모양은 만들 수 없어!

STEP 1 키워드 검색을 통해 원하는 이미지 찾아 저장하기

 인터넷

01 네이버(www.naver.com)에 접속
02 필요한 이미지를 찾기 위해 키워드 검색

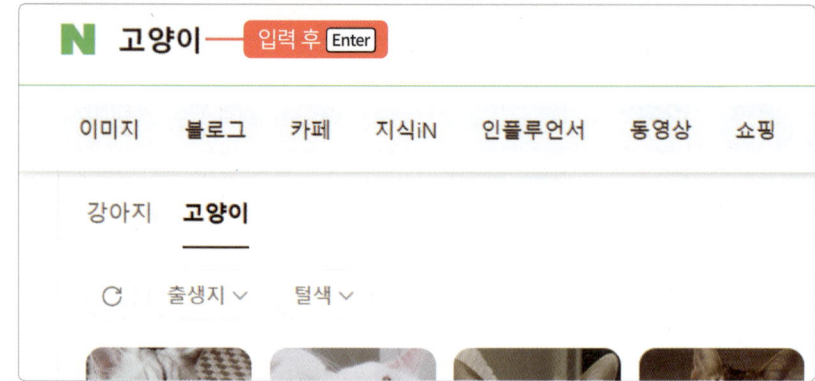

TIP 퍼즐에 필요한 이미지를 찾는 작업이에요. 좋아하는 인물, 캐릭터, 동물 등 원하는 단어를 검색해 보세요!

03 [이미지] 탭을 클릭
04 큰 사이즈의 이미지를 찾기 위해 [옵션]-[고화질]을 선택

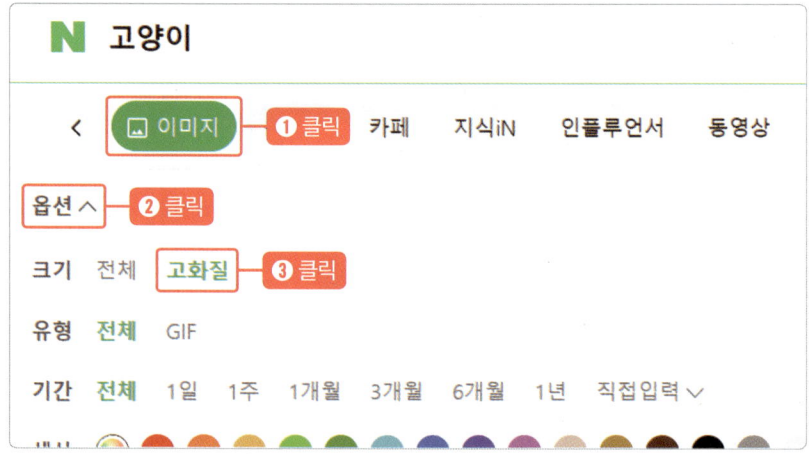

TIP 표시되는 이미지는 검색 기간 및 알고리즘 업데이트 등 여러 가지 이유로 달라질 수 있어요!

05 원하는 이미지 위에서 우클릭 후 [이미지를 다른 이름으로 저장]
06 동일한 방법으로 그림 하나를 더 저장

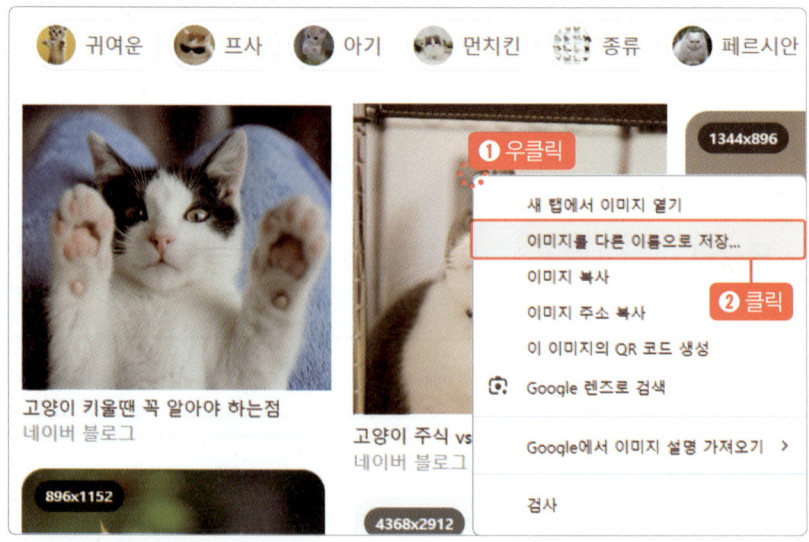

TIP 정사각형 비율의 이미지를 추천합니다. 2개의 퍼즐을 만들기 위해 원하는 이미지를 하나 더 저장해 보세요!

STEP 2 도형 삽입 후 점 편집으로 모양 수정하기

엑셀

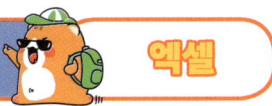

01 [Chapter 02] 폴더에서 **'퍼즐굿즈.xlsx'** 파일을 불러온 후 [삽입] 탭-[도형]에서 **'직사각형'**을 삽입합니다.

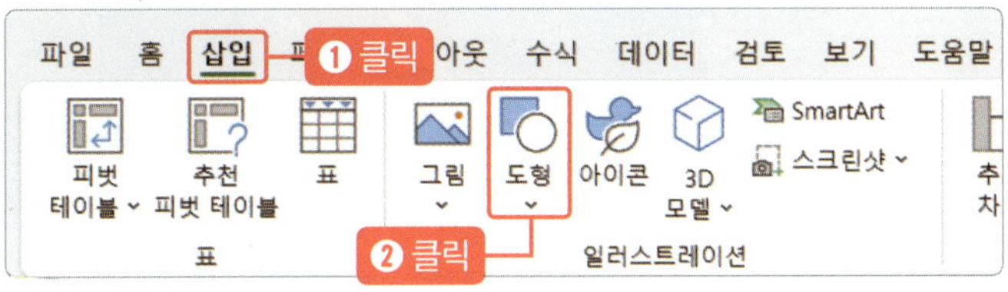

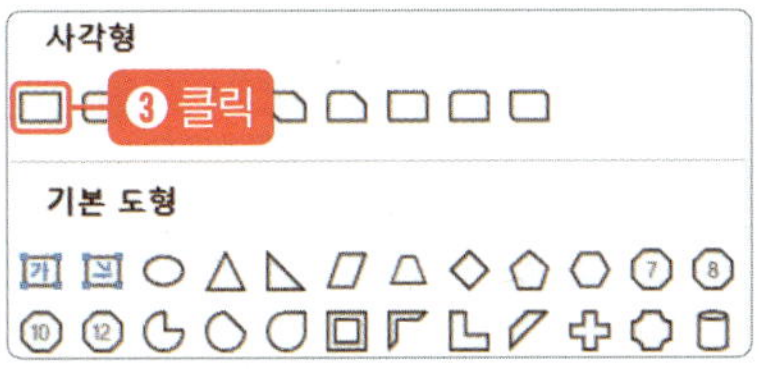

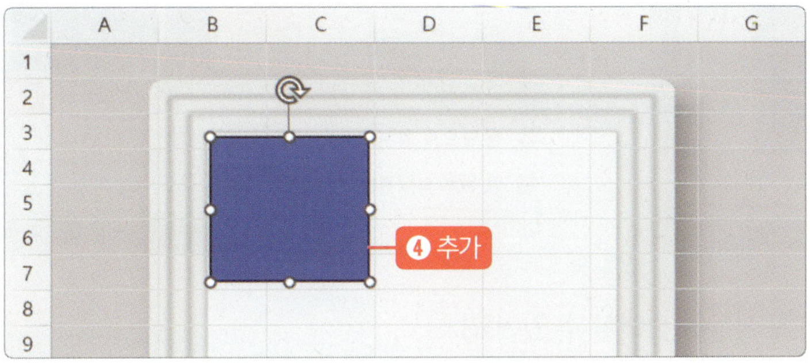

TIP 첫 번째 액자 주변에 도형을 배치해 주세요!

02 삽입된 도형이 선택된 상태에서 [도형 서식] 탭-[도형 편집]-**[점 편집]**을 클릭합니다.

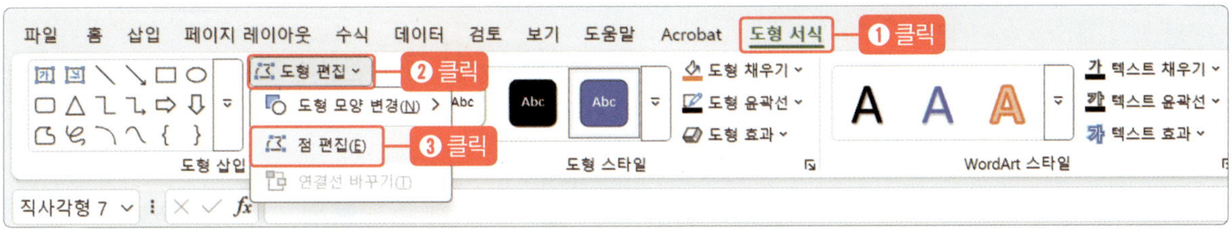

03 사각형 주변의 점을 드래그하여 모양을 편집해 보세요.

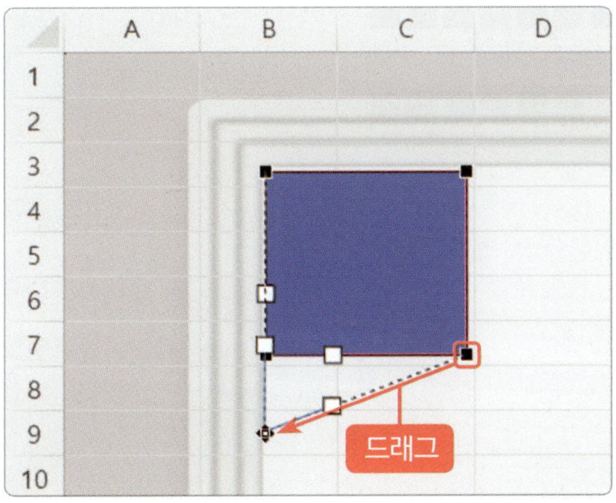

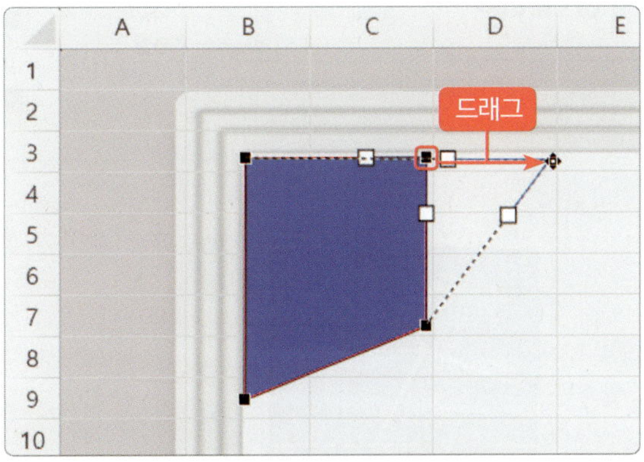

TIP 검정색 점 위에서 마우스 포인터가 (⊕) 모양일 때 드래그하여 도형의 선 모양을 수정할 수 있어요!

04 동일한 방법으로 직사각형을 추가하여 다양한 모양으로 퍼즐 조각을 만들고 **그룹으로 지정**합니다.

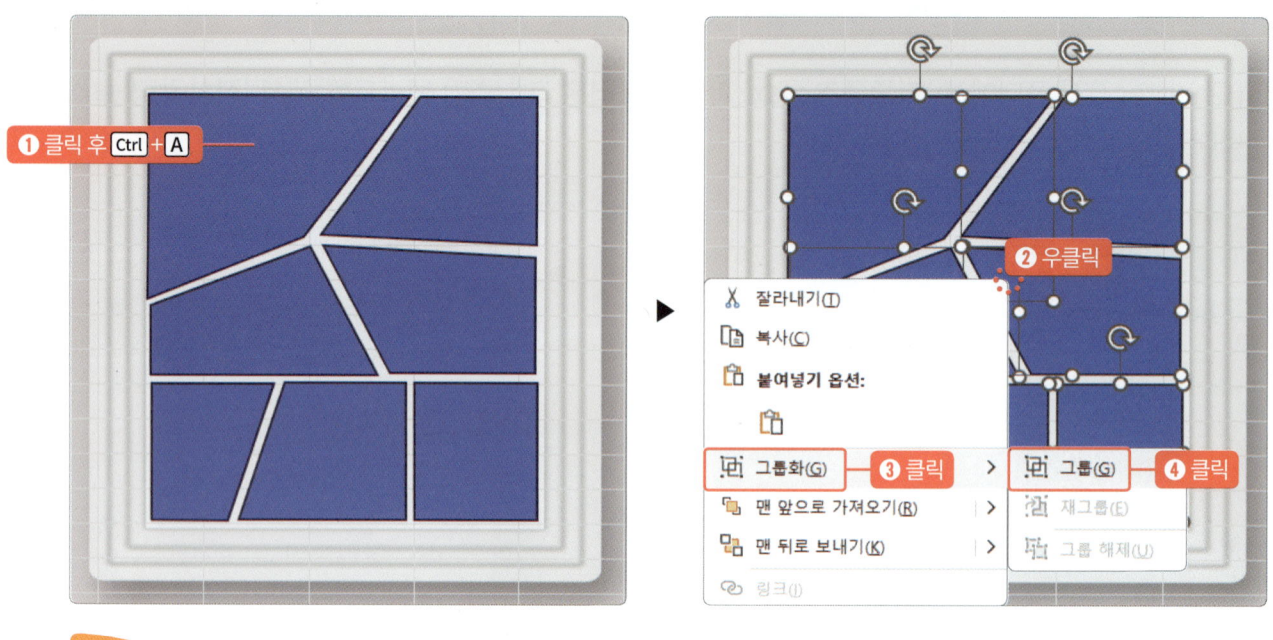

> TIP 엑셀에서는 Shift 를 누른 채 각각의 도형들을 선택할 수 있어요!

STEP 3 도형 서식 변경 후 그림 채우기

01 그룹으로 지정된 퍼즐을 선택한 후 [도형 서식] 탭에서 [도형 윤곽선]의 색상을 변경하고, **[두께]**와 **[스케치]**를 지정해줍니다

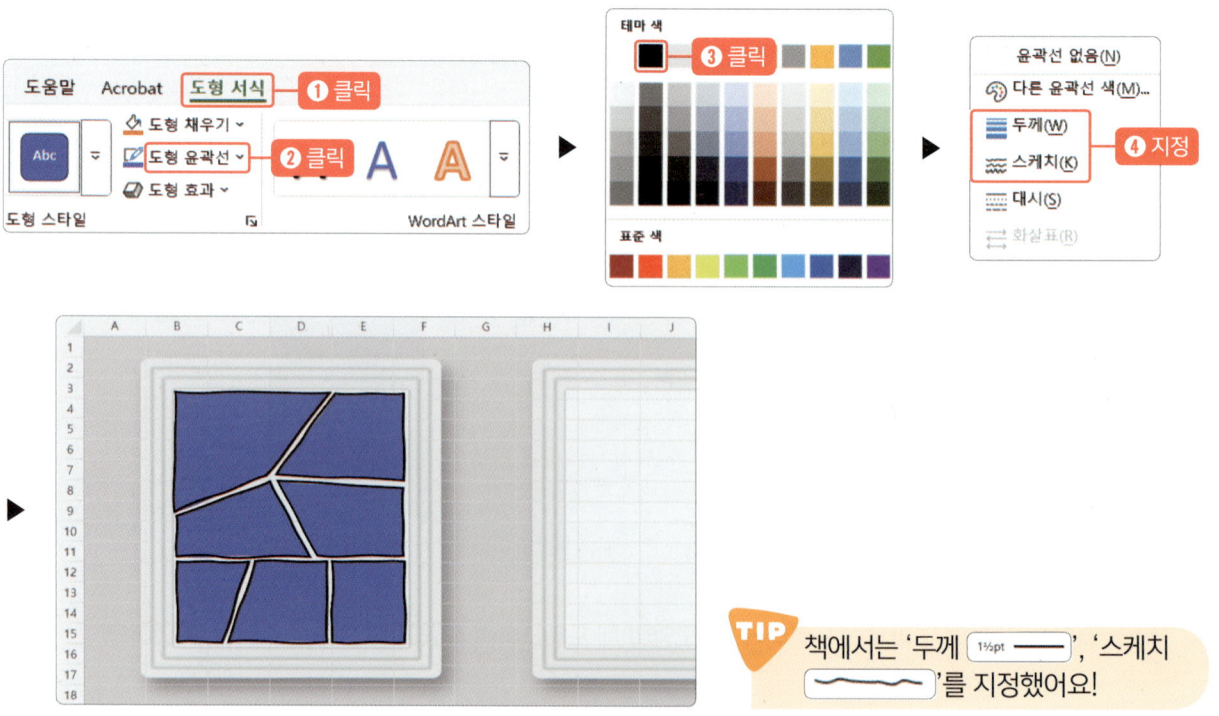

> TIP 책에서는 '두께 1½pt ———', '스케치 ～～～'를 지정했어요!

14

02 이번에는 [도형 서식] 탭-[도형 채우기]-**[그림]**을 선택하여 다운로드 받은 이미지를 삽입합니다.

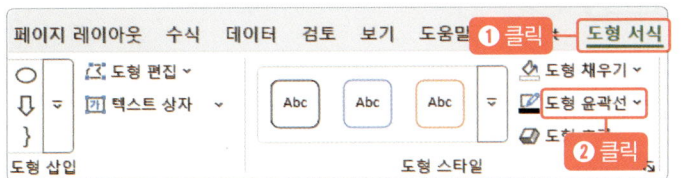 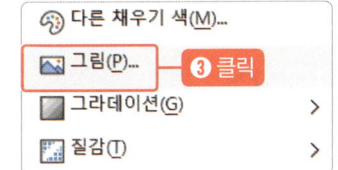

03 작업이 완료되면 오른쪽 퍼즐도 완성한 후 **[보기] 탭**에서 **눈금선을 해제**합니다.

엑셀 2021에서 도형 안에 그림을 넣어 피자 광고지를 완성해 보세요.

📁 **실습 및 완성파일** [Chapter 02]-[연습문제] 폴더

▸ [삽입] 탭-[도형]-[기본 도형]에서 부분 원형(⌓)을 삽입한 후 윤곽선 서식 변경하기
▸ 피자 조각 모양으로 변형 후 복사(Ctrl+C)-붙여넣기(Ctrl+V)를 이용해 여러 조각 만들기
  ■ 해당 도형의 노란색 조절점을 드래그하여 모양(각도)을 변형할 수 있어요!
▸ 피자 조각에 해당하는 도형을 모두 선택하여 그룹으로 지정한 후 그림 채우기(피자질감.png)

CHAPTER 02 퍼즐 굿즈 만들기 **15**

CHAPTER 03 무인도에서의 하루

인터넷 ···· 인물 특징에 맞추어 캐릭터를 만들고 엑셀 시트에 배치해요.
엑셀 ···· 시트명을 변경하고 배경을 적용해요.

📁 실습 및 완성파일 [Chapter 03] 폴더

오늘의 OXOX | 무인도에서 수집한 동물이나 과일, 식물은 안전한가?

STEP 1 시트명 변경 및 배경 적용하기

01 [Chapter 03] 폴더에서 '**무인도이야기.xlsx**' 파일을 불러옵니다.

02 아래와 같이 시트명을 변경한 다음 **시트 탭의 색상**을 지정해 보세요.

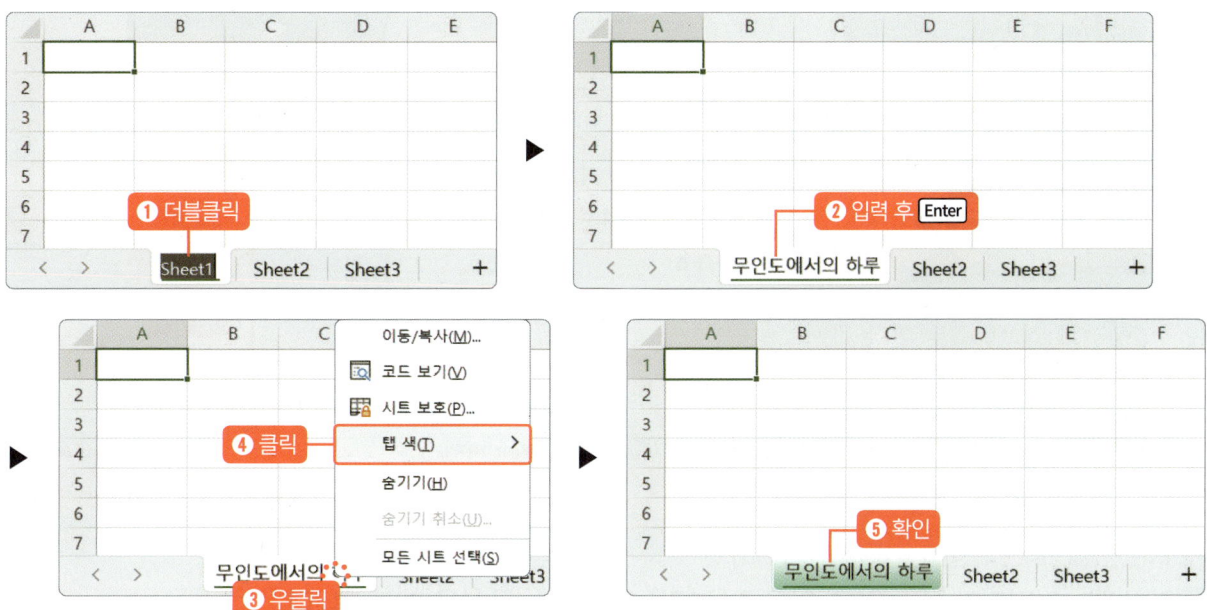

03 동일한 방법으로 [Sheet2]와 [Sheet3]의 이름과 색상을 변경해줍니다.

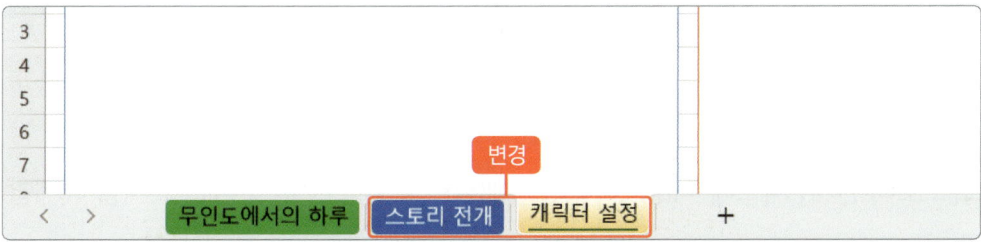

04 첫 번째 시트를 선택한 다음 [페이지 레이아웃] 탭에서 **[배경]**을 클릭합니다.

05 [Chapter 03] 폴더에서 **'제목'** 이미지를 선택하여 배경으로 적용합니다.

06 이번에는 이미지가 잘 보일 수 있도록 [보기] 탭에서 눈금선을 해제합니다.

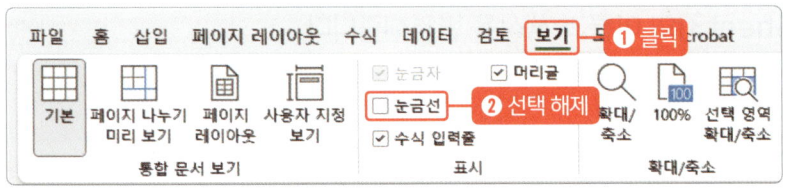

07 동일한 방법으로 [스토리 전개] 시트에 '내용' 이미지를 배경으로 적용한 후 눈금선 표시를 해제합니다.

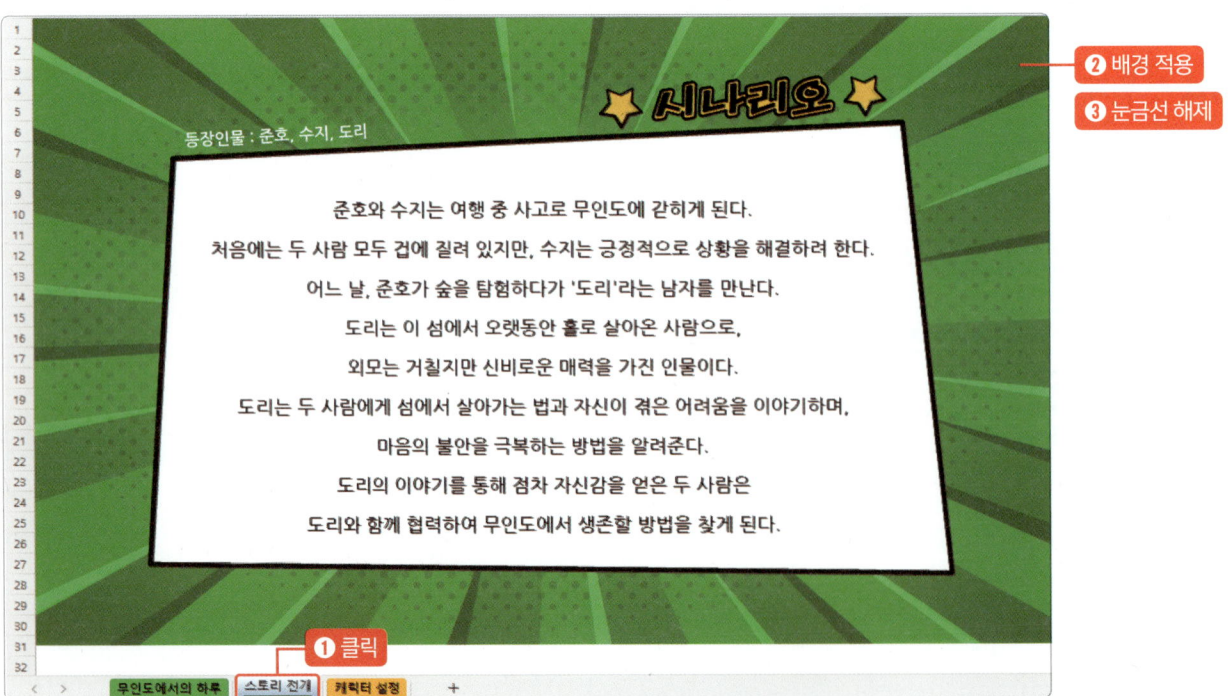

STEP 2 캐릭터 설정에 맞추어 캐릭터 꾸미기

 인터넷

01 네이버(www.naver.com)에 접속 후 내용 검색

02 봉봉 mini 웹사이트에 접속

03 [시작하기] 클릭

04 성별 선택 후 이름 입력

05 캐릭터 꾸며보기

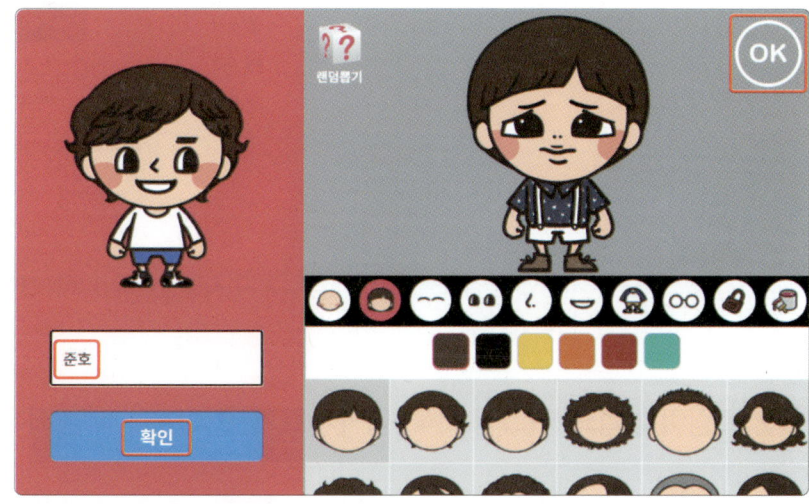

> **TIP** 무인도에서의 하루 시나리오 캐릭터 설정에 맞추어 작업해 보세요!

06 [크게보기] 클릭

07 [이미지를 다른 이름으로 저장]

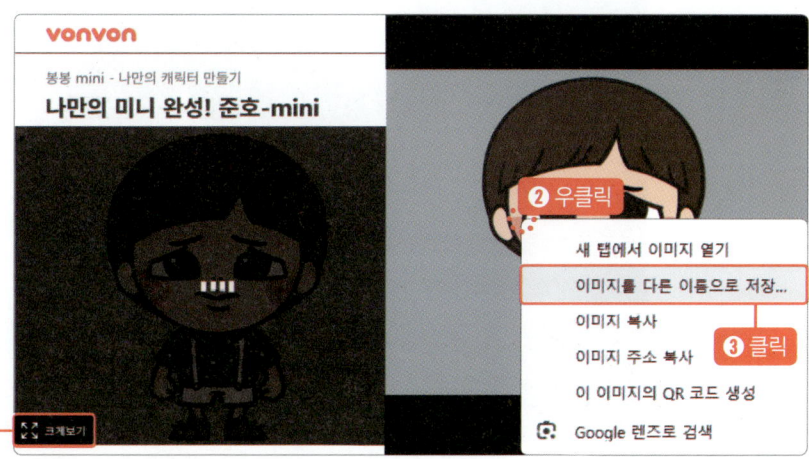

> **TIP** 동일한 방법으로 '수지'와 '도리' 캐릭터를 만들어 저장해요!

STEP 3 이미지를 삽입한 후 그림 자르기

 엑셀

01 [캐릭터 설정] 시트에서 저장했던 '**준호**' 캐릭터 이미지를 삽입합니다.

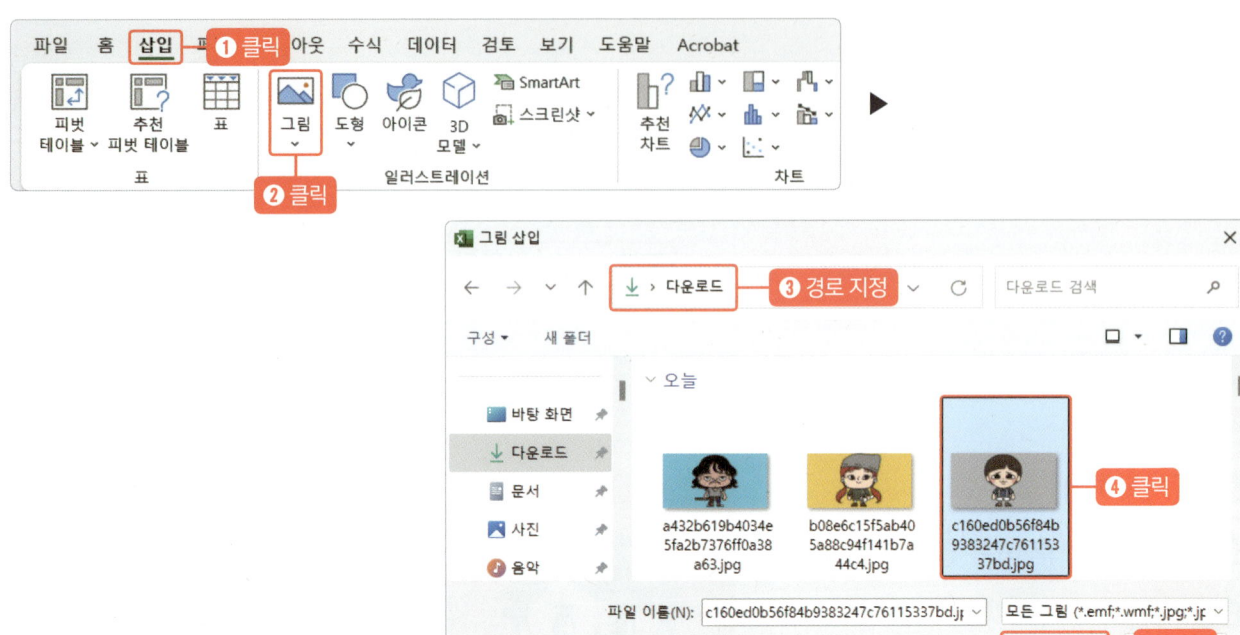

> **TIP** 그림을 저장했던 경로를 찾아 캐릭터 이미지를 선택합니다. [Chapter 03] 폴더에서 교재와 동일한 그림을 이용할 수도 있어요!

02 그림이 삽입되면 [그림 서식] 탭-**[자르기]**를 이용해 배경 좌우 여백을 조금씩 잘라줍니다.

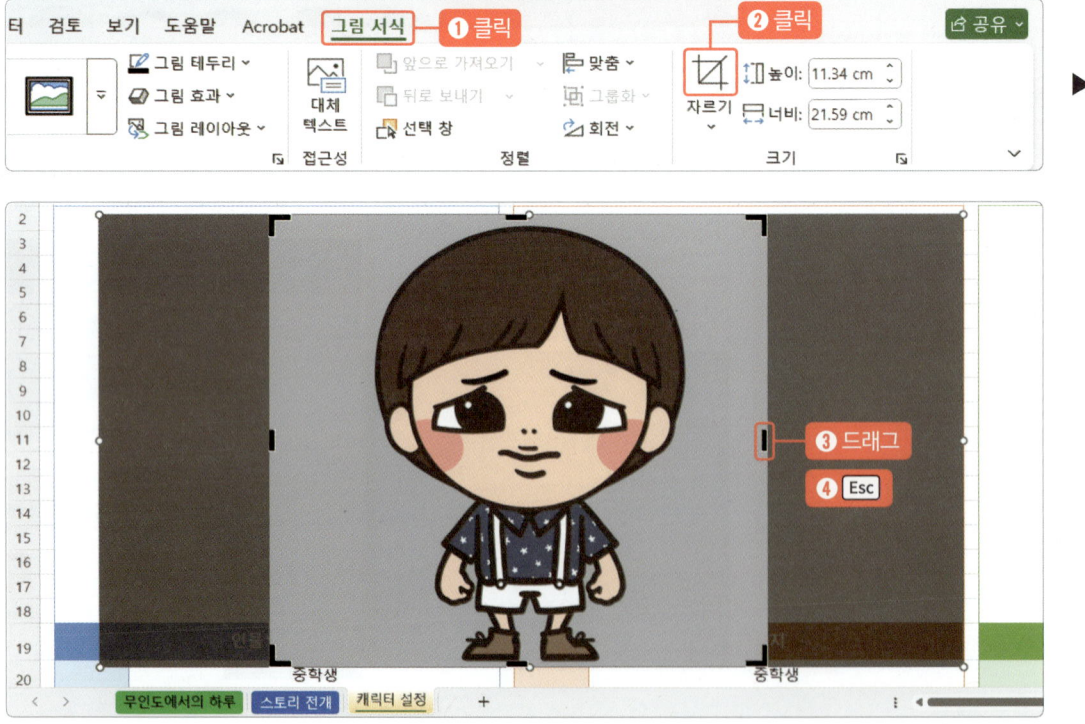

03 그림을 배치한 후 나머지 캐릭터도 작업하여 작품을 완성합니다.

TIP Alt 를 누른 채 그림 주변의 조절점을 드래그하면 셀에 맞추어 그림의 크기 조절이 가능해요!

나만의 작품

엑셀 2021과 인터넷을 이용하여 주관식 퀴즈를 풀어보세요.

📁 **실습 및 완성파일** [Chapter 03]-[연습문제] 폴더

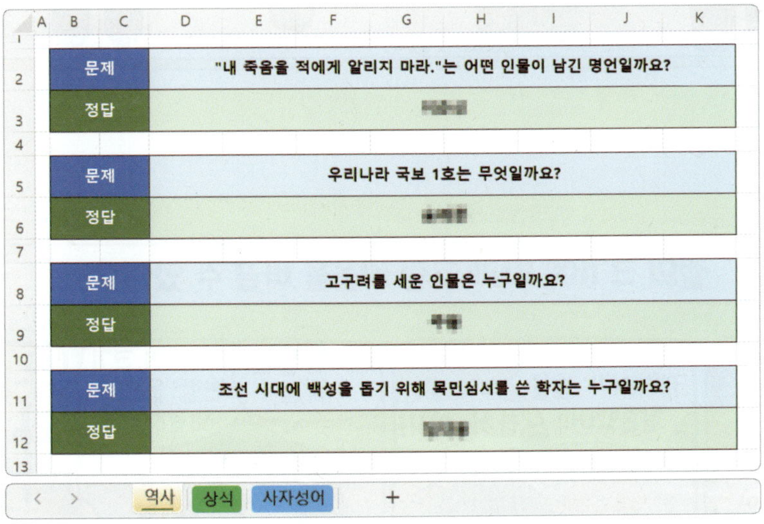

작성 조건 ★
- 시트명을 [역사], [상식], [사자성어]로 각각 바꾸고 탭 색을 변경하기
- 인터넷 검색을 활용하여 각 시트 문제의 정답을 입력하기
  - 퀴즈의 정답은 [Chapter 03]-[연습문제]-주관식퀴즈(완성).xlsx 파일을 열어 확인이 가능해요!

CHAPTER 04 쭉쭉 늘어나는 캐릭터

- **인터넷** ··· 캐릭터 정면 이미지를 저장해요.
- **엑셀** ··· 행과 열의 크기를 변경하고 그림을 셀에 고정시켜요.

📁 실습 및 완성파일 [Chapter 04] 폴더

오늘의 TOON — 셀의 크기에 따라 그림 비율을 바꿀 수 있어요!

'위치와 크기 변함' 옵션을 사용하면 셀 크기에 따라 그림의 크기와 비율이 함께 조절돼요.
이 기능을 활용하면 그림이 흐트러지지 않아 데이터 관리가 훨씬 쉬워요.

STEP 1 클립아트 형태의 캐릭터 이미지 저장하기

01 구글(www.google.com)에 접속
02 좋아하는 캐릭터 검색

03 [이미지] 탭에서 [도구]를 클릭
04 [크기]-[큰 사이즈]로 지정
05 [유형]-[클립아트]로 지정

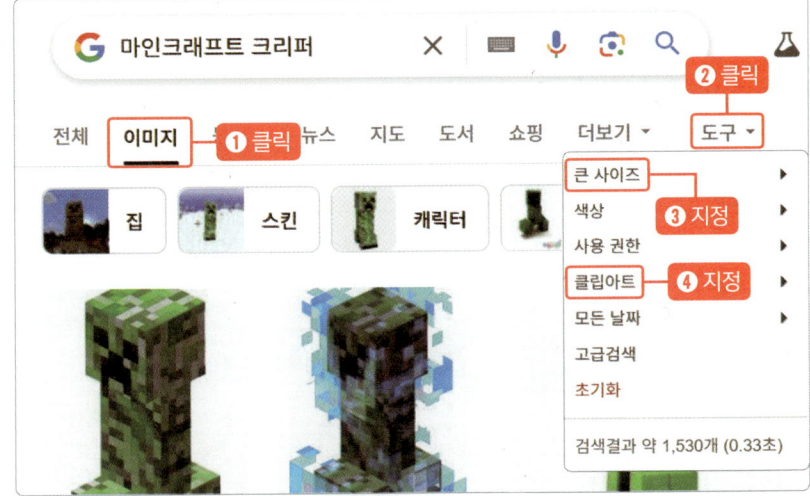

TIP 구글을 이용해 이미지를 검색하면 훨씬 다양한 결과를 확인할 수 있습니다. 또한 검색 옵션을 활용하여 원하는 형태의 이미지를 더 쉽게 찾을 수 있지요!

06 원하는 이미지를 선택
07 우클릭 후 [이미지를 다른 이름으로 저장]

STEP 2 행과 열의 크기 변경하기

01 엑셀 2021 프로그램을 실행한 다음 **A열부터 C열** 머리글을 드래그하여 **열 너비**를 변경합니다.

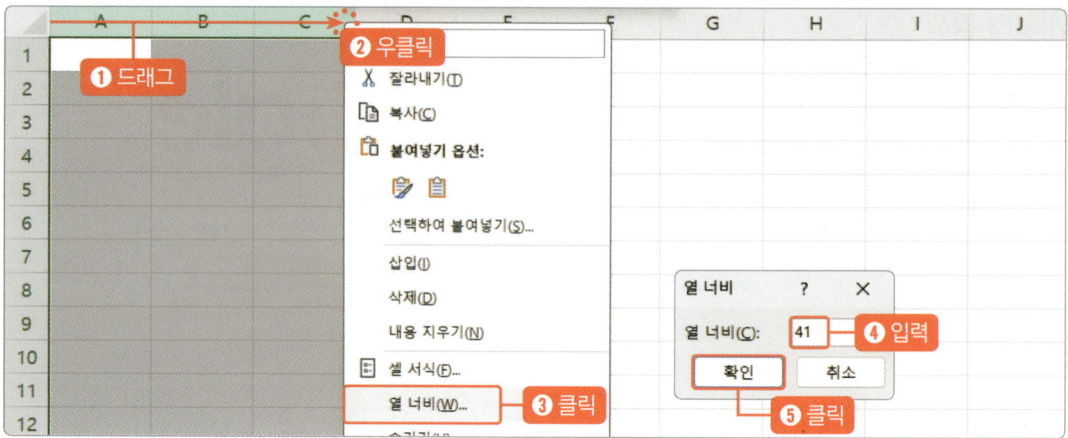

02 이번에는 **1행 머리글** 위에서 마우스 오른쪽 버튼을 눌러 **행 높이**를 조절합니다.

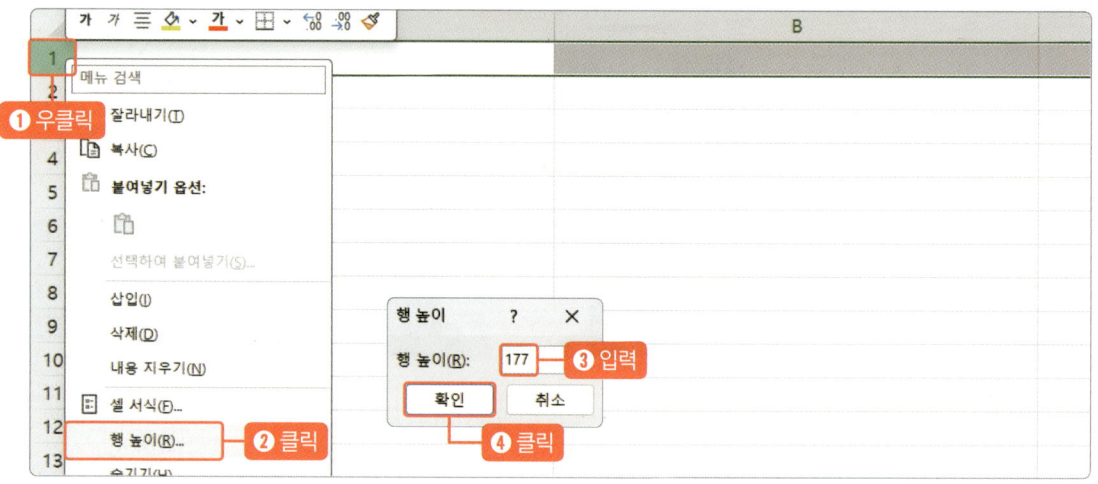

03 동일한 방법으로 **2행**의 높이를 102, **3행**의 높이를 110으로 지정합니다.

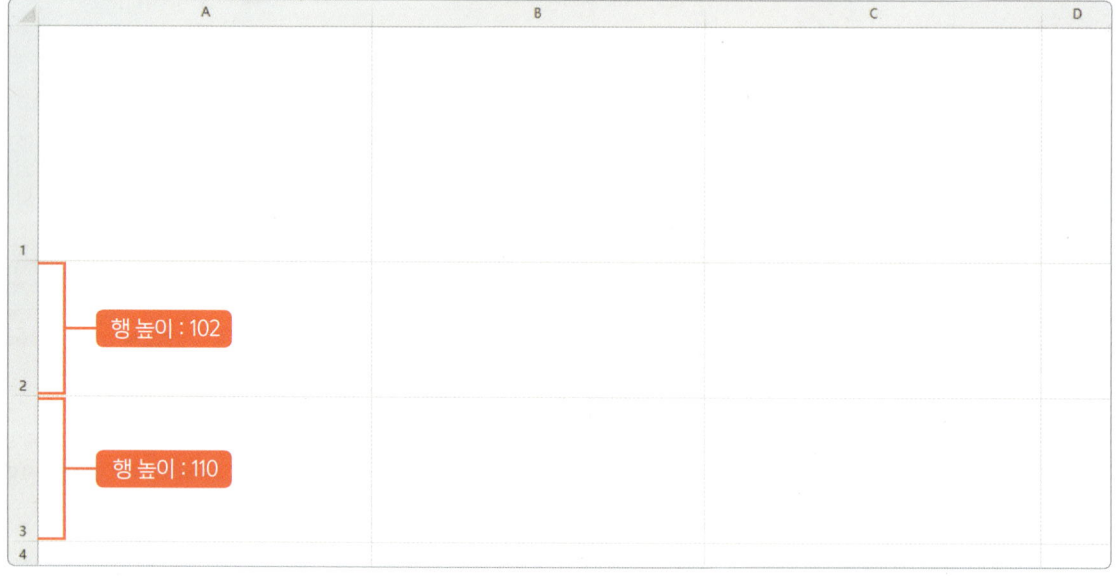

STEP 3 셀에 그림을 고정시키기

01 [A1] 셀을 선택한 후 [Chapter 04] 폴더에서 원하는 **얼굴 이미지**를 삽입합니다.

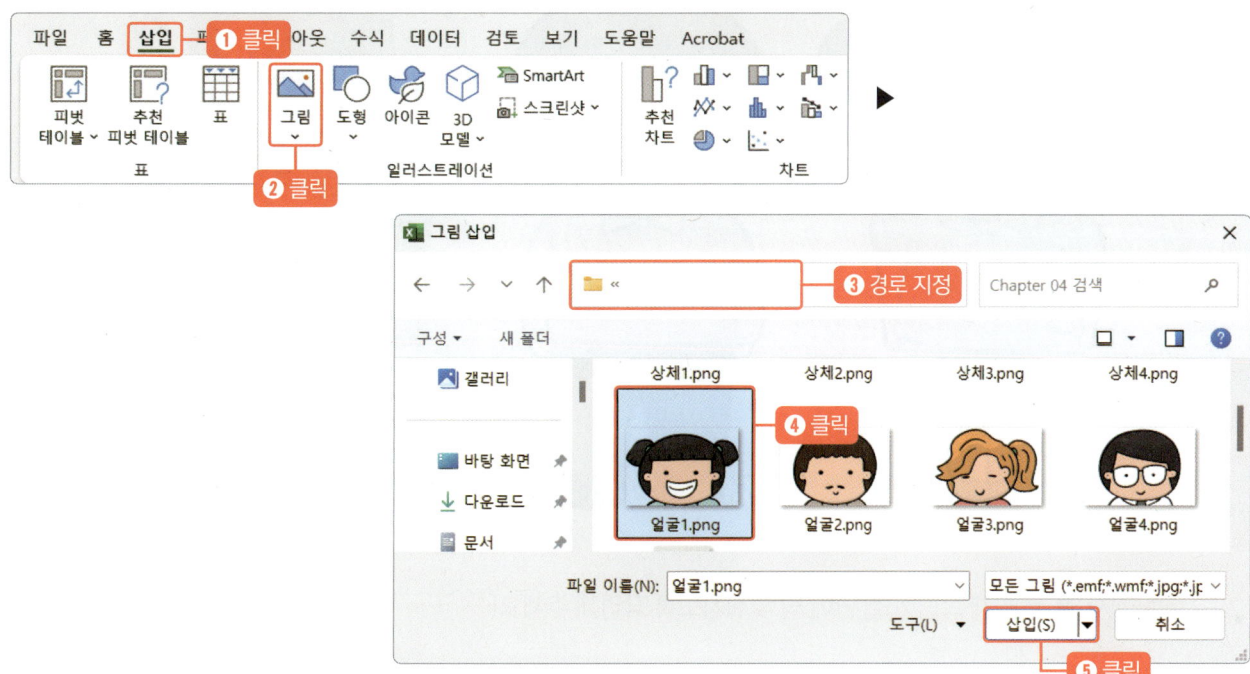

> **TIP** 선택된 [A1] 셀을 기준으로 이미지가 삽입될 거예요!

02 [A1] 셀에 캐릭터 얼굴이 삽입되면, Alt 를 누른 채 그림 주변의 조절점을 드래그하여 셀 크기에 맞춰줍니다.

03 동일한 방법으로 [B1] 셀에 다른 캐릭터 얼굴을 추가한 후 Alt 키를 이용해 크기를 조절합니다.

04 아래 그림을 참고하여 [A2], [A3], [B2], [B3] 셀에 각각 상체와 하체 이미지를 추가합니다.

05 이어서, [C1:C3] 셀을 병합한 후 23페이지에서 저장한 이미지를 삽입합니다.

TIP Alt 를 누른 채 그림이 셀 안에 딱 맞춰지도록 작업해 주세요!

06 Ctrl + A 를 이용하여 모든 그림을 선택한 후 [크기 및 속성] 메뉴를 클릭합니다.

07 오른쪽 작업 창이 표시되면 [속성]에서 '**위치와 크기 변함**' 항목에 체크합니다.

TIP Shift 를 누른 채 각각의 이미지를 선택할 수도 있어요!

08 작업이 완료되면 A, B, C열 너비와 1, 2, 3 행 높이를 조절하면서 캐릭터의 크기와 비율을 바꿔보세요.

엑셀 2021과 인터넷을 활용해 인물 데이터를 정리한 시트를 만들어 보세요.

📁 **실습 및 완성파일** [Chapter 04]-[연습문제] 폴더

▶ 열 너비와 행 높이를 조절하기(B~C열 : 20 / D열 : 32 / E열 : 15 / 4~7행 : 80)
▶ 좋아하는 인물과 관련된 데이터를 채워보기
▶ 인터넷을 이용하여 인물 사진을 찾아 엑셀에 삽입한 후 자르기 기능으로 [E4:E7] 영역에 배치하기
▶ 표 안의 글꼴 서식을 자유롭게 변경하기

CHAPTER 05 챗GPT와 함께 만드는 단어장

- **인공지능** … 챗GPT를 이용하여 필요한 데이터를 생성해요.
- **인터넷** … 학교 안심폰트에서 제공하는 글꼴을 설치해요.
- **엑셀** … 텍스트 나누기 기능으로 단어장을 만들어요.

📁 실습 및 완성파일 [Chapter 05] 폴더

오늘의 작품

챗GPT와 함께 만드는 단어카드

한글	한자	영어	한글	한자	영어
학교	學校	school	사회	社會	society
전화	電話	telephone	의학	醫學	medicine
자동차	自動車	car	자연	自然	nature
문화	文化	culture	국가	國家	nation
경제	經濟	economy	신문	新聞	newspaper

오늘의 TOON — 복잡한 데이터를 각 셀에 자동으로 분리시켜 볼까요?

외부 데이터를 복사하여 작업할 때, 한 셀에 데이터가 많이 들어가게 될 경우에는 띄어쓰기나 쉼표 등의 규칙을 통해 쉽고 빠르게 데이터를 각 셀에 나누어 정리할 수 있어요!

STEP 1 챗GPT를 이용하여 필요한 데이터 추출하기

01 챗GPT(chatgpt.com)에 접속
02 필요한 단어를 찾기 위해 내용을 입력

03 표시된 내용을 확인
04 원하는 형식의 데이터를 얻기 위해 샘플 형식을 입력

> **TIP** 표시된 특정 단어의 텍스트를 블록으로 지정하여 Ctrl + C 를 눌러 복사한 후 입력 창을 클릭해 Ctrl + V 를 누르면 붙여넣기가 가능해요!

05 내용이 표시되면 5줄을 먼저 블록으로 지정하여 복사(Ctrl + C)

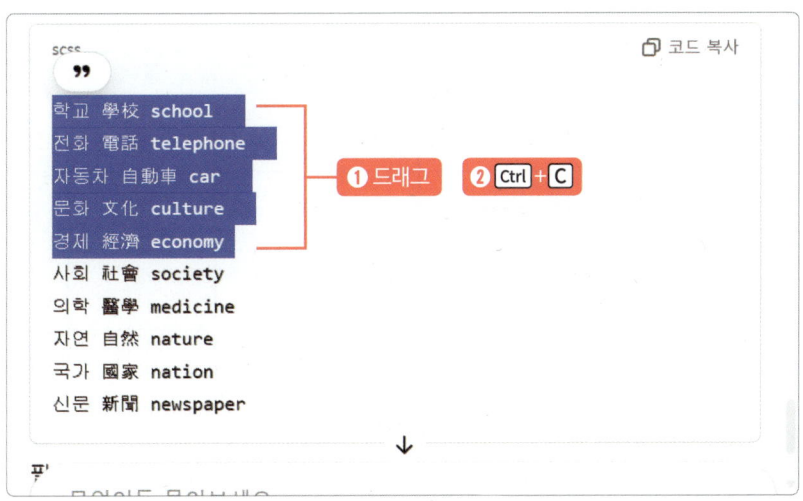

> **TIP** 만약 데이터 앞쪽에 숫자가 표시되면 아래 문장을 참고하여 챗GPT에게 다시 명령해 보세요!

질문 예 앞쪽 숫자를 빼고 알려줘. 엑셀에 붙여넣을 데이터야.

STEP 2 챗GPT에서 복사한 데이터 엑셀에 붙여넣기

01 [Chapter 05] 폴더에서 **'단어장만들기.xlsx'** 파일을 불러옵니다.

02 **[C5]** 셀을 선택한 후 Ctrl+V를 눌러 복사한 데이터를 붙여넣기합니다.

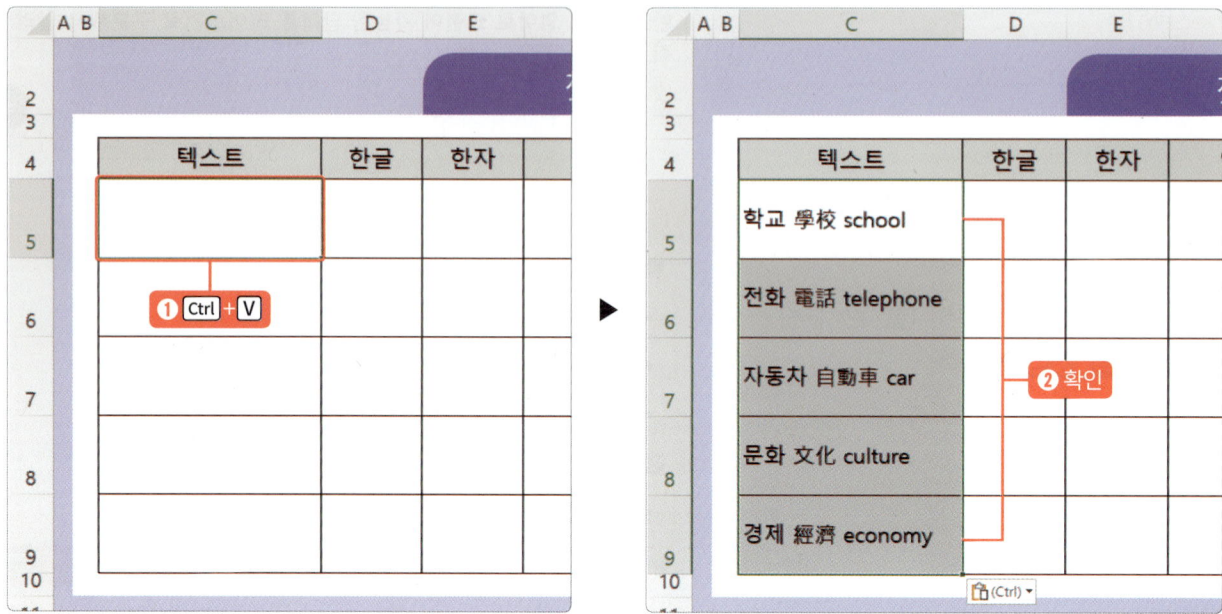

> **TIP** 특정 셀이 선택된 상태에서 붙여넣기를 작업하면 순차적으로 데이터가 입력될 거예요!

03 동일한 방법으로 나머지 데이터를 복사한 후 **[H5]** 셀을 클릭하여 붙여넣어줍니다.

> **TIP** 만약 겹치는 단어가 있거나, 다른 단어를 원한다면 챗GPT에게 추가 질문을 해 보세요!

STEP 3 입력된 텍스트를 형식에 맞추어 분리하기

01 [C5] 셀을 더블클릭하여 편집 상태가 되면 한글로 된 단어를 블록으로 지정하여 [D5] 셀에 붙여넣기 합니다.

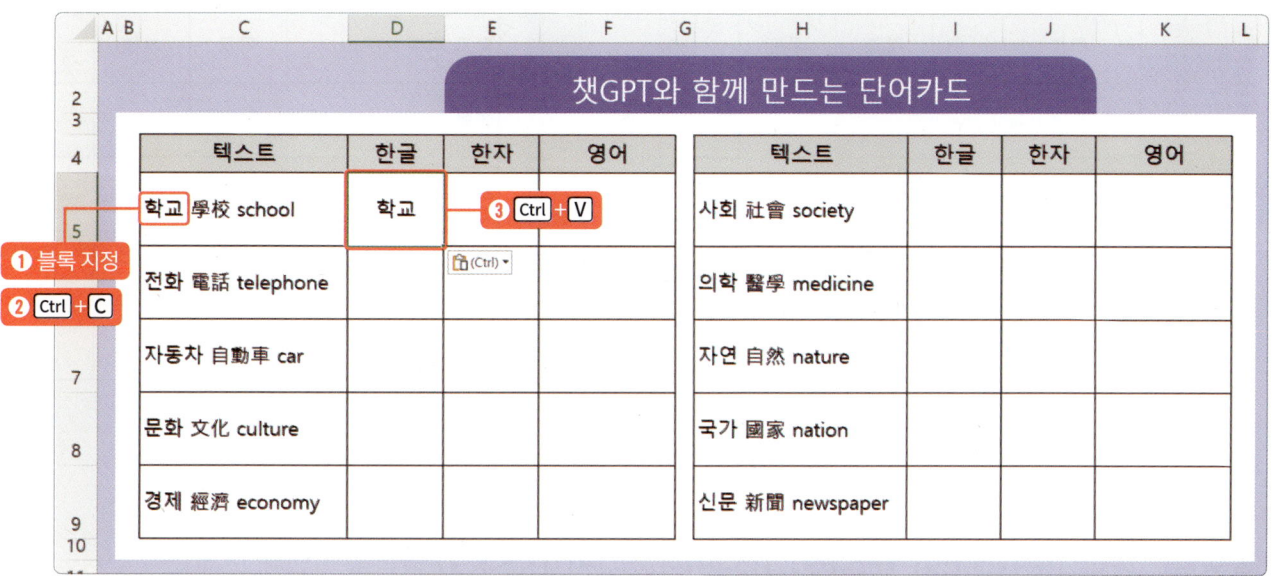

> **TIP** 텍스트 나누기는 한 셀에 들어 있는 텍스트를 '띄어쓰기, 쉼표' 등을 기준으로 여러 셀로 분리할 수 있는 유용한 기능이에요!

02 이번에는 한자와 영어를 각각 작업한 후 [H5] 셀에 입력된 데이터도 동일한 방법으로 텍스트를 복사&붙여넣기 합니다.

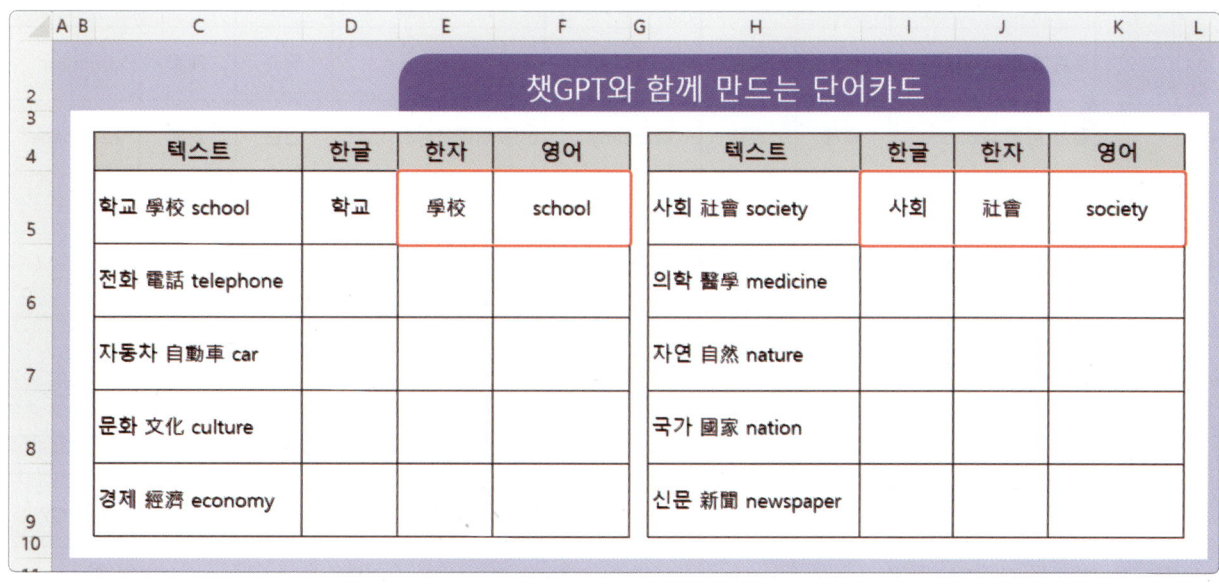

03 이번에는 [D5:D9] 영역을 블록으로 지정한 후 Ctrl + E 를 눌러 데이터를 채워줍니다.

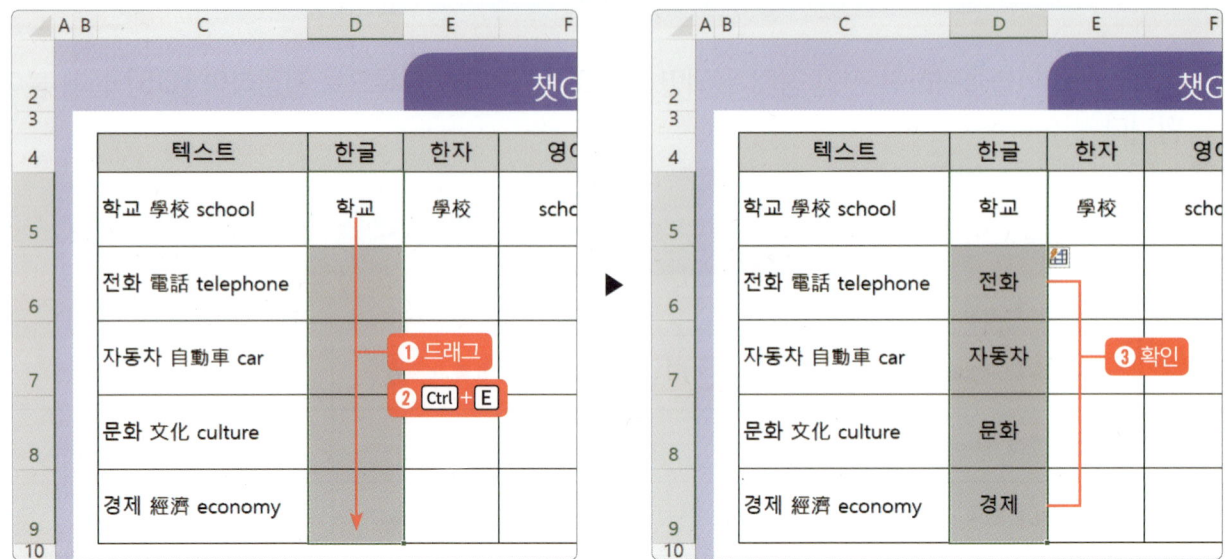

TIP 범위를 지정한 후 [데이터] 탭에서 [빠른 채우기] 도구를 이용하여 결과를 확인할 수도 있어요!

04 동일한 방법으로 [E5:E9], [F5:F9], [I5:I9], [J5:J9], [K5:K9] 영역을 작업해 보세요.

05 C열과 H열 머리글을 선택한 후 [삭제]합니다.

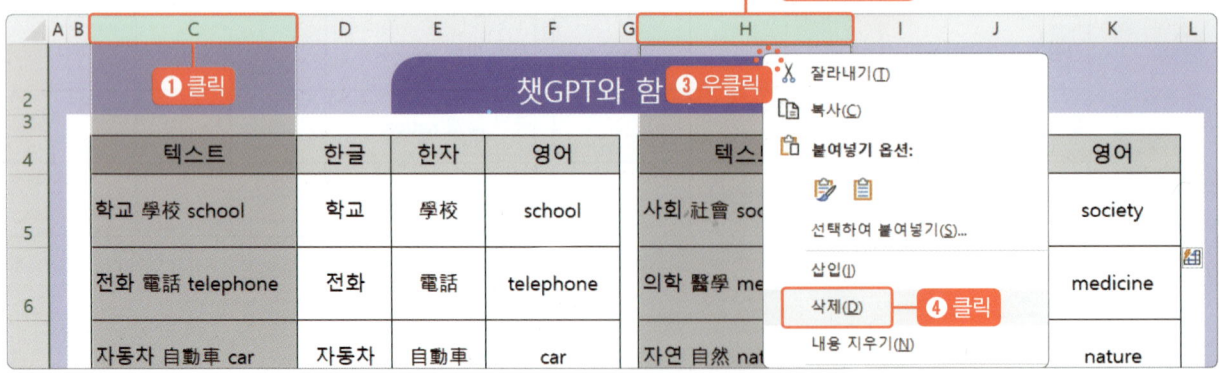

TIP C열 머리글을 선택한 후 Ctrl 을 누른 채 H열 머리글을 클릭해 한 번에 선택이 가능해요!

STEP 4 원하는 글꼴을 찾아 PC에 설치하기

01 네이버(www.naver.com)에 접속 후 내용 검색

02 [학교 안심폰트 다운로드] 클릭

> **TIP** 교육저작권지원센터에서 제공하는 학교 안심폰트는 누구나 자유롭게 사용이 가능해요!

03 다양한 이름의 글꼴이 표시되면 간단한 문구를 입력해보기

04 원하는 폰트 제목 선택

05 [다운로드] 단추를 클릭하여 폰트 파일 저장

06 똑같은 방법으로 여러 개의 폰트를 설치

CHAPTER 05 챗GPT와 함께 만드는 단어장

07 다운로드 폴더 확인

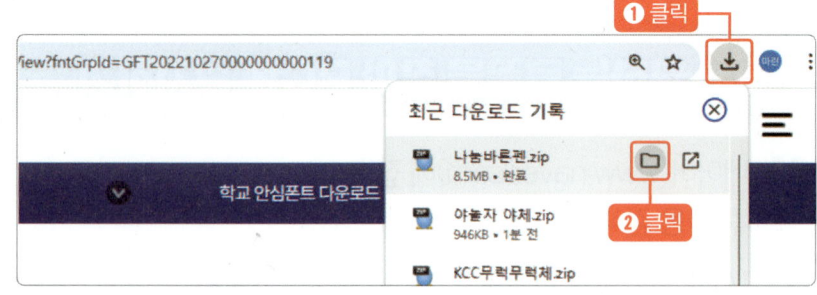

08 압축 풀기 진행 후 폴더 열기

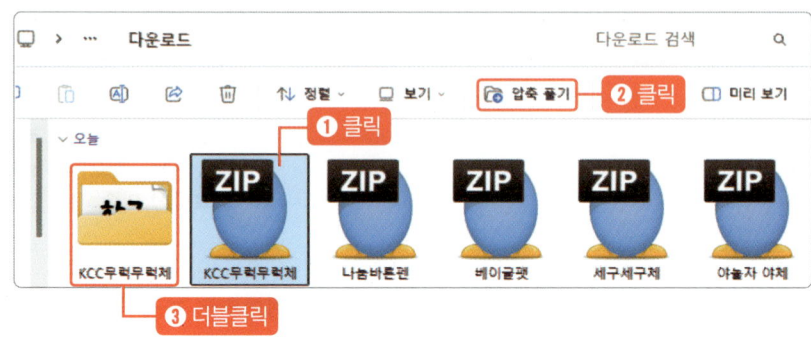

09 트루타입 글꼴 파일로 설치하기

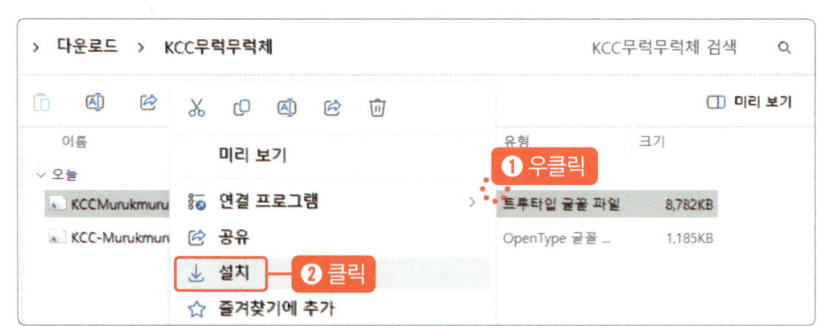

> **TIP** 동일한 방법으로 압축을 풀어 저장한 폰트를 컴퓨터에 [설치]해 보세요. 또는 [실습파일] 폴더 내 [학교 안심폰트]-SafeFonts.zip을 설치하는 방법도 있습니다!

STEP 5 엑셀 데이터 글꼴 지정하기

01 [C4:E4], [G4:I4] 범위를 영역으로 지정한 다음 [홈] 탭에서 설치한 폰트를 적용합니다.

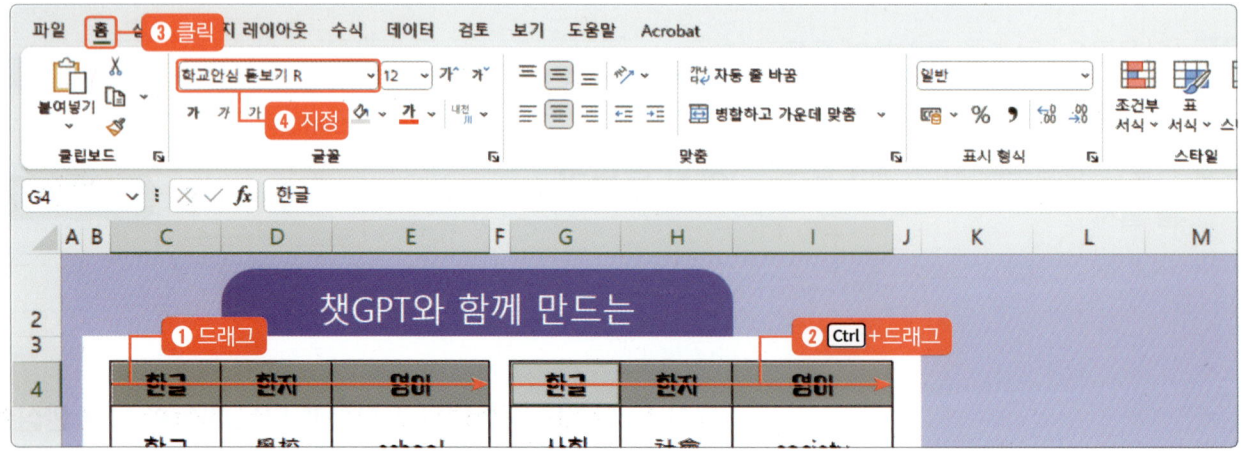

02 동일한 방법으로 [C5:E9], [G5:I9] 영역의 글꼴 서식을 지정합니다.

03 도형의 가로 비율을 늘려 모든 텍스트가 보이도록 한 후 글꼴 모양을 변경합니다.

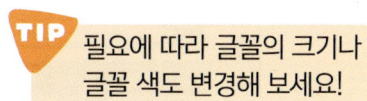
필요에 따라 글꼴의 크기나 글꼴 색도 변경해 보세요!

엑셀 2021에서 텍스트 나누기를 통해 시트를 편집해 보세요.

📁 **실습 및 완성파일** [Chapter 05]-[연습문제] 폴더

▸ [C4] 셀에 '김치찌개', [D4] 셀에 '★★★★★', [E4] 셀에 '30분', [F4] 셀에 '김치, 참치'를 입력하기
  ■ [B4] 셀의 내용을 복사하여 이용하면 편리해요!
▸ [C4:C15] 셀을 범위로 지정한 후 Ctrl + E 를 눌러 요리명 모두 표시하기
▸ 동일한 방법으로 난이도, 소요시간, 주재료를 모두 표시하기
▸ B열(원본 데이터)을 삭제한 후 셀 서식과 글꼴 서식을 자유롭게 변경하기

CHAPTER 06 맛따라 멋따라 떠나는 세계여행

인공지능 ···· 챗GPT를 이용하여 필요한 데이터를 생성해요.
엑셀 ···· 데이터에 표 서식을 적용하고 자동필터를 생성해요.

오늘의 **작품**

📁 실습 및 완성파일 [Chapter 06] 폴더

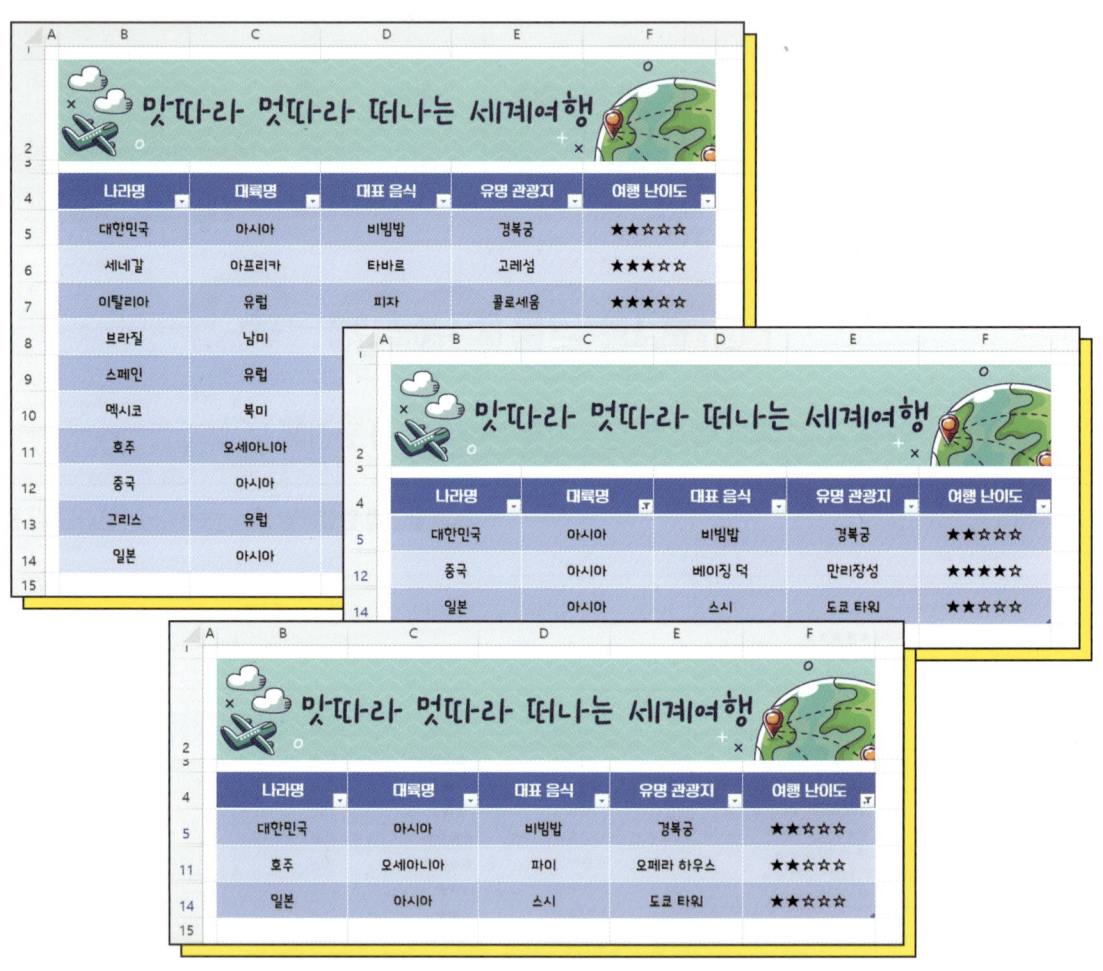

오늘의 QUIZ 엑셀에서 필터는 어떤 기능일까?

숫자 데이터의 사칙연산을 자동으로 계산해주는 기능이야! 🟠

데이터를 무작위로 섞어서 랜덤으로 보여주는 기능이야! ⚪

내가 원하는 데이터만 표시하고 나머지는 숨길 수 있는 기능이야! 🟣

STEP 1 챗GPT를 이용하여 필요한 데이터 추출하기

01 챗GPT(chatgpt.com)에 접속

02 여행해보고 싶은 나라 이름을 10개 입력 후 필요한 데이터 요청

> **TIP** 단어 입력 후 Shift + Enter 를 누르면 아래쪽에 내용을 입력할 수 있어요. [Chapter 06] 폴더에 위치한 '나라이름.txt' 파일을 복사해서 사용해도 좋아요!

03 표시된 내용을 확인

04 챗GPT에게 정보 가공을 요청

> **TIP** 챗GPT에게 명령할 때는 구체적이고 명확하게 요청하면 더 정확한 답변을 얻을 수 있어요!

05 원하는 내용이 표시되면 블록으로 지정하여 복사(Ctrl + C)

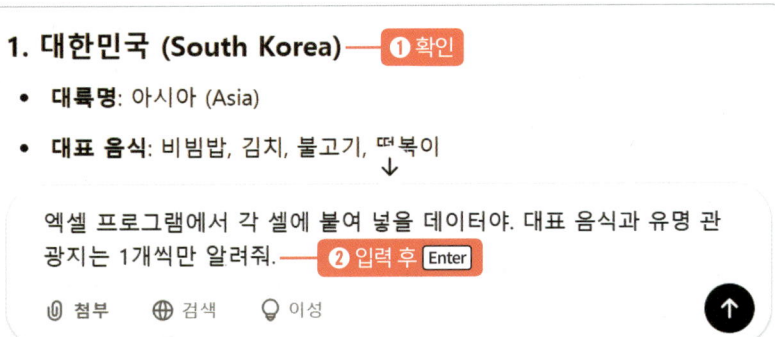

> **TIP** 여행 난이도는 다양한 방법으로 표시될 수 있어요. 원하는 표시 방법이 있다면 다시 명령해 보세요!

STEP 2 엑셀에 데이터를 붙여넣고 표 서식 적용하기

01 [Chapter 06] 폴더에서 '**세계여행.xlsx**' 파일을 불러옵니다.

02 [B5] 셀을 선택한 후 Ctrl+V를 눌러 복사한 데이터를 붙여넣습니다.

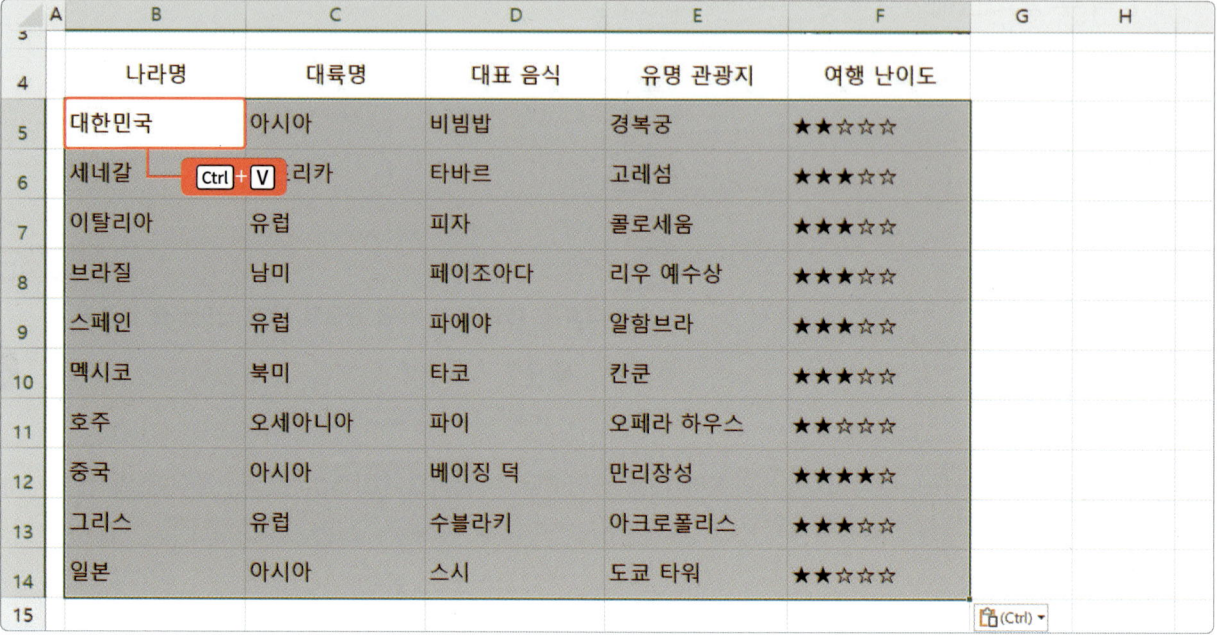

03 [B4:F14] 영역을 범위로 지정한 다음 [홈] 탭에서 [표 서식]을 클릭하여 원하는 스타일을 선택합니다.

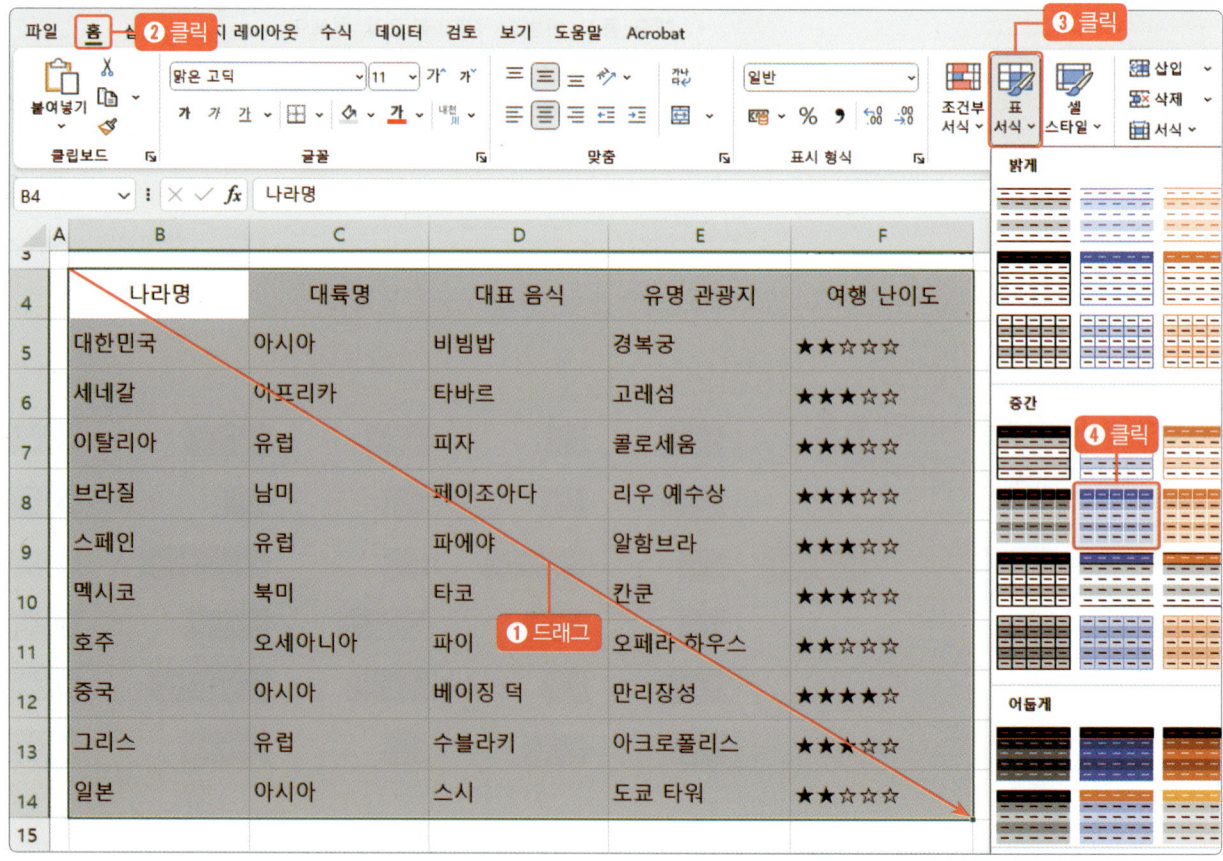

04 [표 만들기] 대화상자에서 **머리글 포함**에 체크한 후 <확인>을 클릭합니다.

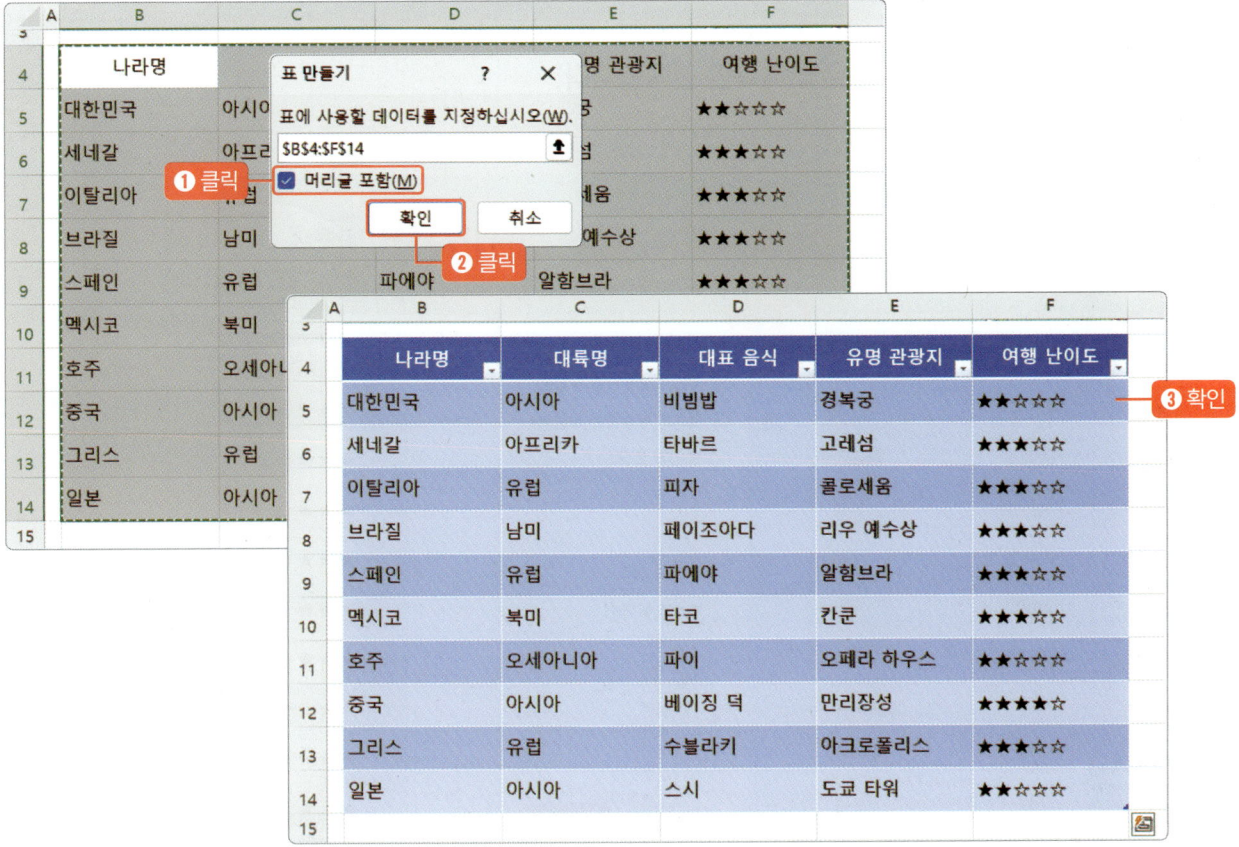

05 [B4:F4], [B5:F14] 범위를 각각 지정하여 원하는 글꼴 서식으로 변경해 보세요.

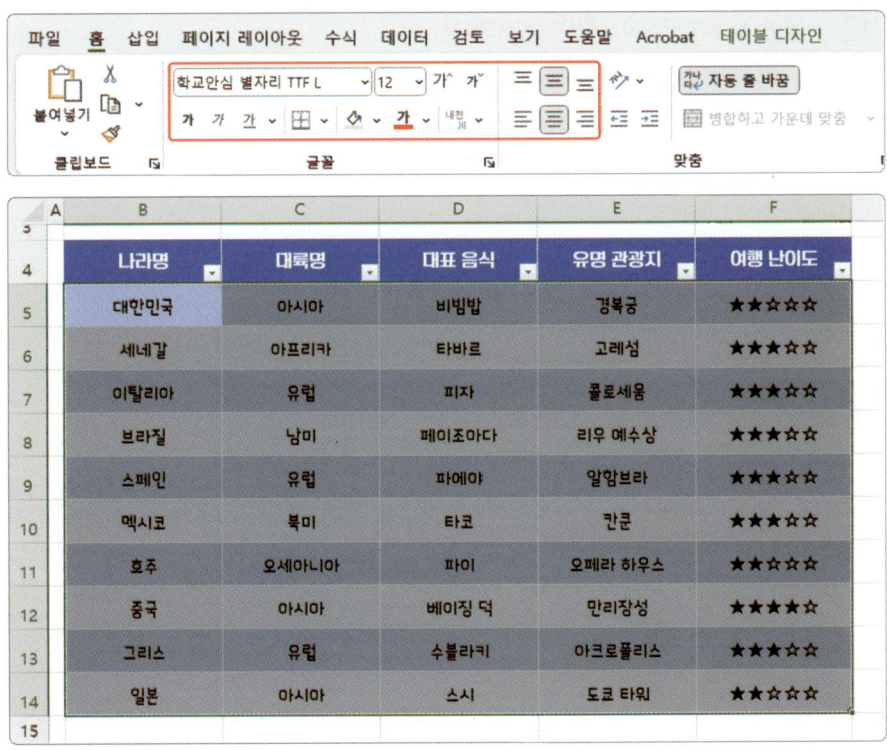

> **TIP** [실습파일] 폴더 내 [학교 안심폰트]-SafeFonts.zip을 설치하면 다양한 글꼴 사용이 가능해요!

STEP 3 자동필터 기능으로 필요한 데이터만 표시하기

01 [C4] 셀의 ▼을 클릭한 후 **유럽** 대륙만 선택합니다.

> **TIP** (모두 선택)의 체크 표시를 해제한 후 유럽만 체크하면 편리해요!

02 대륙명이 유럽인 국가의 데이터만 표시되는 것을 확인할 수 있습니다.

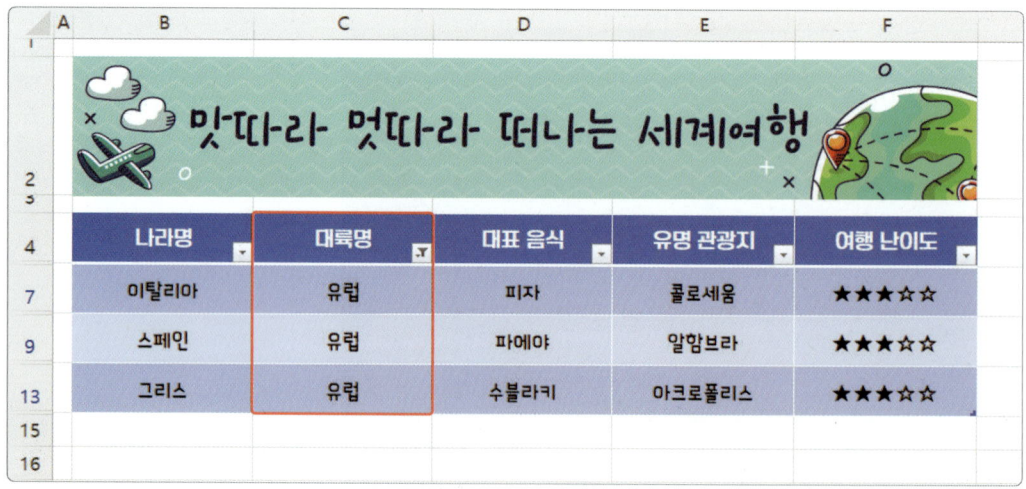

> **TIP** 챗GPT 결과에 따라 사용된 데이터가 다르기 때문에 표시되는 나라 이름이 교재와 다를 수 있어요!

03 이번에는 필터 해제를 위해 **[C4]** 셀의 아이콘을 클릭한 후 **["대륙명"에서 필터 해제]**를 클릭합니다.

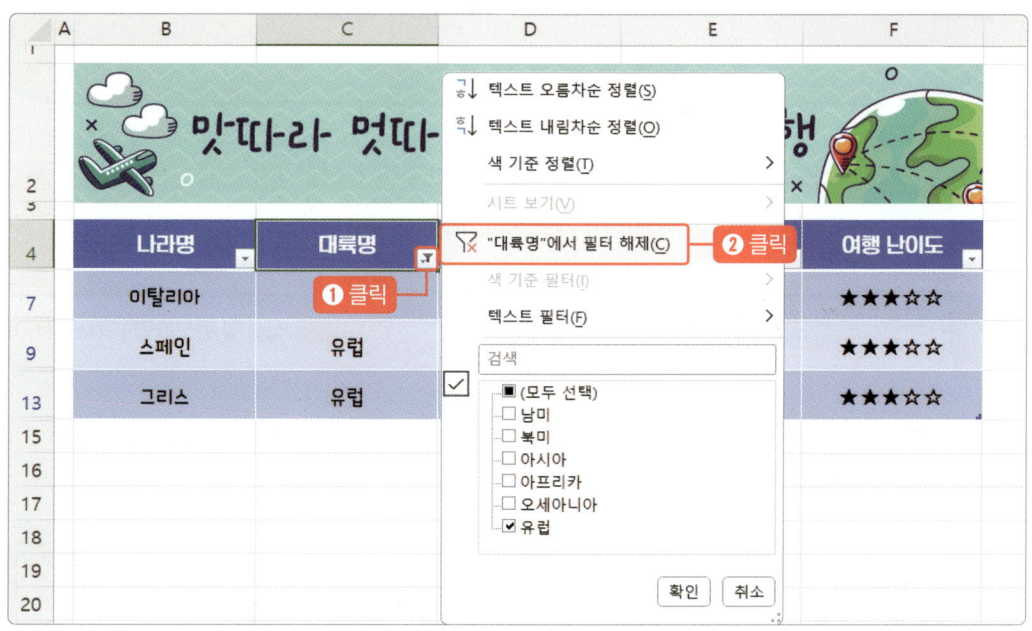

04 배운 방법을 통해 **[F4]** 셀(여행 난이도)을 필터링 해보세요.

나만의 작품

엑셀 2021에서 표 서식을 적용한 후 필요한 데이터만 필터링해요.

📁 **실습 및 완성파일** [Chapter 06]-[연습문제] 폴더

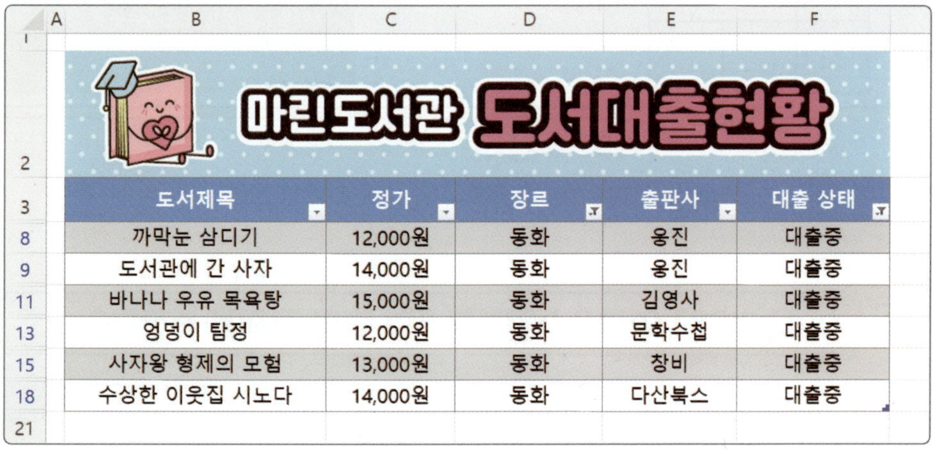

작성조건
▶ [B3:F20] 영역을 범위로 지정하여 원하는 표 서식을 적용하기
　■ 반드시 머리글 포함에 체크해 주세요!
▶ 장르가 '동화'이면서, 대출상태가 '대출중'인 데이터만 필터링하여 표시하기

CHAPTER 07 셀 주소 가로 세로 퍼즐

인터넷 ··· 네이버 어학사전을 통해 필요한 단어의 뜻을 찾아보세요.
엑셀 ··· 원하는 단어를 이용하여 가로 세로 퍼즐을 만들어요.

📁 실습 및 완성파일 [Chapter 07] 폴더

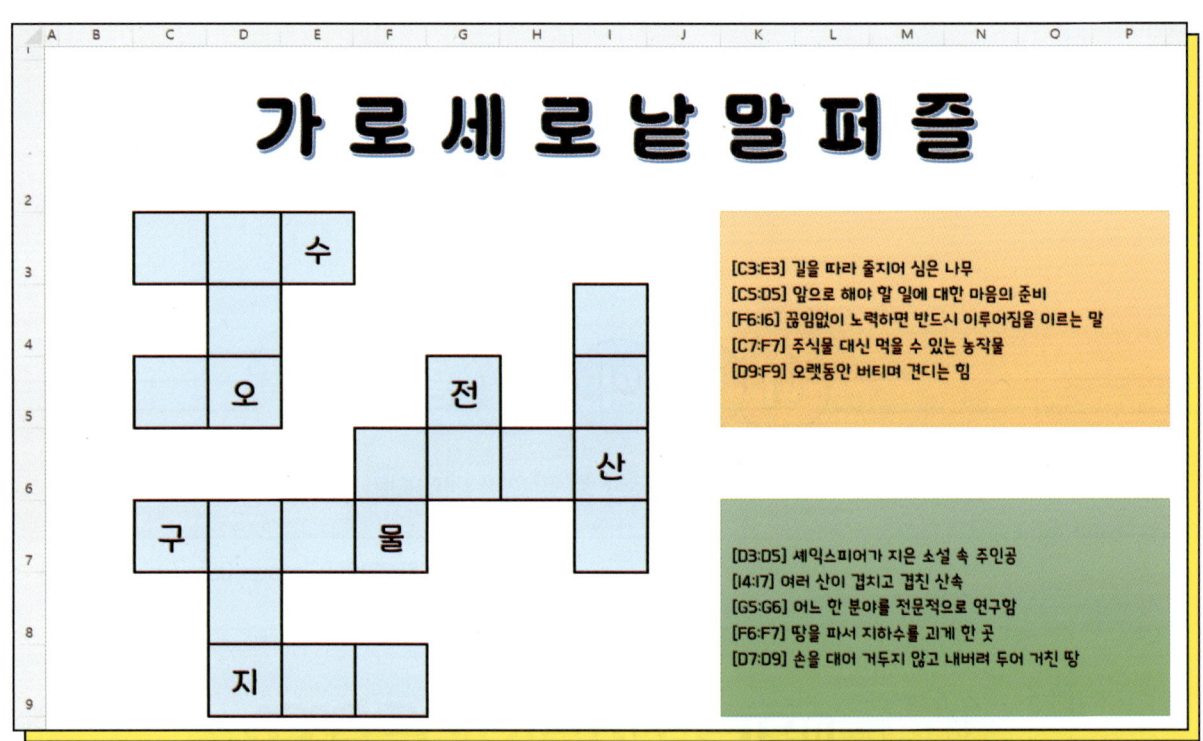

오늘의 OXOX [D3:F8] 영역은 D열부터 F열 범위 전체를 뜻한다?

STEP 1 셀에 단어를 입력하고 셀 서식을 지정하기

01 [Chapter 07] 폴더에서 '**가로세로퍼즐.xlsx**' 파일을 불러옵니다.

02 퍼즐을 만들기 위한 단어를 각 셀에 한 글자씩 입력해 보세요.

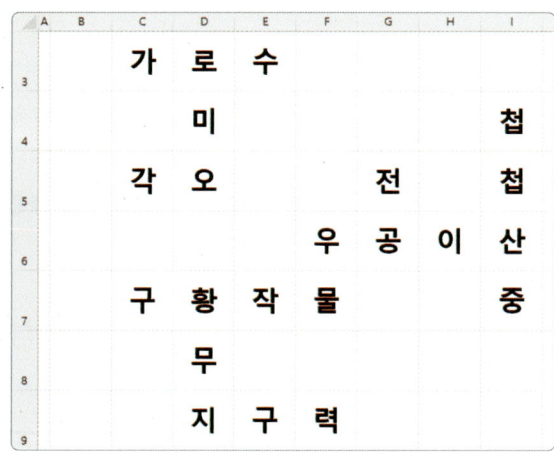

TIP 연결된 단어를 10개 내외 정도 생각하여 입력해 주세요!

03 Ctrl 을 누른 채 글자가 입력된 셀을 각각 선택하여 채우기 색상과 테두리를 지정합니다.

04 그 다음 글꼴 모양을 자유롭게 변경해 보세요.

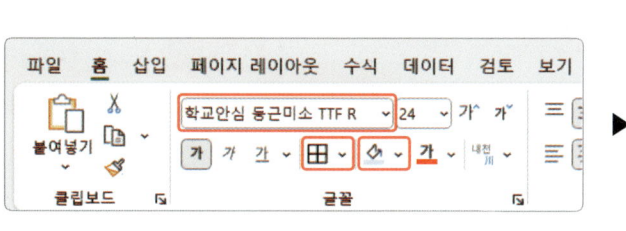

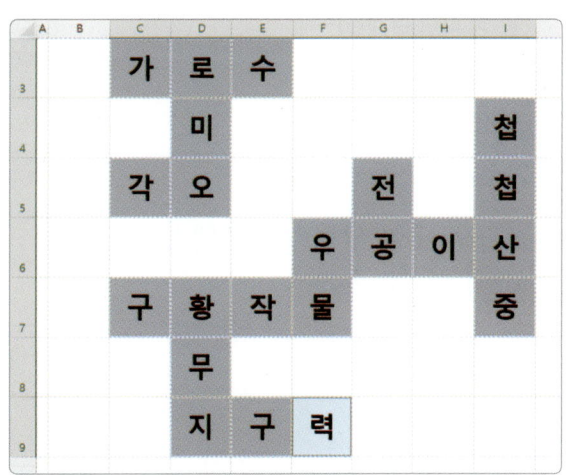

▶ 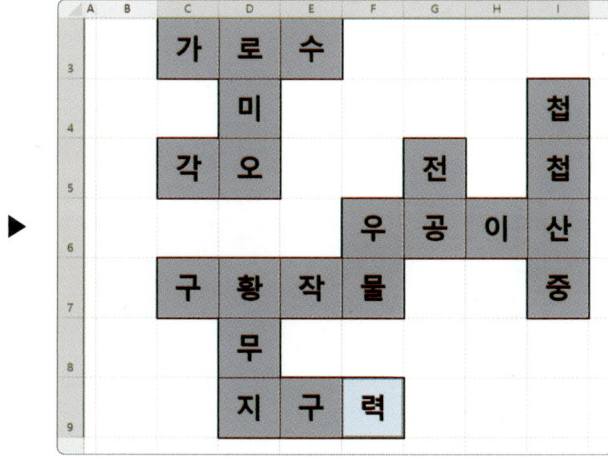 ▶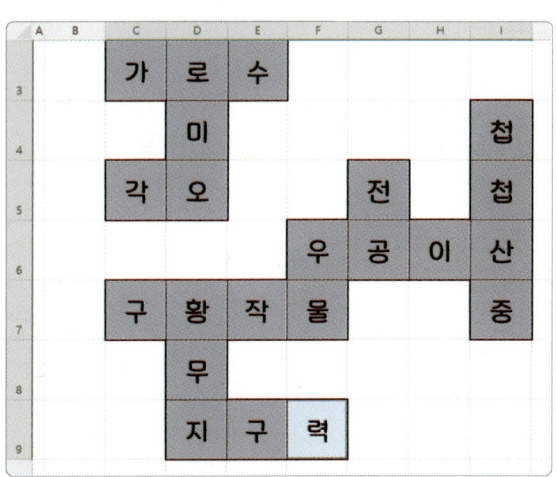

CHAPTER 07 셀 주소 가로 세로 퍼즐 43

STEP 2 네이버 어학사전을 통해 단어 뜻 찾아보기

01 네이버(www.naver.com)에 접속

02 네이버 어학사전 검색

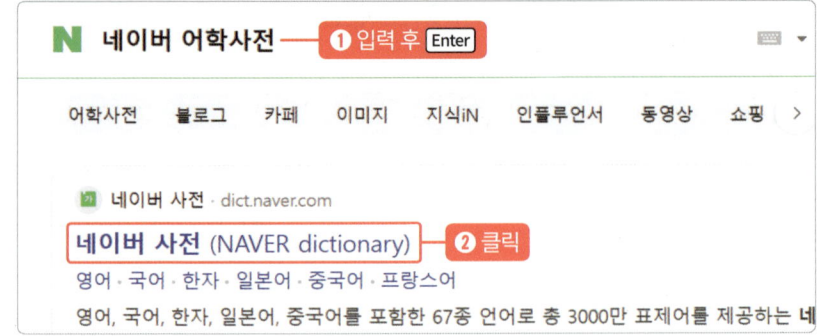

03 낱말 퀴즈에 문제로 제시된 단어를 검색

04 내용 확인 후 복사(Ctrl+C)

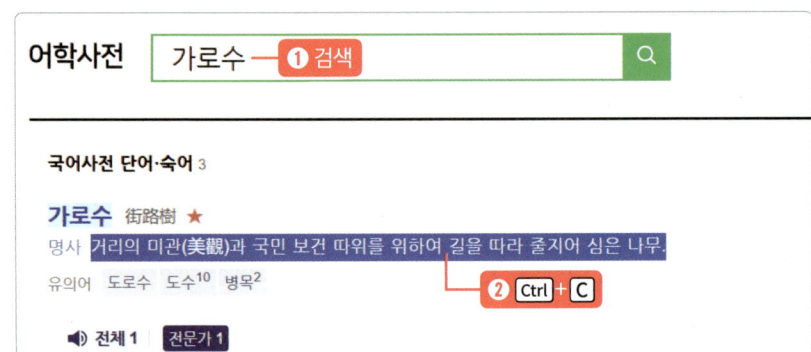

TIP 퍼즐 가장 상단에 있는 가로 단어를 검색해 보세요!

05 가로세로퍼즐.xlsx 활성화

06 노란색 도형 우클릭 후 [텍스트 편집]

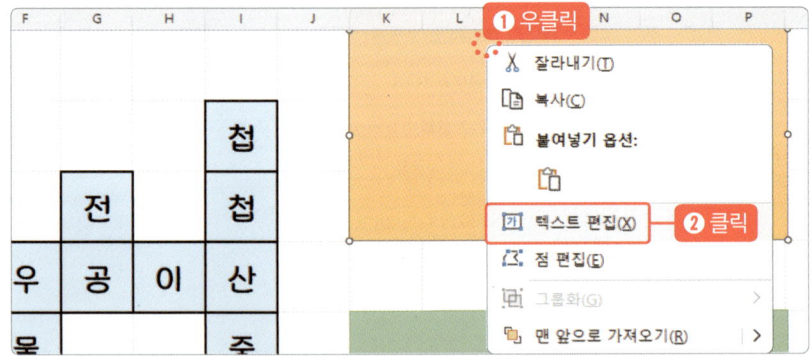

07 도형에 커서가 활성화되면 복사한 내용 붙여넣기(Ctrl+V)

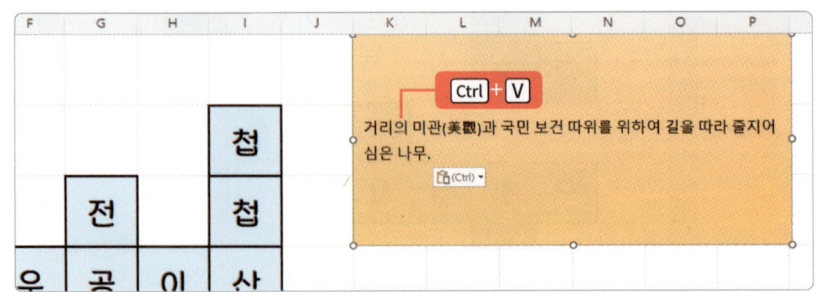

TIP 동일한 방법으로 가로 단어의 뜻을 찾아 노란색 도형에, 세로 단어의 뜻을 찾아 녹색 도형에 추가합니다!
만약 잘 아는 단어라면 도형 안에 내용을 직접 입력해도 좋아요!

STEP 3 내용을 편집하고 글꼴 서식을 변경하기

01 꼭 필요한 내용만 남도록 도형 안쪽 내용을 편집합니다.

거리의 미관(美觀)과 국민 보건 따위를 위하여 길을 따라 줄지어 심은 나무.
앞으로 해야 할 일이나 겪을 일에 대한 마음의 준비.
어떤 일이든 끊임없이 노력하면 반드시 이루어짐을 이르는 말.
흉년 따위로 기근이 심할 때 주식물 대신 먹을 수 있는 농작물.
오랫동안 버티며 견디는 힘.

▶

길을 따라 줄지어 심은 나무
앞으로 해야 할 일에 대한 마음의 준비
끊임없이 노력하면 반드시 이루어짐을 이르는 말
주식물 대신 먹을 수 있는 농작물
오랫동안 버티며 견디는 힘

영국의 작가 셰익스피어가 지은 희곡의 주인공
여러 산이 겹치고 겹친 산속.
어느 한 분야를 전문적으로 연구함.
물을 긷기 위하여 땅을 파서 지하수를 괴게 한 곳.
손을 대어 거두지 않고 내버려 두어 거친 땅.

▶

셰익스피어가 지은 소설 속 주인공
여러 산이 겹치고 겹친 산속
어느 한 분야를 전문적으로 연구함
땅을 파서 지하수를 괴게 한 곳
손을 대어 거두지 않고 내버려 두어 거친 땅

02 이번에는 각 단어의 뜻 앞쪽에 셀 주소를 입력해 봅니다.

[C3:E3] 길을 따라 줄지어 심은 나무
[C5:D5] 앞으로 해야 할 일에 대한 마
[F6:I6] 끊임없이 노력하면 반드시 이
[C7:F7] 주식물 대신 먹을 수 있는 농
[D9:F9] 오랫동안 버티며 견디는 힘

[D3:D5] 셰익스피어가 지은 소설 속
[I4:I7] 여러 산이 겹치고 겹친 산속
[G5:G6] 어느 한 분야를 전문적으로
[F6:F7] 땅을 파서 지하수를 괴게 한
[D7:D9] 손을 대어 거두지 않고 내버

CHAPTER 07 셀 주소 가로 세로 퍼즐

03 두 개의 도형을 선택한 후 글꼴 서식을 자유롭게 변경해 봅니다.

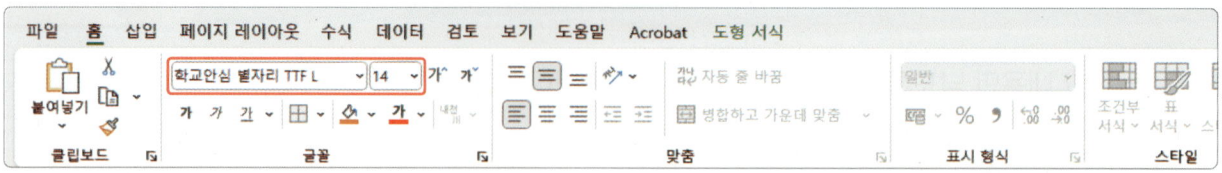

> TIP Shift 를 누른 채 두 개의 도형을 각각 클릭하여 한 번에 선택할 수 있어요!

04 글자가 입력된 셀을 선택한 후 Delete 를 눌러 지워줍니다.

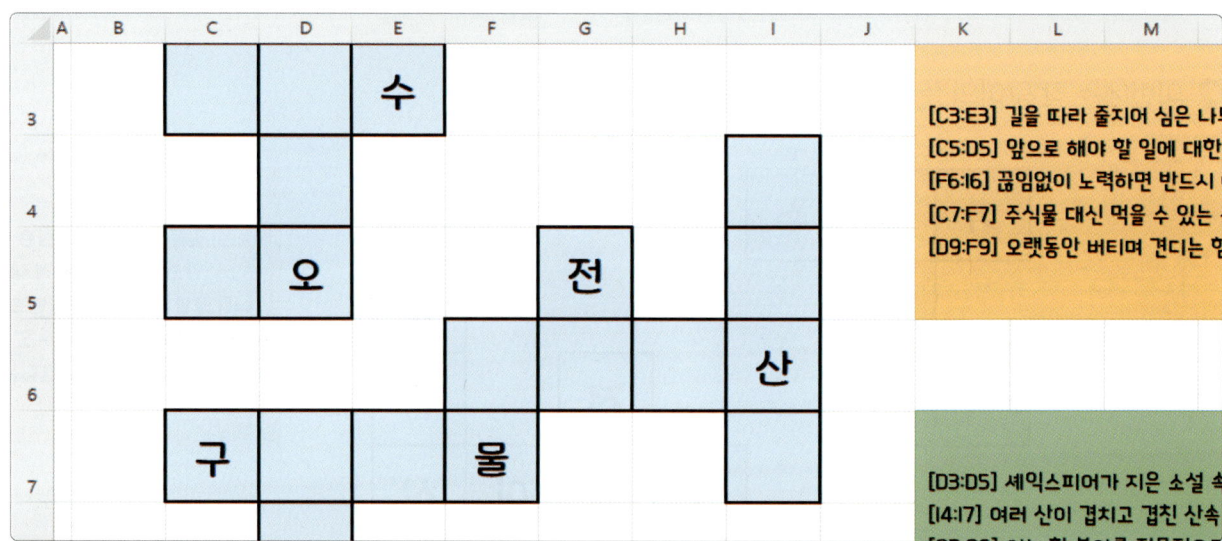

> TIP 몇 개의 힌트 글자를 제외하고 내용을 삭제해요!

STEP 4 워드아트로 제목 입력하기

01 [삽입] 탭에서 [WordArt]를 클릭하여 원하는 모양을 선택합니다.

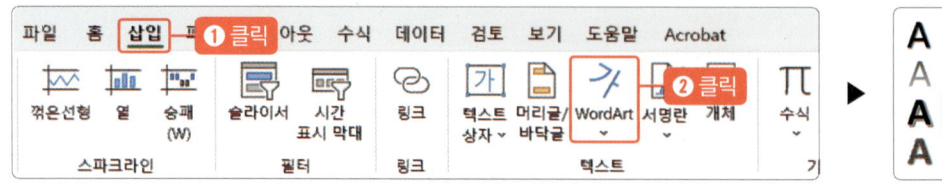 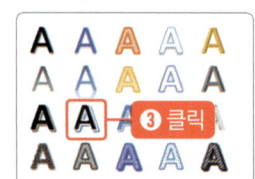

02 워드아트 내용을 입력한 후 [홈] 탭에서 글꼴 서식을 변경합니다.

03 작업이 완료되면 [보기] 탭에서 **눈금선을 해제**합니다.

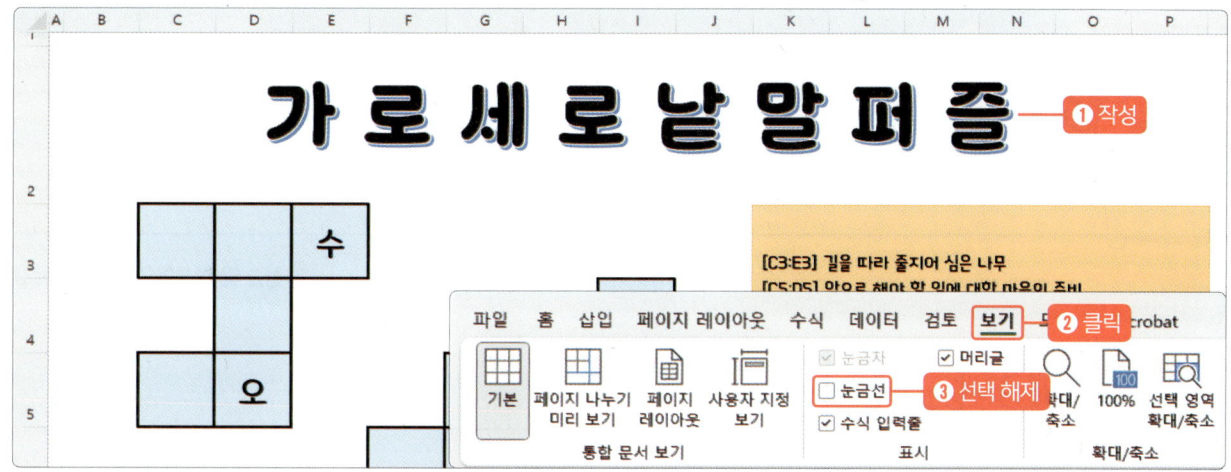

나만의 작품

엑셀 2021에서 가로 세로 낱말 퍼즐을 완성해 보세요.

📁 **실습 및 완성파일** [Chapter 07]-[연습문제] 폴더

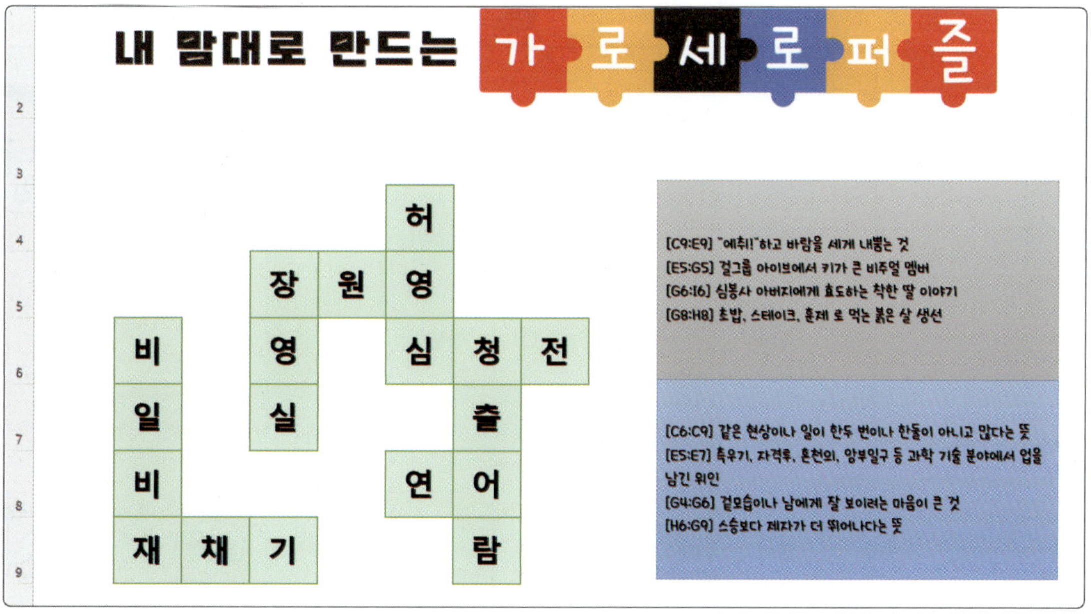

작성조건
- 퍼즐에 필요한 텍스트를 입력한 후 각 셀에 채우기 색과 테두리 서식을 적용
- 셀 주소와 단어의 뜻을 도형에 입력하고 글꼴 서식 변경
   ■ 단어의 뜻을 입력할 때는 '네이버 어학사전' 또는 '챗GPT'를 활용해 보세요!
- 시트의 눈금선 해제

CHAPTER 07 셀 주소 가로 세로 퍼즐 **47**

CHAPTER 08

종합평가
재밌는 엑셀 빙고 게임

- **인공지능** ··· 챗GPT를 이용하여 빙고에 필요한 데이터를 생성해요.
- **엑셀** ··· 시트를 편집하여 빙고판을 만들어요.

📁 **실습 및 완성파일** [Chapter 08] 폴더

오늘의 작품

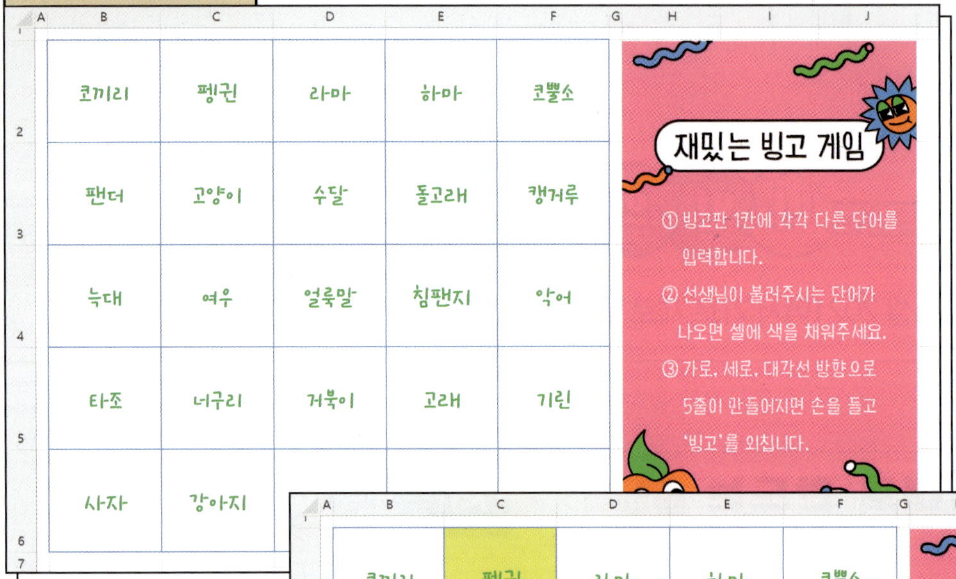

재밌는 빙고 게임

① 빙고판 1칸에 각각 다른 단어를 입력합니다.
② 선생님이 불러주시는 단어가 나오면 셀에 색을 채워주세요.
③ 가로, 세로, 대각선 방향으로 5줄이 만들어지면 손을 들고 '빙고'를 외칩니다.

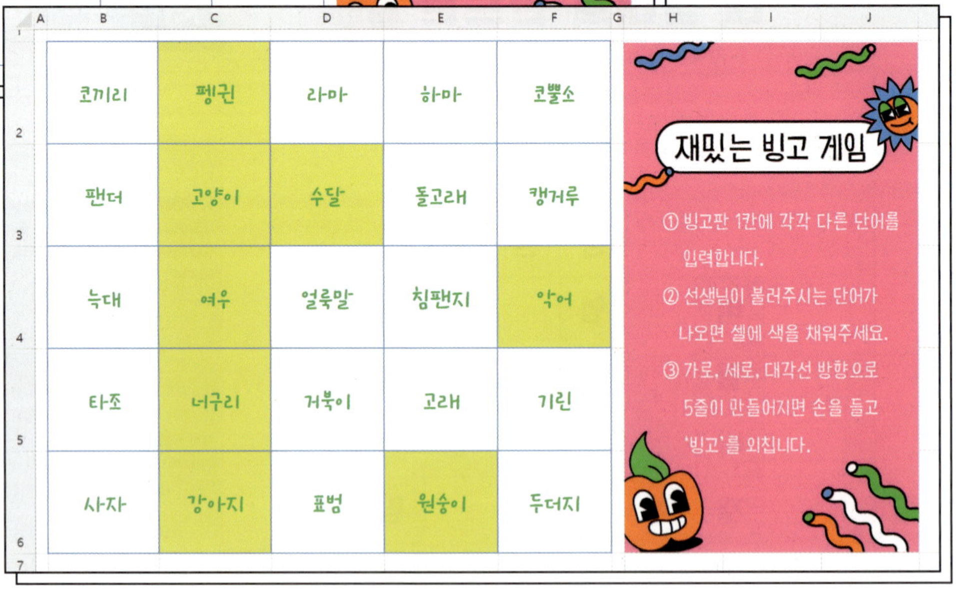

엑셀 작성조건

① 행과 열의 크기 조절(2~6행 높이 : 80 / B~F열 너비 : 14 / H~J열 너비 : 12)
② [H2:J6] 영역을 병합하고 가운데 맞춤으로 지정한 후 게임 방법 이미지 배치
③ [B2:F6] 영역을 범위로 선택하여 원하는 테두리 적용

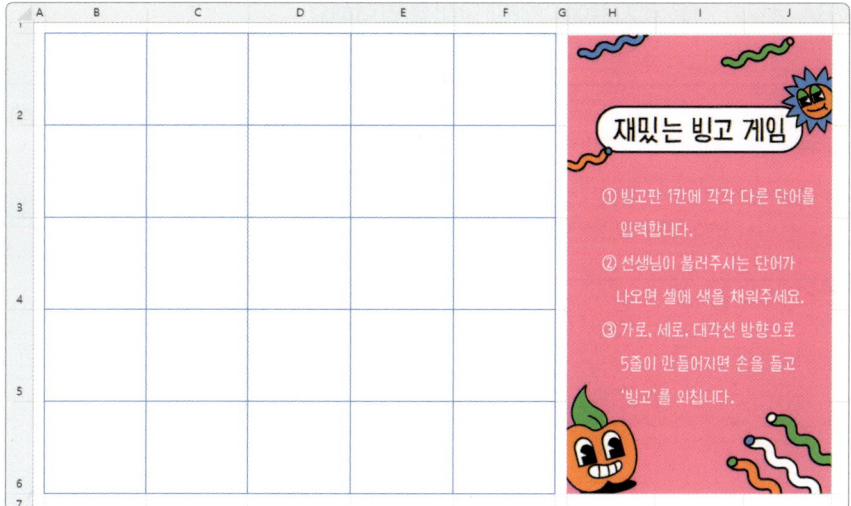

인공지능 작성조건

① 챗GPT(chatgpt.com)를 이용해 동물 빙고를 위한 데이터 만들기

> 질문 예   5*5 사이즈의 동물 주제 빙고판을 만들어줘. 단어 중복되지 않도록 해줘.

② 엑셀 데이터로 활용할 수 있게 형식 변환 요청 후 표시된 데이터를 복사(Ctrl+C)

> 질문 예   엑셀 데이터로 붙여 넣을 거야. 탭으로 구분된 형식으로 바꿔줘.

엑셀 작성조건

① [B2] 셀을 클릭하여 클립보드에 복사된 데이터 붙여넣기(Ctrl+V)
② [B2:F6] 영역을 범위로 지정한 다음 자유롭게 글꼴 서식 변경

TIP 선생님이 불러주시는 동물의 이름이 있는 셀을 채우면서 빙고 게임을 진행해요!

CHAPTER 09 VBA 마법과 함께하는 단어 게임

인공지능 … 챗GPT를 이용해 자동으로 열 너비 조정을 위한 VBA 코드를 알아보아요.
엑셀 … VBA 코드가 적용된 시트에 다양한 단어를 입력해요.

📁 실습 및 완성파일 [Chapter 09] 폴더

	A	B	C	D	E	F	G
1							
2				단어 연결 게임			
3							
4		표현	굿	최고	고마워	미안해요	고맙습니다
5		과일	귤	딸기	바나나	파인애플	천도복숭아
6		물건	컵	연필	컴퓨터	스마트폰	전자레인지
7		동물	말	토끼	강아지	고슴도치	오리너구리
8		음식	김	라면	햄버거	김치찌개	돌솥비빔밥
9		학교	공	교실	선생님	컴퓨터실	방과후교실
10							

오늘의 TOON — 엑셀의 VBA 기능, 뭐가 좋을까?

50

STEP 1 챗GPT를 이용해 VBA 코드 생성하기

01 챗GPT(chatgpt.com)에 접속

02 VBA 코드를 생성하기 위해 내용을 입력

> **TIP** VBA는 엑셀 프로그램에서 반복되는 작업을 자동으로 수행할 수 있도록 도와주는 도구예요!

03 표시된 코드를 확인

04 간결한 코드로 함축을 요청

05 표시된 코드 전체를 복사

> **TIP** 엑셀 프로그램에서 각 셀에 데이터를 입력했을 때, 글자 수에 맞추어 자동으로 열 너비 조절이 가능한 VBA 코드를 생성했어요!

CHAPTER 09 VBA 마법과 함께하는 단어 게임 51

STEP 2 현재 시트에 VBA 코드 적용하기

01 엑셀 2021 프로그램을 실행한 다음 Alt + F11 을 눌러 **VBA** 창을 활성화합니다.

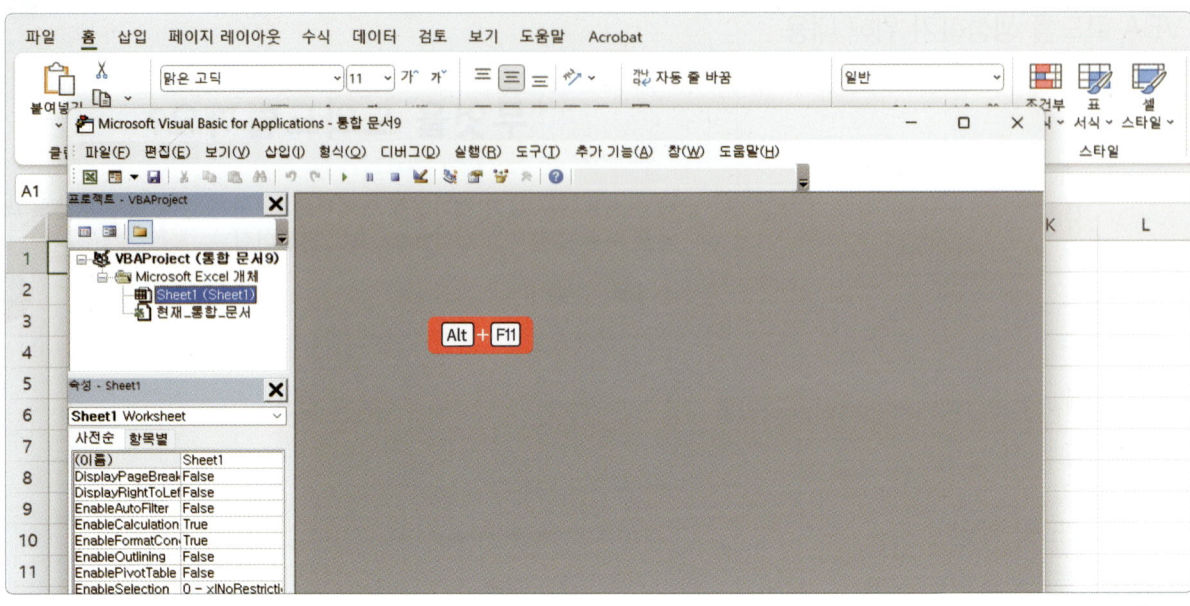

02 [Sheet1 (Sheet1)] 목록을 더블 클릭한 후 코드 입력 창이 나오면 [Worksheet]를 선택합니다.

03 입력된 코드를 블록으로 지정하여 삭제한 다음 복사했던 코드를 붙여넣기(Ctrl + V) 해주세요.

04 코드 입력이 완료되면 VBA 관련 창을 모두 종료합니다.

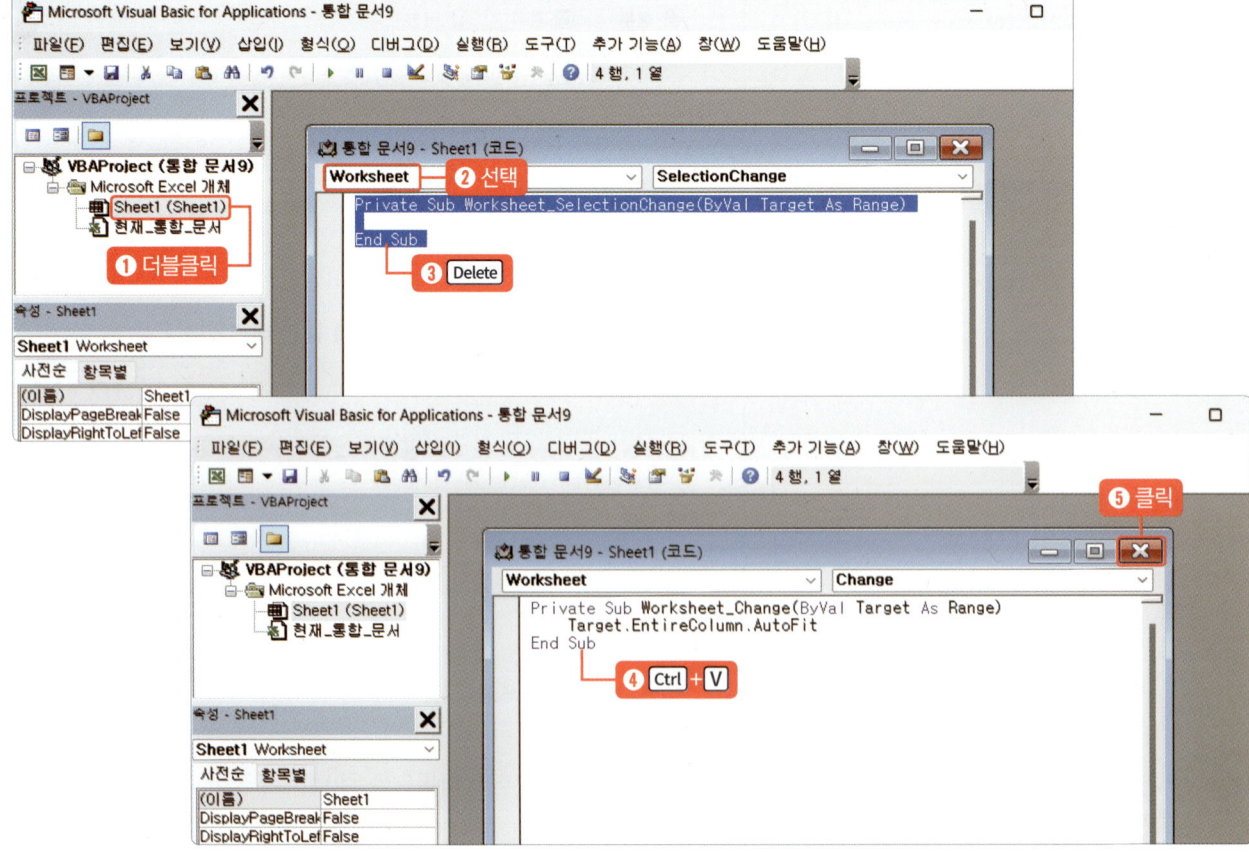

STEP 3 시트에 필요한 데이터를 입력하기

01 아래 그림을 참고하여 **[B4:B9]** 영역에 데이터를 입력해 봅니다.

> **TIP** 입력된 데이터 길이에 맞추어 열 너비가 자동으로 조절되는 것을 확인할 수 있어요!

02 아래 그림과 조건을 참고하여 **행과 열의 크기를 조절**해 보세요.

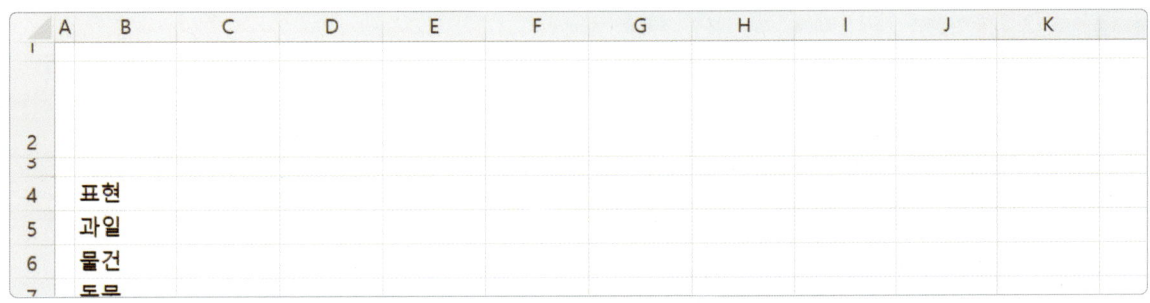

A열	B열	1행	2행	3행
1	8	10	50	10

03 ▢를 클릭하여 모든 셀을 선택한 후 [홈] 탭에서 원하는 글꼴 모양과 크기로 변경하고, 가운데 맞춤을 지정합니다.

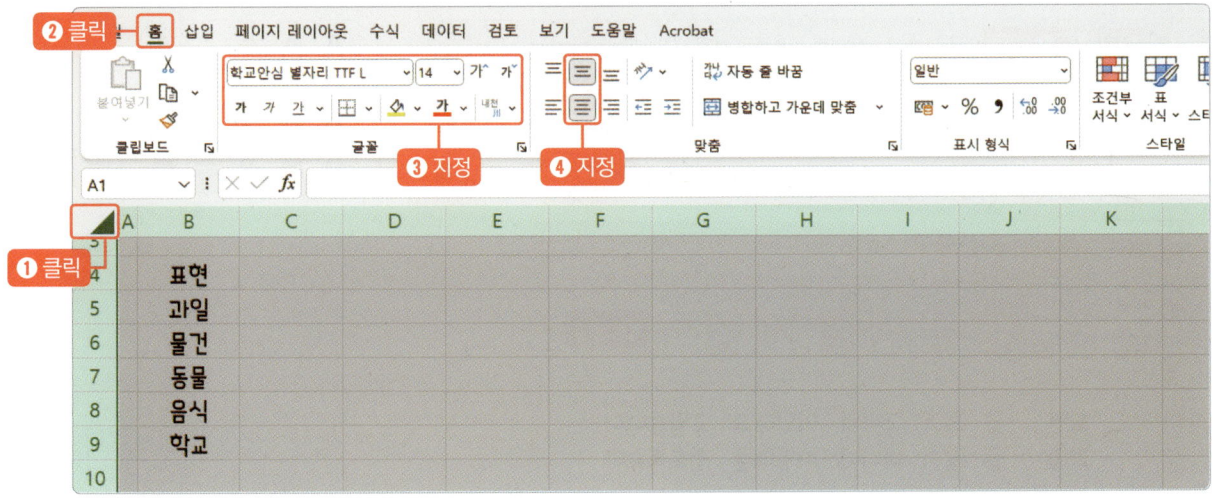

CHAPTER 09 VBA 마법과 함께하는 단어 게임

04 [B4:B9] 영역에 입력된 주제와 관련된 단어를 1글자~5글자까지 각 셀에 적어봅니다.

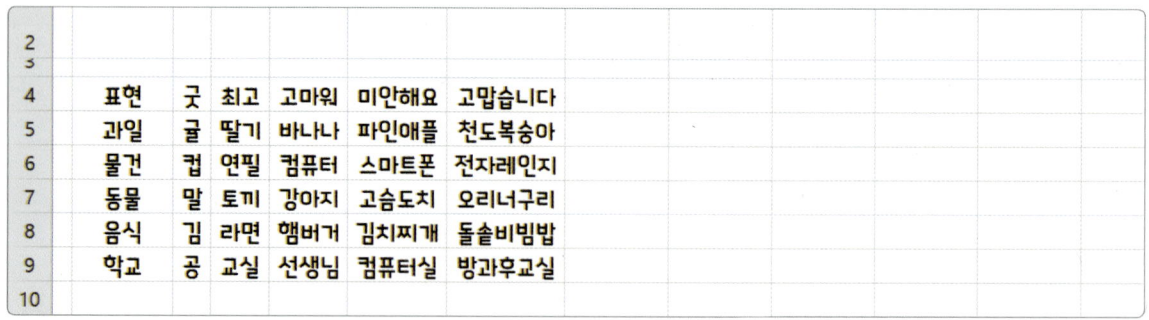

TIP 데이터 입력 후 Enter 를 누르면 아래쪽 셀로, Tab 을 누르면 오른쪽 셀로 이동될 거예요!

STEP 4 워드아트로 제목 입력하기  엑셀

01 [B2:G2] 영역을 선택하여 [홈] 탭에서 [병합하고 가운데 맞춤]을 지정합니다.

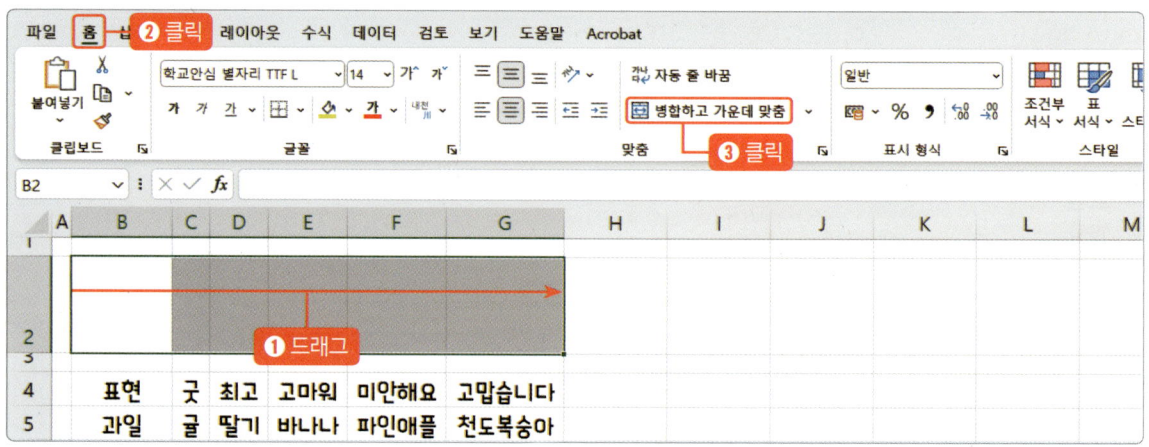

02 [삽입] 탭에서 [WordArt]를 클릭하여 원하는 모양을 선택한 후 제목을 입력하고 글꼴 서식을 변경해 보세요.

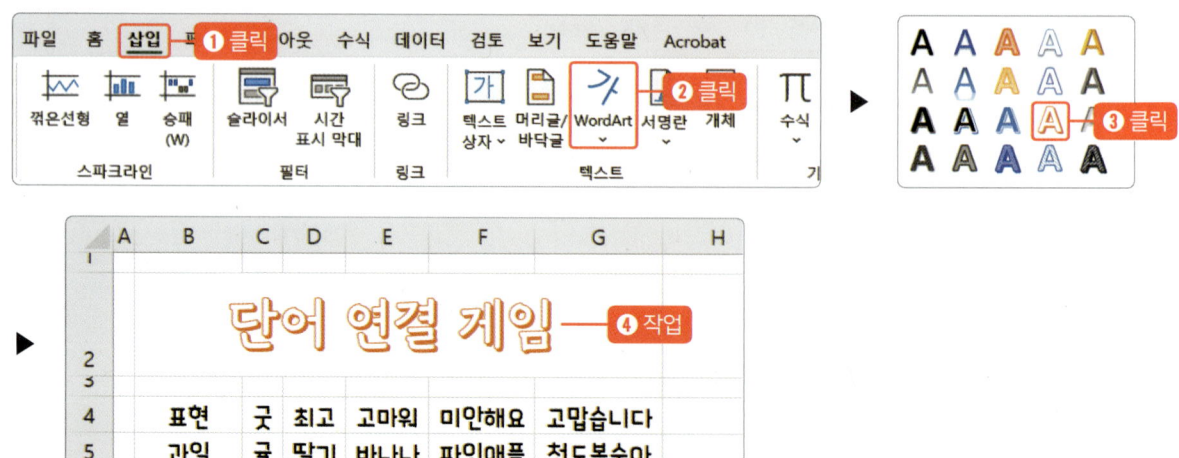

03 셀에 채우기 색과 글꼴 색 등을 변경한 후 4~9 행의 높이를 25정도로 지정하여 작품을 완성해봅니다.

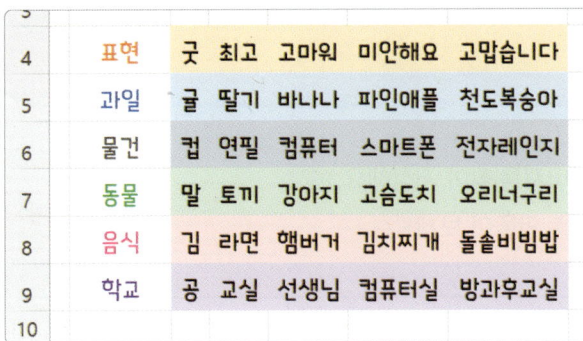

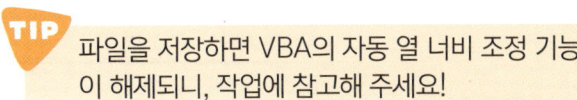
파일을 저장하면 VBA의 자동 열 너비 조정 기능이 해제되니, 작업에 참고해 주세요!

챗GPT를 활용하여 VBA 코드를 작성한 후 엑셀 2021의 시트 서식을 변경해 보세요.

📁 **실습 및 완성파일** [Chapter 09]-[연습문제] 폴더

▸ 챗GPT를 이용해 엑셀 시트의 서식을 변경하는 VBA 코드 만들고 복사하기

> **질문 예** 엑셀에서 [B2:G3]까지 두꺼운 주황색 테두리를 적용할 거야. 또 [B2:G2] 셀은 채우기 색을 노란색, 글자 크기는 20으로 가운데 정렬을 하고 싶어. VBA 코드로 만들어줘

■ 질문 예시를 참고하여 원하는 서식의 코드를 만들어 보세요!

▸ 엑셀 프로그램에서 Alt + F11 을 눌러 VBA 창을 활성화한 후 복사한 코드 붙여넣기
▸ 실행 단추를 눌러 시트에 서식 적용하기

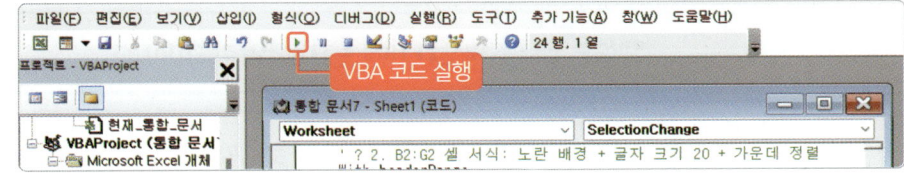

▸ 시트에 서식이 적용되면 직업의 이름을 입력한 후 글꼴 모양을 변경하기

브랜드 로고 디자인하기

인터넷 ···· 로고 디자인을 적용할 이미지를 찾아 저장해요.
엑셀 ···· 도형을 이용해 멋진 로고를 만들어 보세요.

📁 실습 및 완성파일 [Chapter 10] 폴더

오늘의 QUIZ — 엑셀 프로그램과 관련된 설명으로 옳지 않은 것은 무엇일까?

 엑셀은 숫자를 계산하기에 특화된 프로그램이야!

 그렇기 때문에 엑셀에는 그림이나 도형을 삽입하기 어렵지!

 입력된 데이터 주변에 테두리를 지정하면 쉽게 표를 만들 수도 있어!

STEP 1 점 편집 기능으로 로고 만들기

01 [Chapter 10] 폴더에서 '**로고디자인.xlsx**' 파일을 불러온 후 [삽입] 탭-[도형]에서 '**달**'을 삽입합니다.

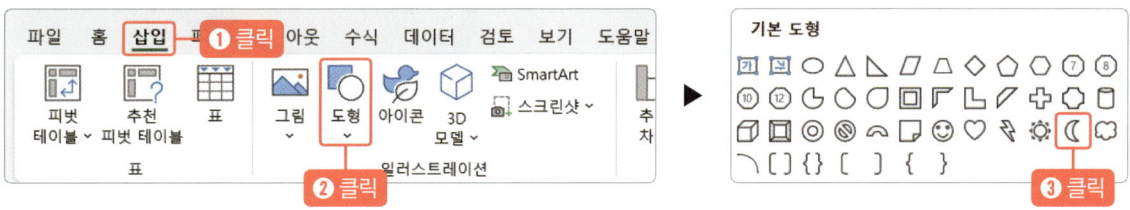

02 스포츠 브랜드 로고를 만들기 위해 도형을 왼쪽으로 회전시켜줍니다.

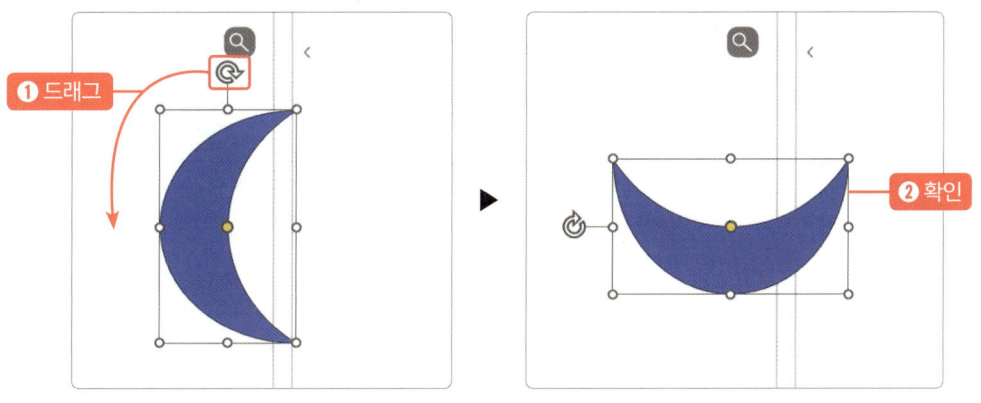

> **TIP** Shift 를 누른 상태에서 회전 조절점을 왼쪽으로 드래그하면 편리해요!

03 삽입된 도형이 선택된 상태에서 [도형 서식] 탭-[도형 편집]-**[점 편집]**을 클릭합니다.

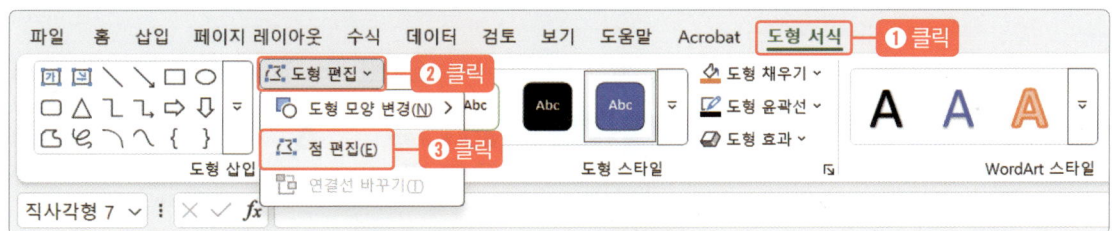

04 도형 오른쪽에 표시된 검정색 점을 우측 상단으로 드래그하여 모양을 변형합니다.

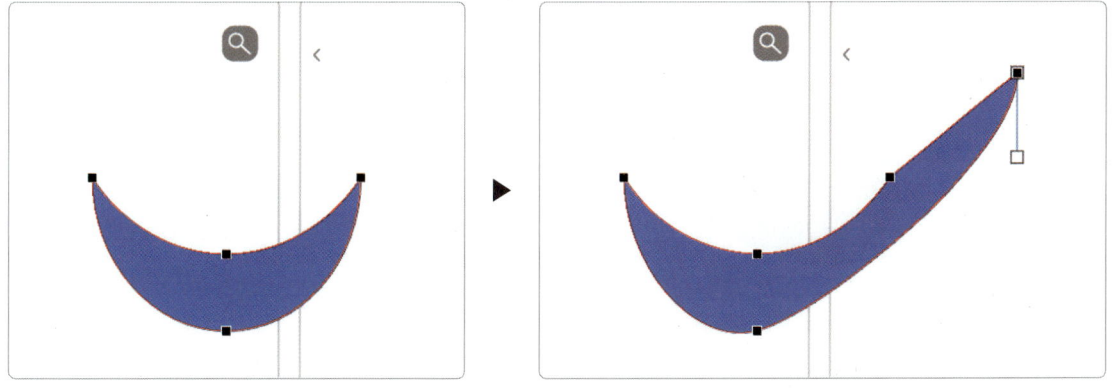

CHAPTER 10 브랜드 로고 디자인하기

05 부드러운 곡선을 만들기 위해 중간의 검정색 점은 삭제해 주세요.

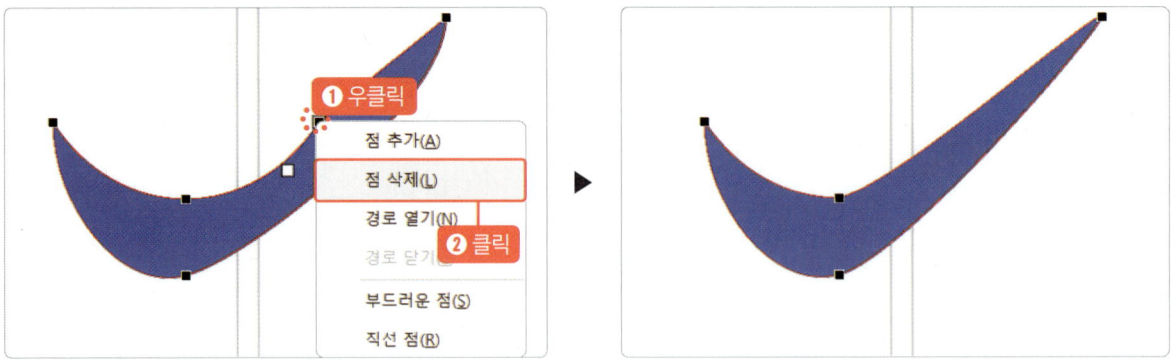

06 검정색 점과 흰색 점을 드래그해 모양을 다듬어 줍니다.

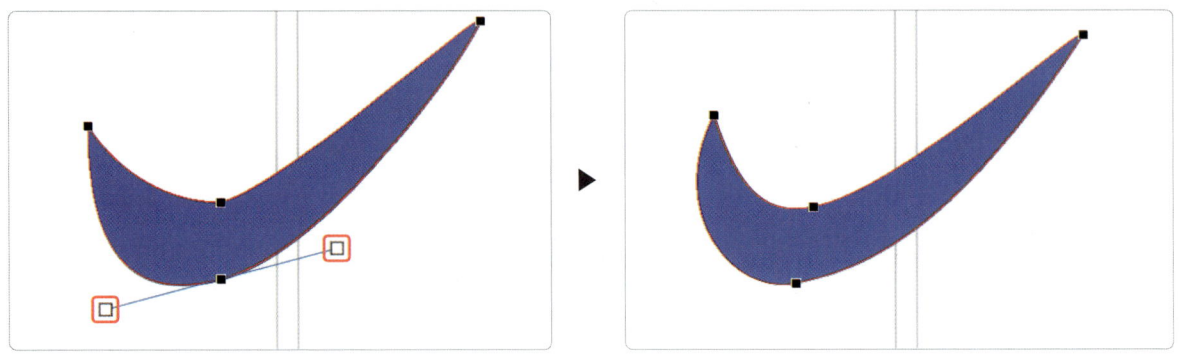

> **TIP** 검정색 점을 클릭했을 때 표시되는 흰색 점을 드래그하면 완만한 곡선으로 모양 변형이 가능해요!

07 도형을 선택한 후 [도형 서식] 탭에서 도형 스타일을 적용하여 검정색으로 서식을 바꿔줍니다.

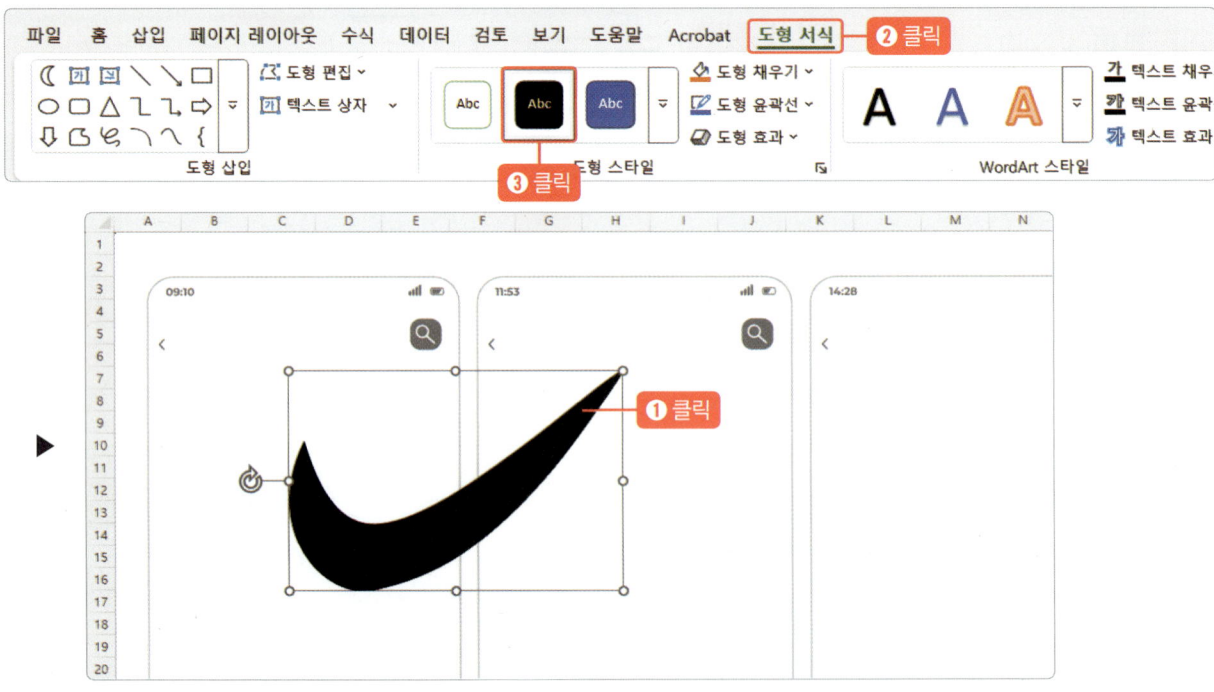

STEP 2 텍스트 상자를 추가하여 로고 완성하기

01 [삽입] 탭-[가로 텍스트 상자 그리기]를 선택하여 시트에 **텍스트 상자**를 추가합니다.

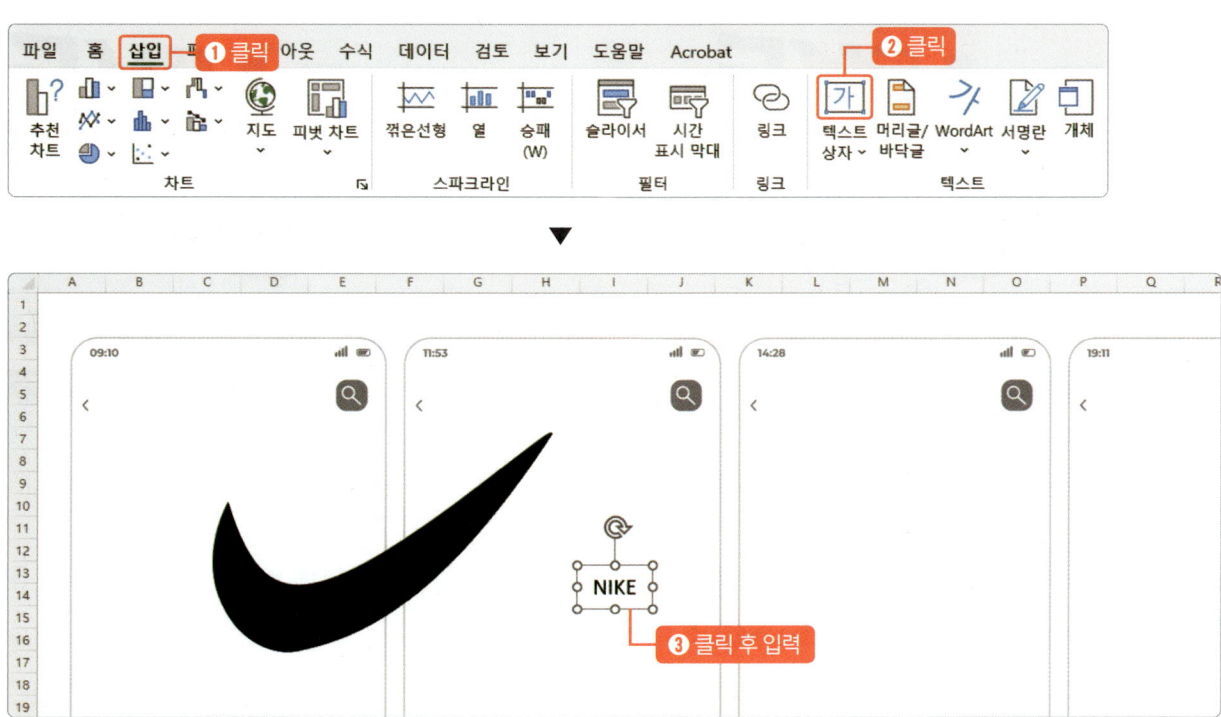

02 [홈] 탭에서 글꼴 모양과 크기를 자유롭게 변경합니다.

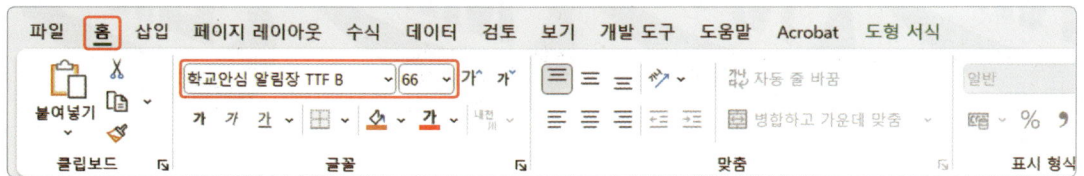

03 이어서, [도형 서식] 탭-[텍스트 효과]-[변환]에서 **[계단식: 위로]**를 찾아 선택합니다.

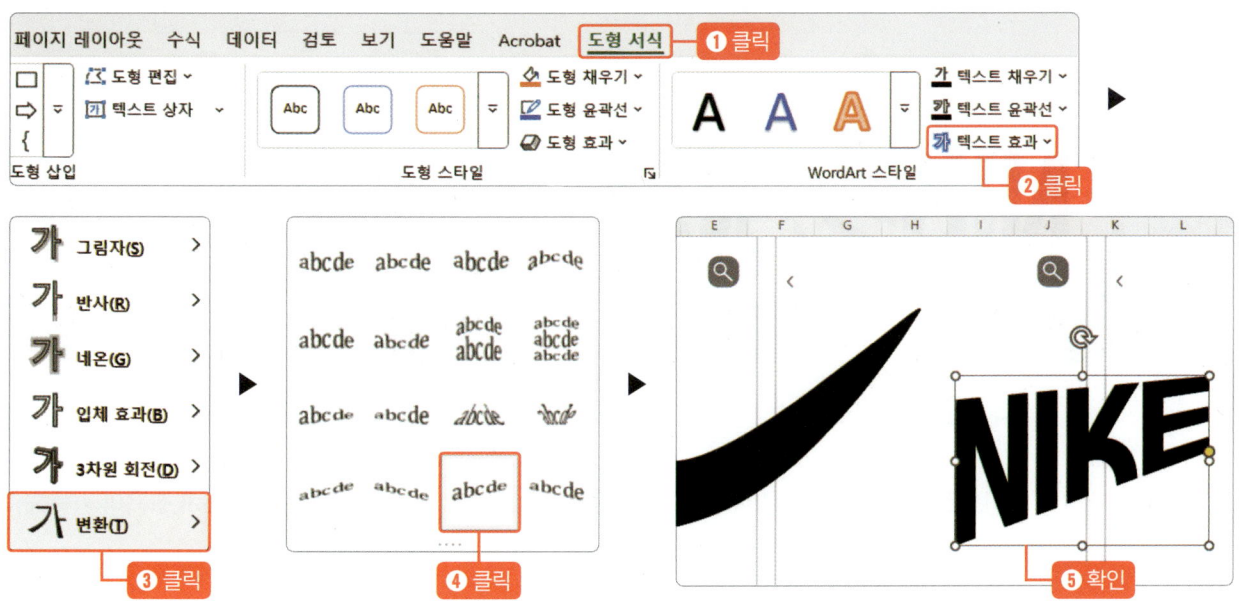

CHAPTER 10 브랜드 로고 디자인하기

04 도형과 텍스트를 조합하여 로고를 완성한 후 **그룹으로 지정**합니다.

> **TIP** 도형의 회전 조절점을 이용하여 각도를 조절하면 더 자연스럽게 배치가 가능해요!

05 `Ctrl`을 누른 채 그룹으로 지정된 개체를 드래그하여 복사한 다음 **텍스트를 수정**해 보세요.

06 로고를 선택하여 복사(`Ctrl`+`C`)한 후 비어 있는 곳에서 우클릭하여 그림으로 붙여넣어줍니다.

> **TIP** 로고를 그림으로 바꿔주는 작업을 통해 크기를 자유롭게 조절할 수 있고 다양한 그림 효과 적용이 가능해요!

07 원본 로고는 지워준 다음 그림으로 된 로고의 크기를 줄여줍니다.

08 동일한 방법으로 나머지 로고도 그림으로 붙여넣기 해보세요.

STEP 3 로고 디자인을 적용할 이미지 저장하기

01 네이버(www.naver.com)에 접속

02 작품에 필요한 이미지를 검색

> **TIP** 이미지는 찾기 쉬운 경로에 저장하는 것이 좋아요!

03 표시된 이미지를 확인

04 [이미지를 다른 이름으로 저장]

> **TIP** 로고 글자와 잘 어울리는 제품을 찾아 저장해 보세요. [Chapter 10] 폴더에 교재와 동일한 이미지가 있습니다!

STEP 4 그림을 삽입한 후 로고 배치하기

01 [삽입] 탭-[그림]을 클릭하여 61페이지에서 저장했던 그림을 삽입합니다.

02 로고를 우클릭하여 **[맨 앞으로 가져오기]** 작업한 후 그림과 로고를 적절하게 배치합니다.

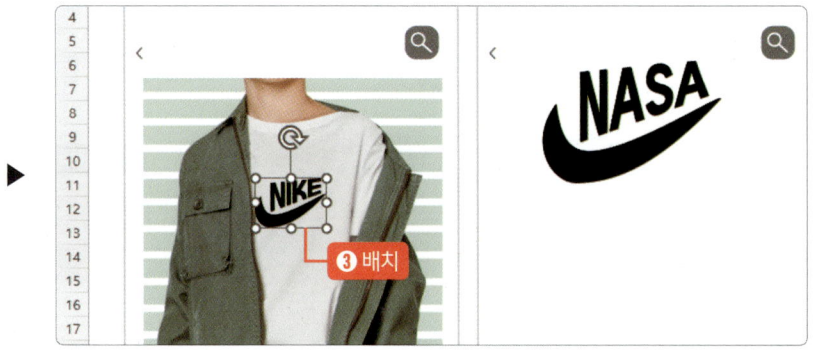

> **TIP** 필요에 따라 [그림 서식] 탭-[자르기] 기능을 이용해 그림의 불필요한 부분을 자를 수 있어요!

03 로고를 선택한 다음 [그림 서식] 탭에서 **[색]**과 **[꾸밈 효과]** 기능으로 제품에 어울리도록 만들어줍니다.

04 동일한 방법으로 4개의 디자인을 모두 완성해 보세요.

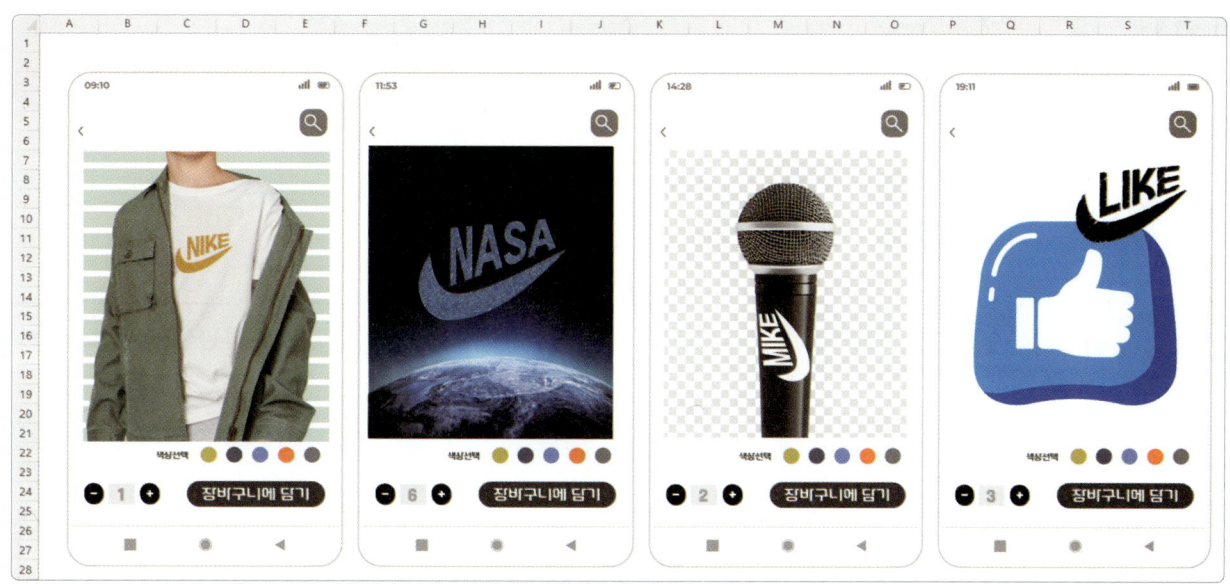

엑셀 2021에서 도형 점편집 기능을 활용하여 원하는 그림을 그려보세요.

📁 **실습 및 완성파일** [Chapter 10]-[연습문제] 폴더

▸ [삽입] 탭-[도형]에서 필요한 도형을 삽입
- 책에서는 해당 로고를 만들기 위해 [기본 도형] 그룹의 [평행 사변형(▱)]을 이용했어요!

▸ [도형 서식] 탭-[도형 편집]을 클릭하여 원하는 모양으로 편집
- 검정색 점은 기준 점을 이동시킬 수 있고, 흰색 점은 곡선을 표현할 수 있어요!

▸ [삽입] 탭-[가로 텍스트 상자 그리기]를 이용해 필요한 내용 입력

▸ 원하는 그림이 완성되면 그룹으로 지정한 후 그 림으로 붙여넣기

▸ [그림 서식] 탭에서 [색]과 [꾸밈 효과] 등을 지정하여 완성

CHAPTER 11 가장 인기 있는 이름은?

- 인터넷 … 우리나라에서 가장 인기 있는 이름을 통계로 살펴보아요.
- 엑셀 … 통계 데이터를 활용하여 차트를 만들어요.

📁 실습 및 완성파일 [Chapter 11] 폴더

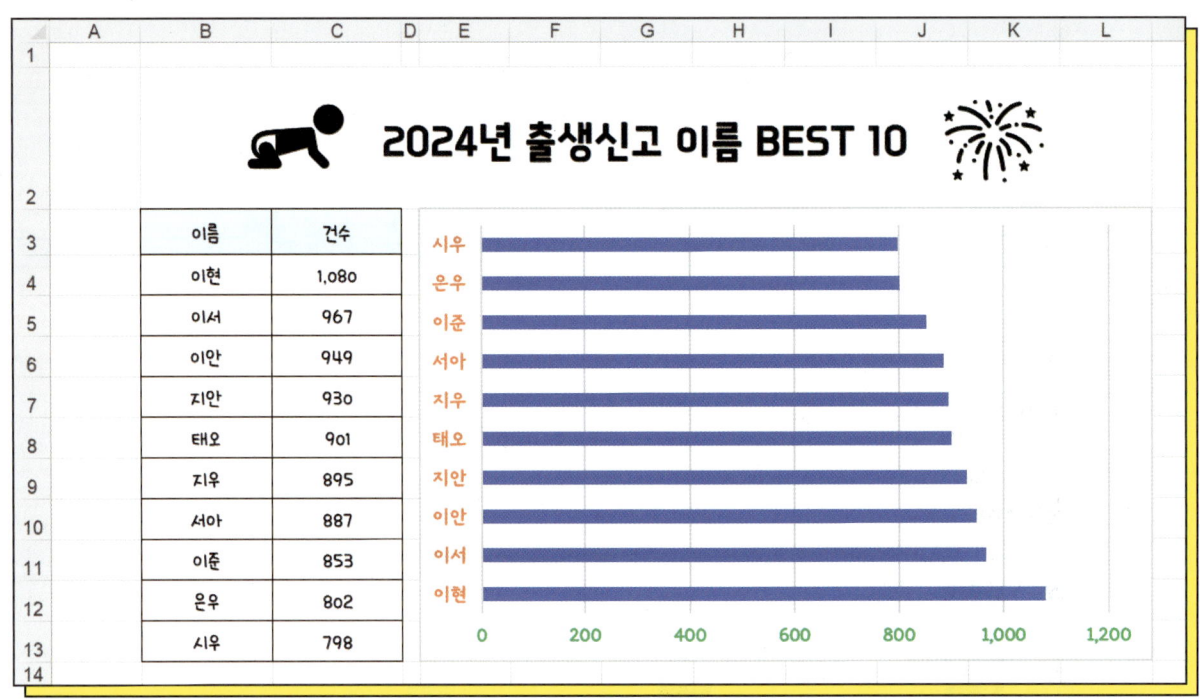

오늘의 TOON — 차트, 왜 사용해야 할까요?

차트를 사용하면 복잡한 숫자나 데이터를 한눈에 알아보기 쉽게 만들 수 있어요.
특히 발표 자료를 만들 때 내용을 효과적으로 전달할 수 있지요!

STEP 1 출생신고 이름 현황을 조회하기

01 네이버(www.naver.com)에 접속
02 전자가족관계등록시스템 검색

03 [통계]에서 [상위 출생신고 이름 현황] 클릭

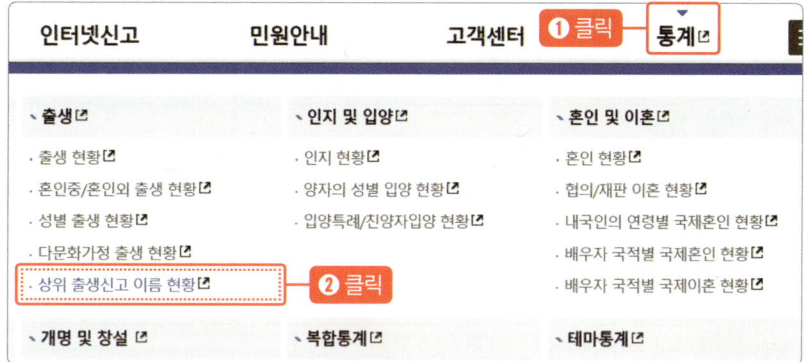

04 조회 유형과 지역을 설정한 후 <조회>

05 해당 자료의 엑셀 파일 다운로드

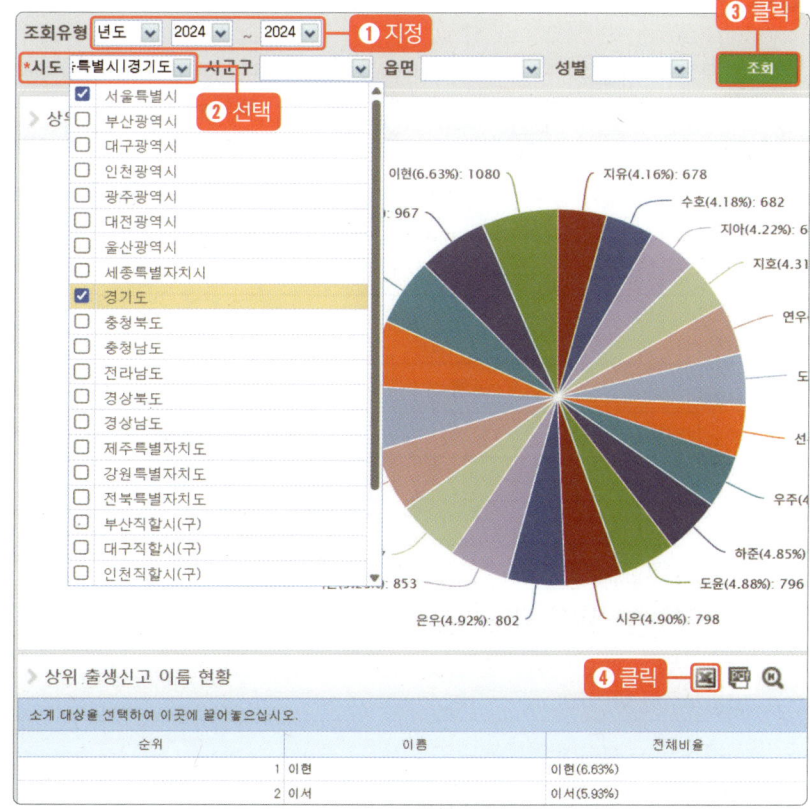

TIP 요즘 태어나는 아이들의 인기 이름을 알아보기 위해 년도와 지역을 선택해 보세요!

STEP 2 통계 자료로 차트 만들기

01 [다운로드] 폴더에서 '**상위 출생신고 이름 현황.xlsx**' 파일을 열어줍니다.

02 차트에 필요한 데이터만 남기기 위해 A열과 C열을 삭제합니다.

03 이름을 10위까지만 남기기 위해 13행부터 나머지 행까지 모두 삭제해 주세요.

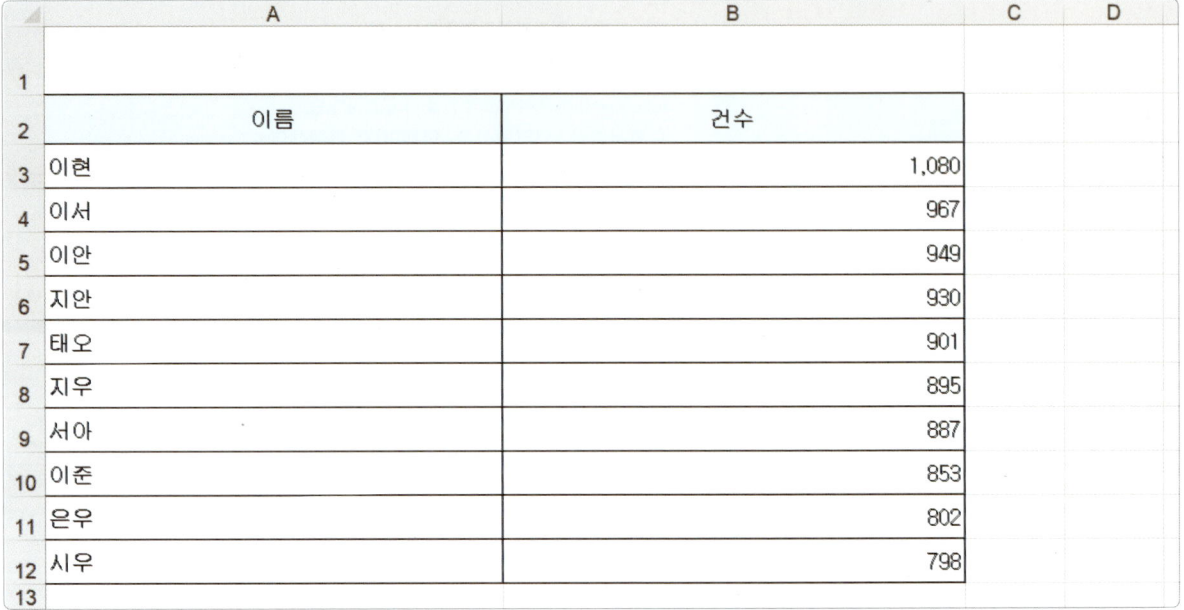

04 [A3:B12] 영역을 범위로 지정한 다음 [삽입] 탭-[차트]에서 **묶은 가로 막대형**을 찾아 선택합니다.

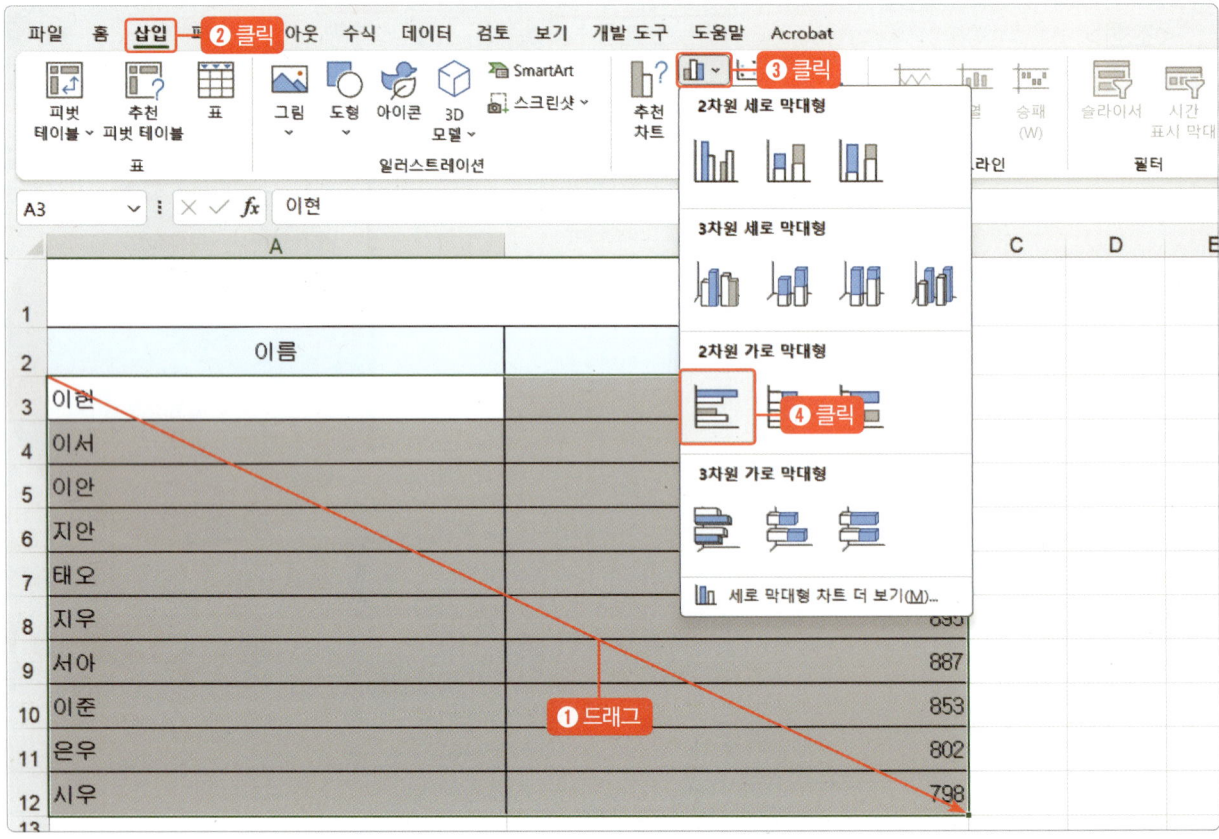

05 차트가 삽입되면 **A열과 B열의 너비를 12로, C열의 너비를 1로** 변경한 다음 차트를 적당한 위치에 배치해 주세요.

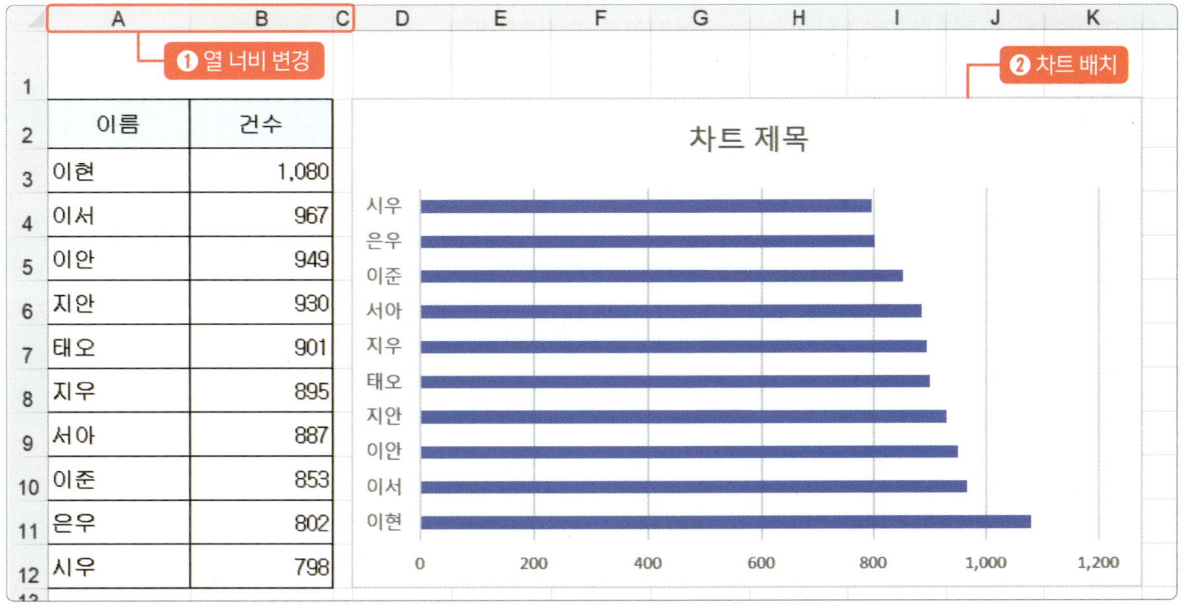

06 Delete 를 눌러 **차트 제목을 삭제**합니다. 이어서, 세로 축과 가로 축을 선택하여 [홈] 탭에서 **글꼴 서식을 변경**해 보세요.

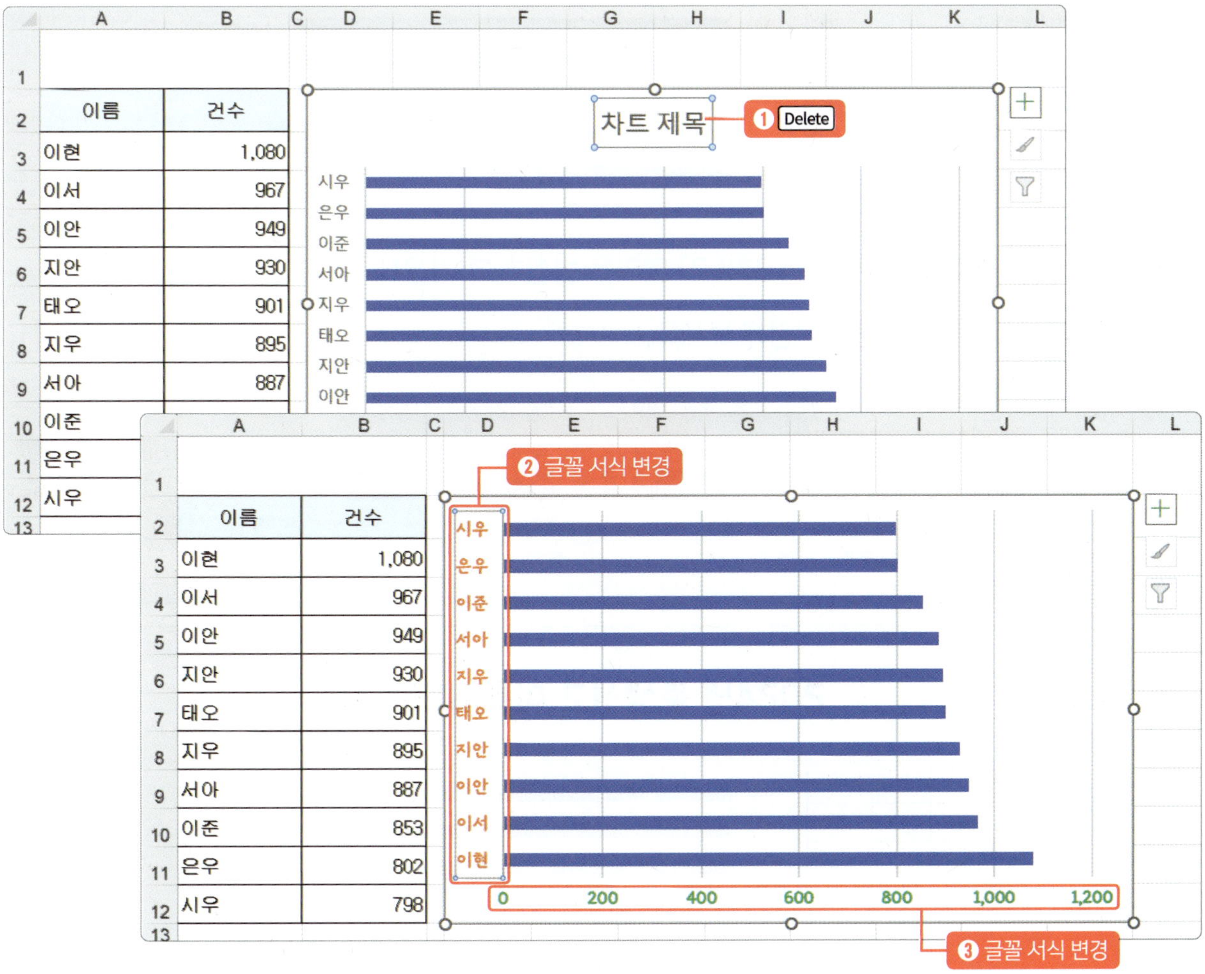

CHAPTER 11 가장 인기 있는 이름은? 67

STEP 3 아이콘을 활용해 차트 제목 입력하기

01 **A열** 머리글을 우클릭한 후 **[삽입]**을 선택해 열을 추가합니다.

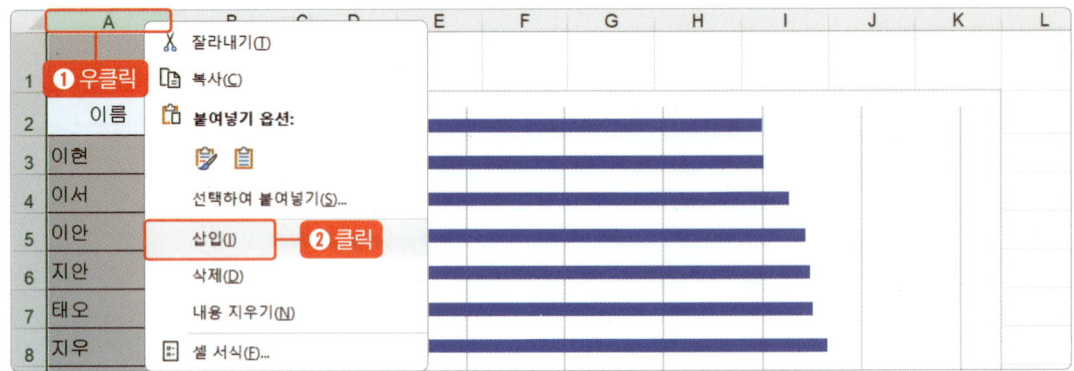

02 이번에는 **1행** 머리글을 우클릭한 후 **[삽입]**을 선택해 행을 추가합니다.

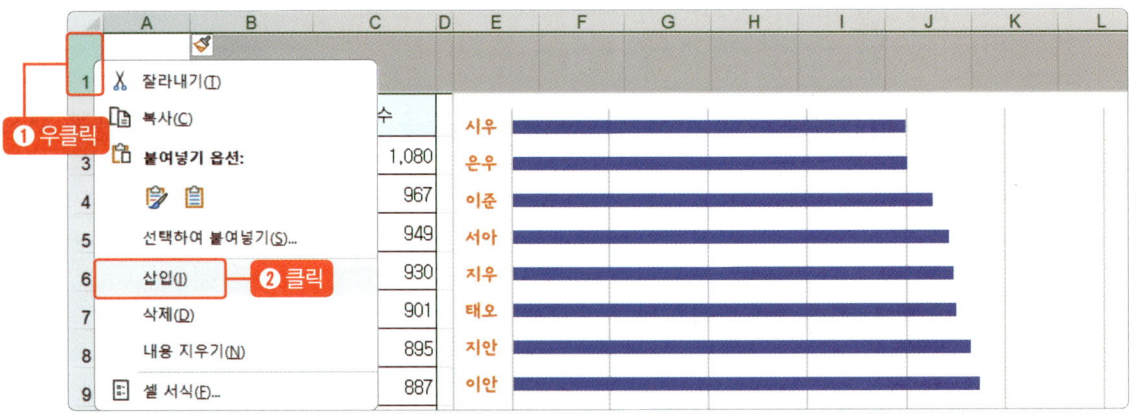

03 **2행**의 높이를 **75**로 설정한 다음 **[B2:L2]** 영역을 **병합하고 가운데 맞춤**으로 지정합니다.

04 제목을 입력하고 글꼴 서식을 변경해 보세요.

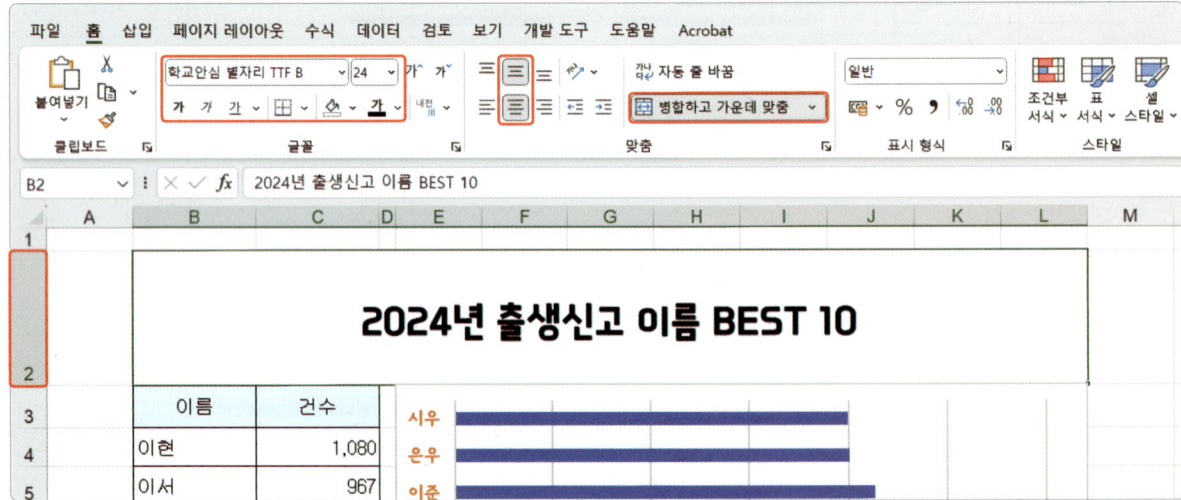

05 [삽입] 탭-[아이콘]을 클릭하여 원하는 모양을 찾아 삽입합니다.

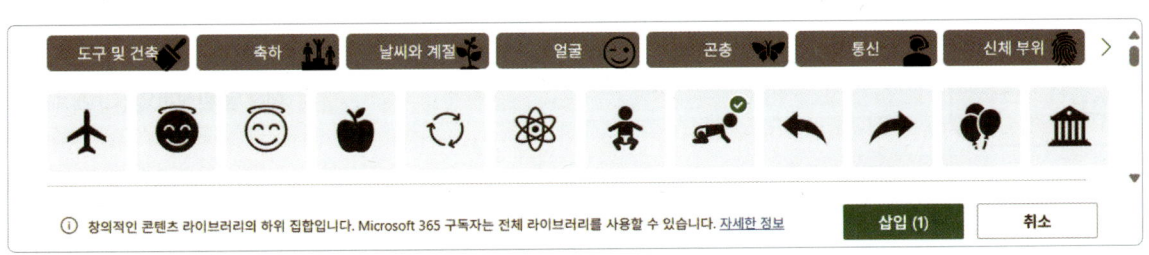

> **TIP** 64페이지를 참고하여 작품을 완성해 보세요!

통계 데이터를 활용해 엑셀 2021에서 차트를 삽입해 보세요.

📁 **실습 및 완성파일** [Chapter 11]-[연습문제] 폴더

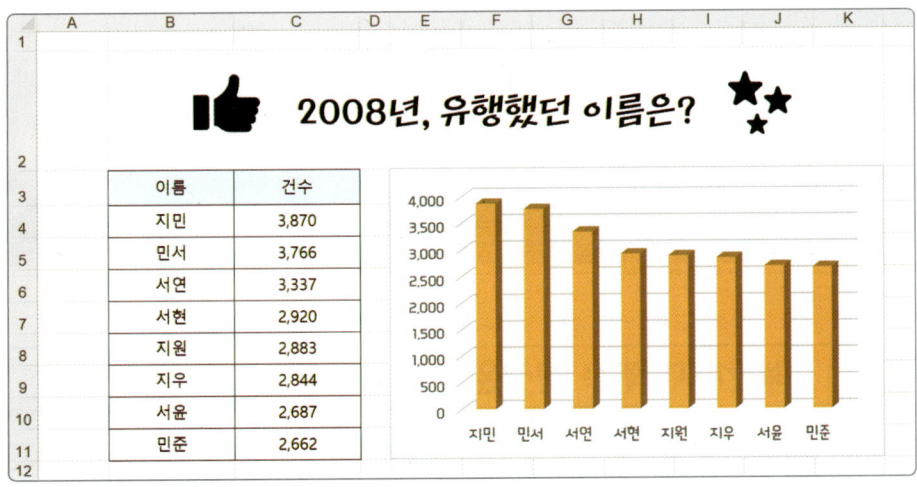

▸ 전자가족관계등록시스템에 접속 후 [통계]-[상위 출생신고 이름 현황] 클릭
　■ 접속 방법은 65페이지를 참고해 보세요!
▸ 년도를 2008년으로 지정한 후 모든 지역에 체크하여 <조회>
▸ 표시된 데이터를 엑셀 파일로 저장
▸ 다운로드 한 엑셀 파일에서 1위~8위 데이터를 활용해 3차원 세로 막대형 차트 만들기
　■ 67페이지를 참고하여 행과 열 너비를 조절한 후 자유롭게 차트를 꾸며 보세요!

CHAPTER 11 가장 인기 있는 이름은? **69**

CHAPTER 12 수식으로 풀어보는 사칙연산 QUIZ

- **인공지능** ···· 챗GPT를 이용해 문제 정답을 쉽게 찾아요.
- **엑셀** ···· 수식을 이용하여 사칙연산을 해요.

📁 실습 및 완성파일 [Chapter 12] 폴더

오늘의 작품

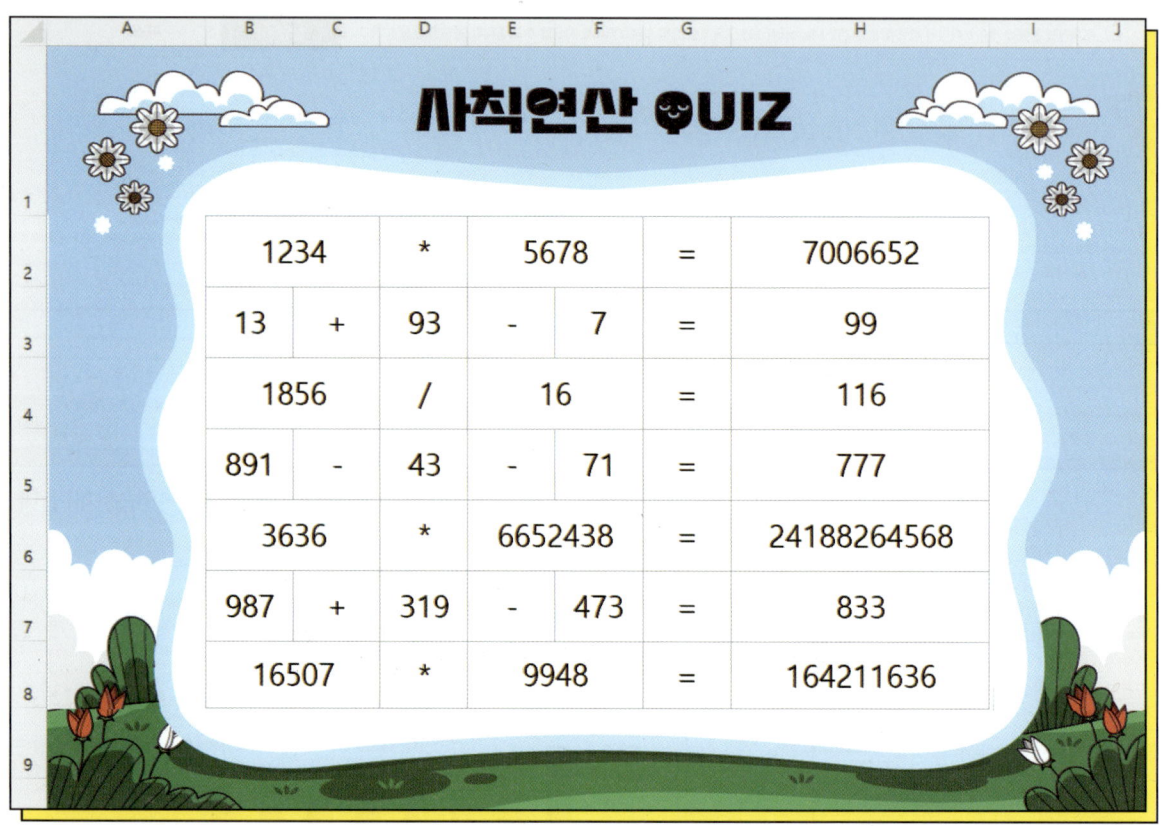

사칙연산 QUIZ

1234	*	5678	=	7006652
13	+	93	-	7	=	99
1856	/	16	=	116
891	-	43	-	71	=	777
3636	*	6652438	=	24188264568
987	+	319	-	473	=	833
16507	*	9948	=	164211636

오늘의 TOON — 계산까지 척척! 엑셀은 정말 천재일까?

엑셀에서는 셀에 입력된 값들끼리 간단하게 사칙연산을 할 수 있어요.
자동으로 계산까지 해주는 엑셀 프로그램, 정말 매력적이죠?

STEP 1 셀에 사칙연산 문제 입력하기

01 [Chapter 12] 폴더에서 '**사칙연산.xlsx**' 파일을 불러옵니다.

02 [**B2:C2**] 영역과 [**E2:F2**] 영역을 각각 **병합하고 가운데 맞춤**으로 지정합니다.

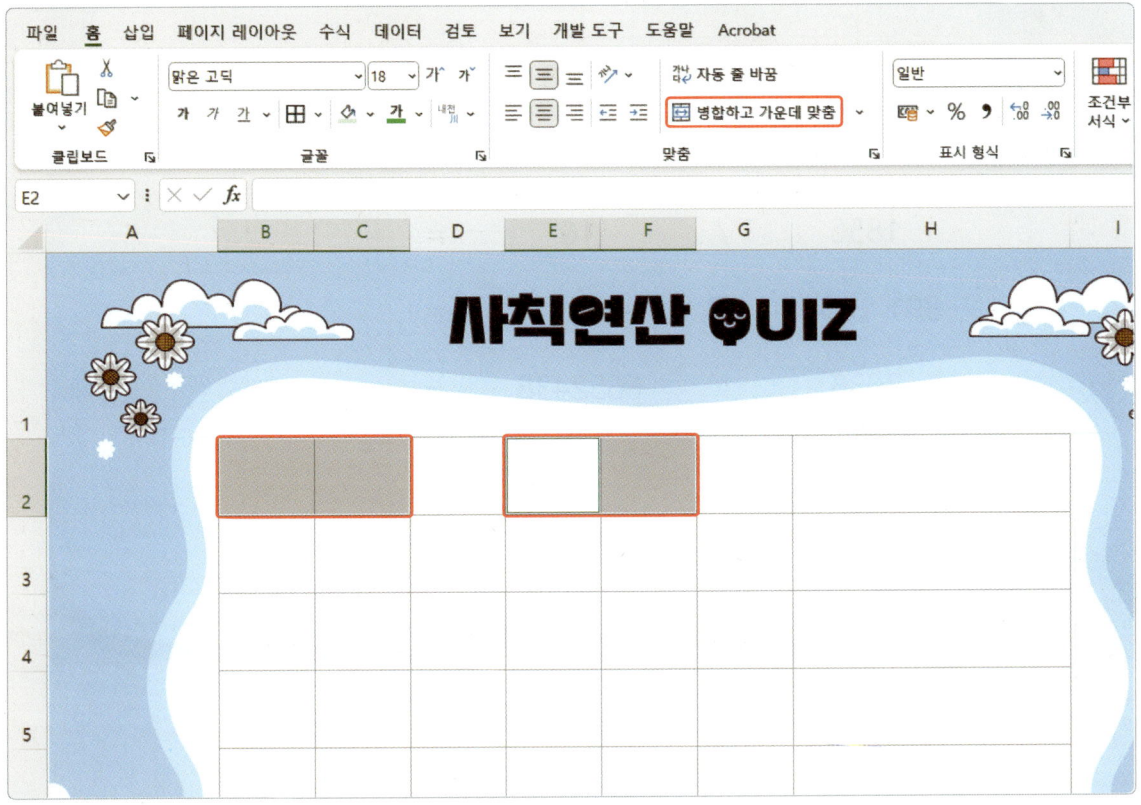

03 셀이 병합되면 아래 그림을 참고하여 첫 번째 문제를 입력합니다.

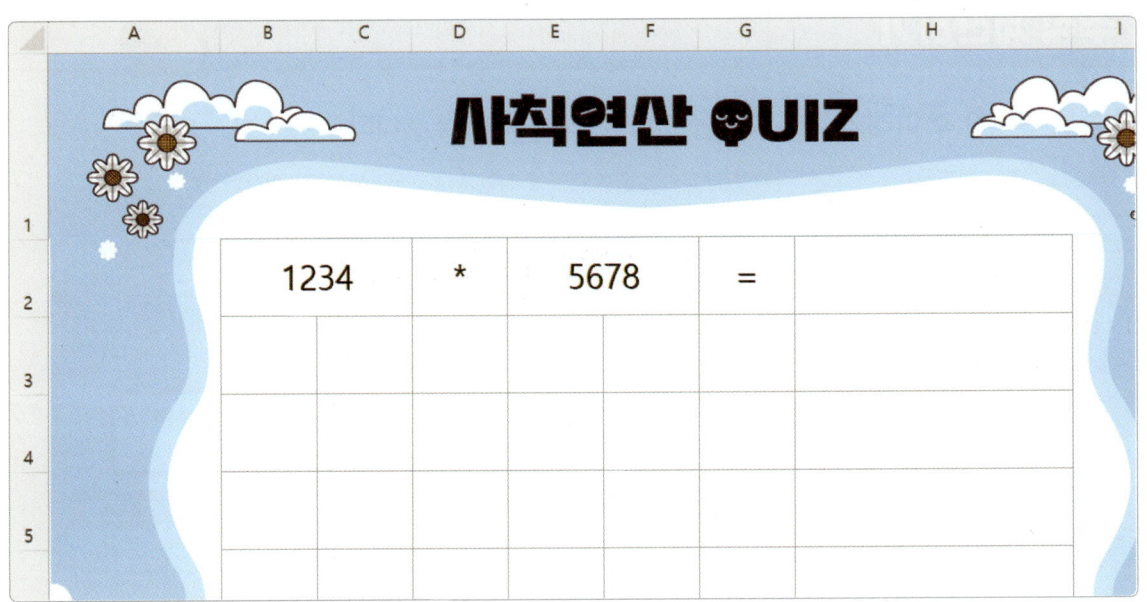

TIP 수식 입력 시 *는 곱하기 기호예요!

04 동일한 방법으로 아래 그림을 참고하여 문제를 만들어 보세요.

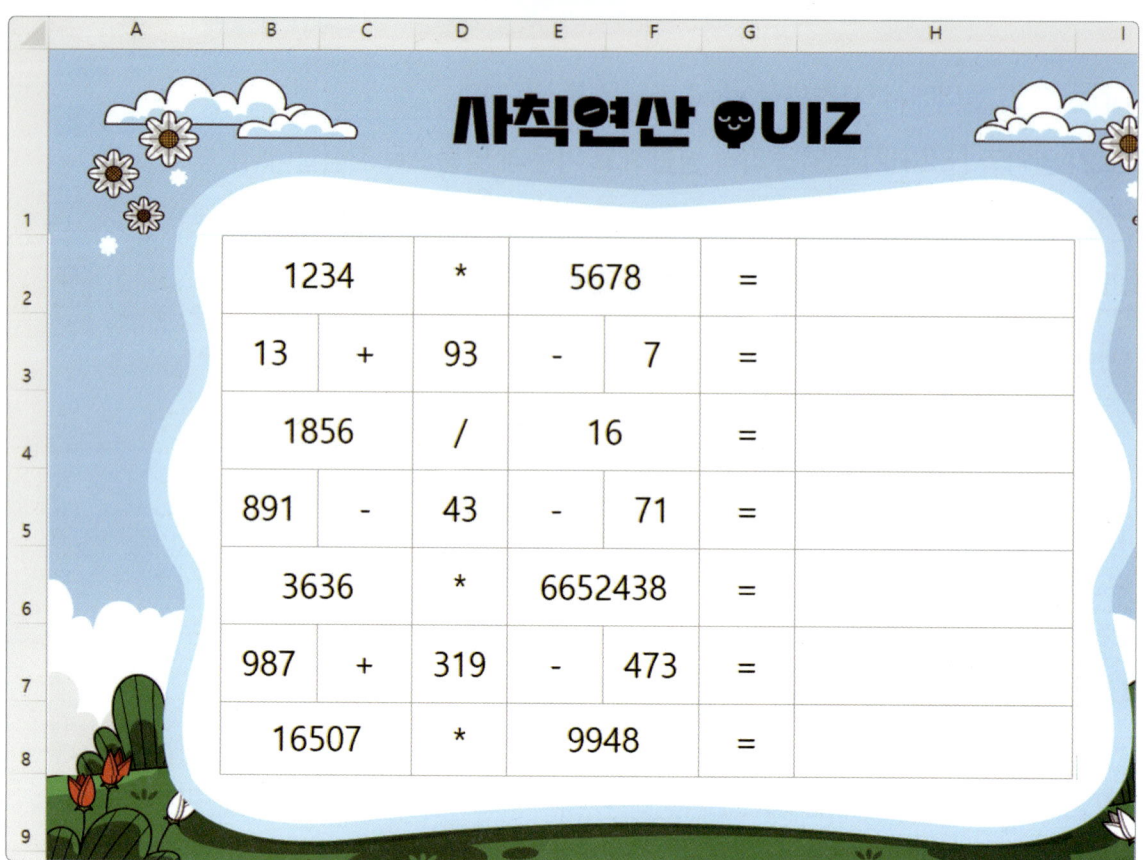

> **TIP** 수식 입력 시 /는 나누기 기호이며, 입력하려는 셀을 더블클릭한 후 /를 입력할 수 있어요!

STEP 2 수식 계산하기

01 [H2] 셀을 선택한 후 아래와 같이 수식을 입력한 후 Enter 를 누릅니다.

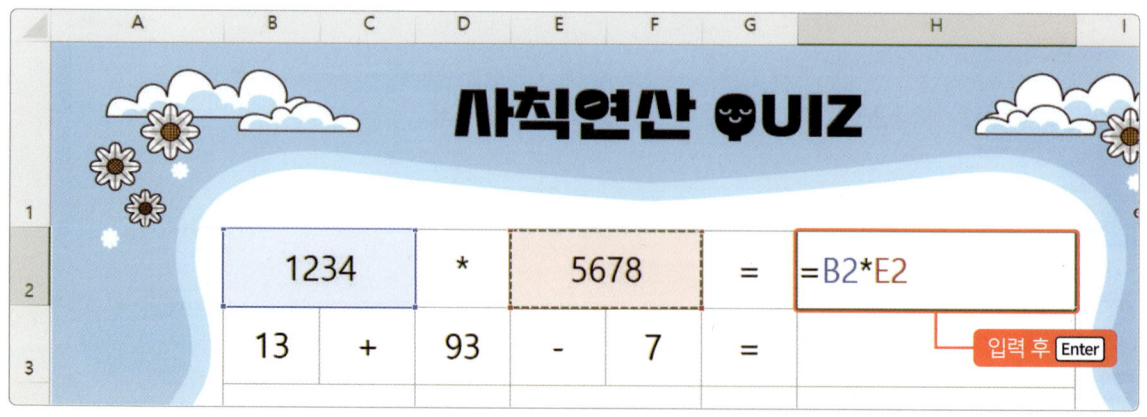

> **TIP** [H2] 셀 선택 → = 입력 → [B2] 셀 선택 → * 입력 → [E2] 셀 선택 → Enter

02 수식이 계산된 것을 확인한 후 **[H3:H8]** 셀에 각각 나머지 수식을 입력하여 답을 구해보세요.

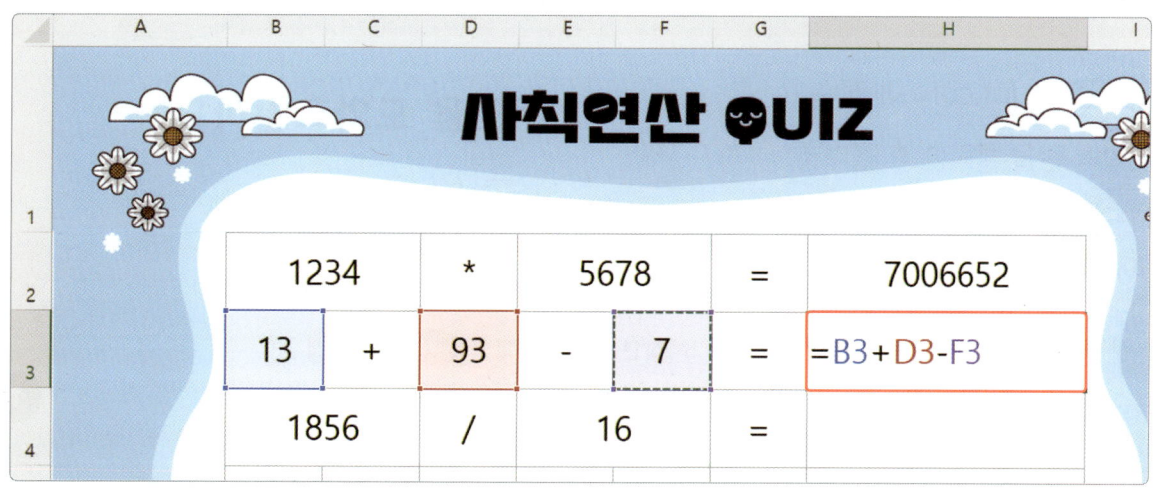

TIP 숫자 데이터가 있는 셀은 참조를 위해 클릭하고, 연산 기호는 직접 입력해 주세요!

03 검산을 위해 **[B2:H8]** 영역을 범위로 지정하여 복사(Ctrl+C)합니다.

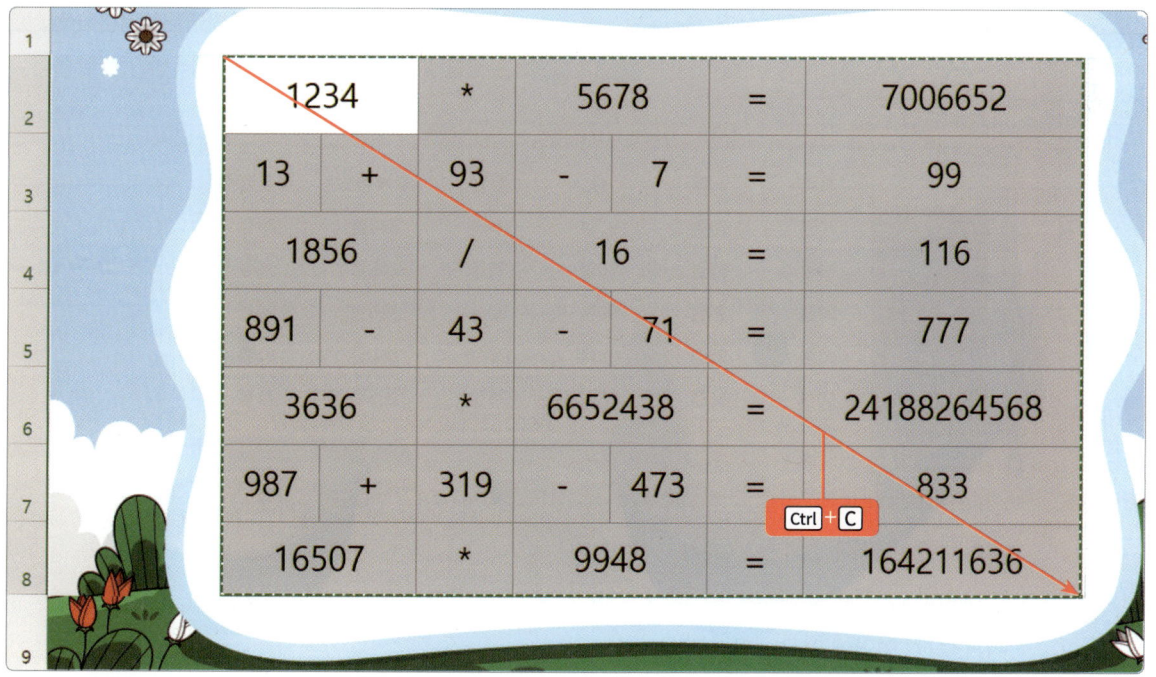

STEP 3 챗GPT를 이용해 문제 검산하기

01 챗GPT(chatgpt.com)에 접속
02 내용 입력 란을 클릭한 후 붙여넣기(Ctrl+V)
03 검산에 대한 명령어 추가하기

04 결과 내용 확인하기

✅ 계산:
16507 × 9948 = **164211636**
→ 정답입니다!

🔍 **결론**: 모든 계산이 정확합니다!
필기체나 오타 없이 아주 깔끔하게 잘 쓰셨어요. 😊

나만의 작품

엑셀 2021에서 수식을 이용하여 합계점수와 평균점수를 구해보세요.

📁 **실습 및 완성파일** [Chapter 12]-[연습문제] 폴더

▸ 좋아하는 캐릭터의 이름과 각 캐릭터의 '요리, 노래, 춤, 장난' 점수를 입력하기
▸ [G3:G7] 영역에 합계를 구하기
  ■ [G3](합계점수) : =C3+D3+E3+F3
▸ [H3:H7] 영역에 평균을 구하기
  ■ [H3](평균점수) : =G3/4

CHAPTER 13 후루룩짭짭 맛있는 라면

인터넷 ··· 위키백과를 통해 필요한 정보를 찾아요.
엑셀 ··· 자동채우기와 셀 서식을 이용하여 데이터를 가공해요.

 오늘의 **작품**

📁 실습 및 완성파일 [Chapter 13] 폴더

오늘의 QUIZ 엑셀 프로그램의 기능과 관련이 없는 것은 무엇일까?

 셀 서식의 표시형식을 통해 숫자 뒤에 "년" 또는 "원" 등을 붙일수 있어!

자동채우기를 이용하면 숫자 또는 요일 등을 자동으로 입력할 수도 있지!

 도형으로 그린 캐릭터에 애니메이션 적용이 가능해!

STEP 1 셀에 필요한 데이터 입력하기

01 [Chapter 13] 폴더에서 **'맛있는라면.xlsx'** 파일을 불러옵니다.

02 [B5] 셀에 숫자 1을 입력하고 Ctrl을 누른 채 **자동 채우기 핸들**을 11행까지 드래그하여 7까지 표시되도록 만들어줍니다.

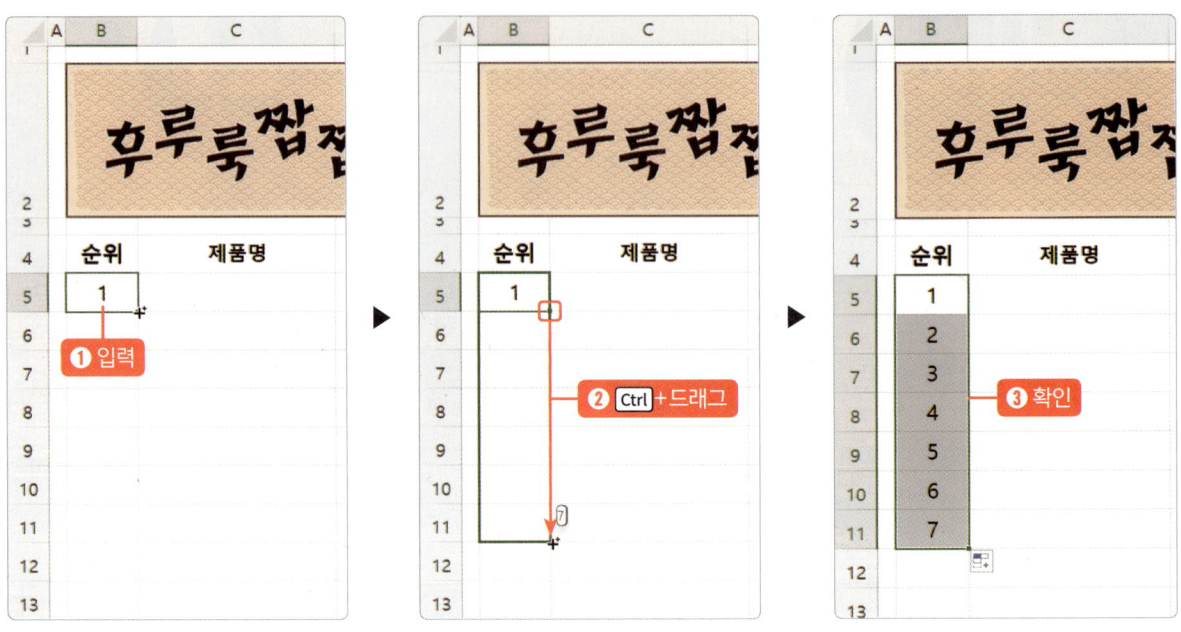

03 좋아하는 라면의 이름을 순위별로 적어보고, 특징도 간단하게 입력해 보세요.

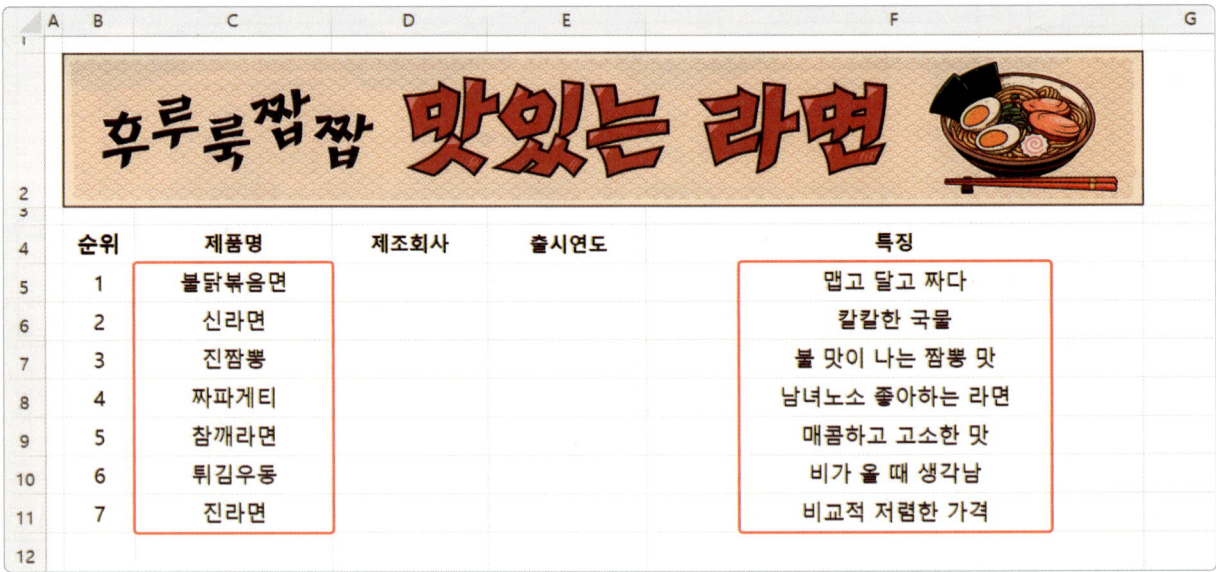

STEP 2 위키백과를 통해 필요한 정보 찾기

01 네이버(www.naver.com)에 접속 후 내용 검색

02 [위키백과 한국어] 클릭

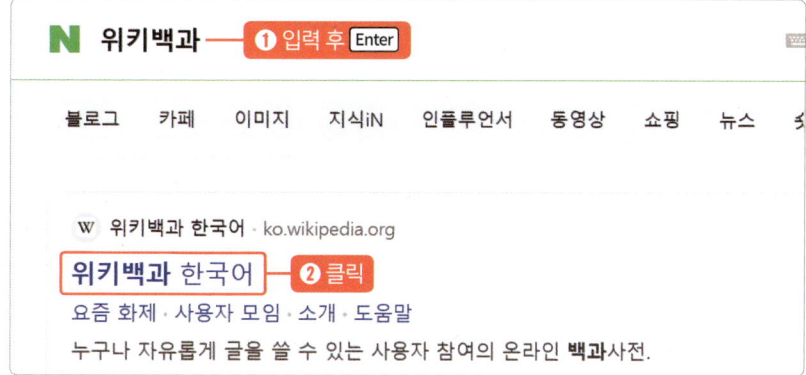

TIP 위키백과는 누구나 자유롭게 정보를 편집하고 추가할 수 있는 온라인 백과사전이에요!

03 라면의 이름을 검색

04 결과가 표시되면 필요한 정보(제조회사, 출시연도) 찾기

CHAPTER 13 후루룩짭짭 맛있는 라면 77

STEP 3 엑셀에 정보 입력 후 표시 형식 지정하기

01 77페이지에서 작업했던 내용을 바탕으로 제조회사와 출시연도를 입력한 후 동일한 방법으로 나머지 데이터도 채워봅니다.

순위	제품명	제조회사	출시연도	특징
1	불닭볶음면	삼양식품	2012	맵고 달고 짜다
2	신라면	농심	1986	칼칼한 국물
3	진짬뽕	오뚜기	2015	불 맛이 나는 짬뽕 맛
4	짜파게티	농심	1984	남녀노소 좋아하는 라면
5	참깨라면	오뚜기	1994	매콤하고 고소한 맛
6	튀김우동	농심	1990	비가 올 때 생각남
7	진라면	오뚜기	1988	비교적 저렴한 가격

TIP 만약 위키백과에 원하는 라면의 데이터가 없다면, 비슷한 서비스인 '나무위키'를 통해 찾아보세요!

02 이번에는 [B4:F11] 영역에 **테두리, 채우기, 글꼴 서식** 등을 자유롭게 지정합니다.

순위	제품명	제조회사	출시연도	특징
1	불닭볶음면	삼양식품	2012	맵고 달고 짜다
2	신라면	농심	1986	칼칼한 국물
3	진짬뽕	오뚜기	2015	불 맛이 나는 짬뽕 맛
4	짜파게티	농심	1984	남녀노소 좋아하는 라면
5	참깨라면	오뚜기	1994	매콤하고 고소한 맛
6	튀김우동	농심	1990	비가 올 때 생각남
7	진라면	오뚜기	1988	비교적 저렴한 가격

03 [B5:B11] 영역을 범위로 지정한 다음 우클릭하여 [**셀 서식**]을 선택합니다.

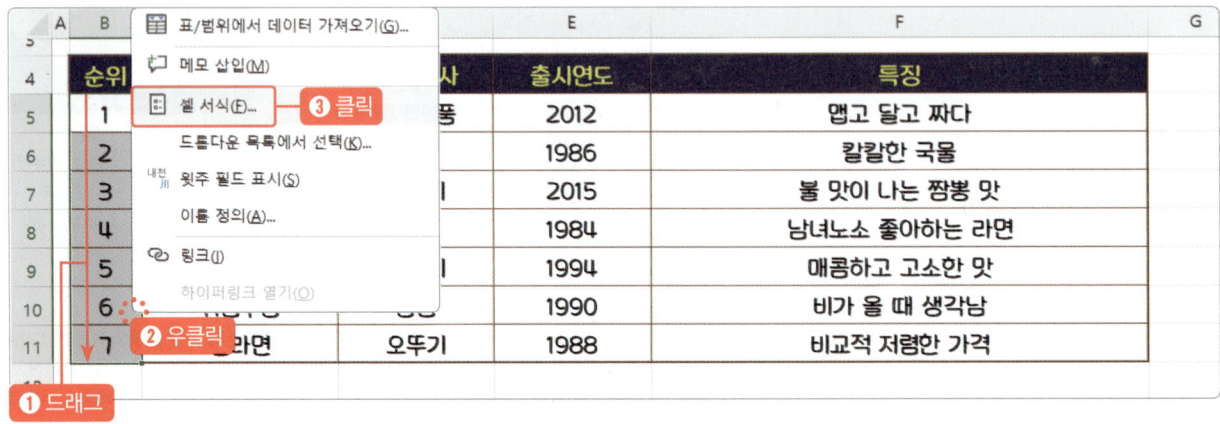

04 [표시 형식] 탭-[사용자 지정]을 클릭한 다음 **G/표준"위"**를 입력합니다.

05 동일한 방법으로 [E5:E11] 영역의 데이터에 '**년**'을 표시해 보세요.

CHAPTER 13 후루룩짭짭 맛있는 라면

06 회사명 앞쪽에 ㈜를 표시하기 위해, **[D5:D11]** 영역을 선택하여 다음과 같이 작업합니다.

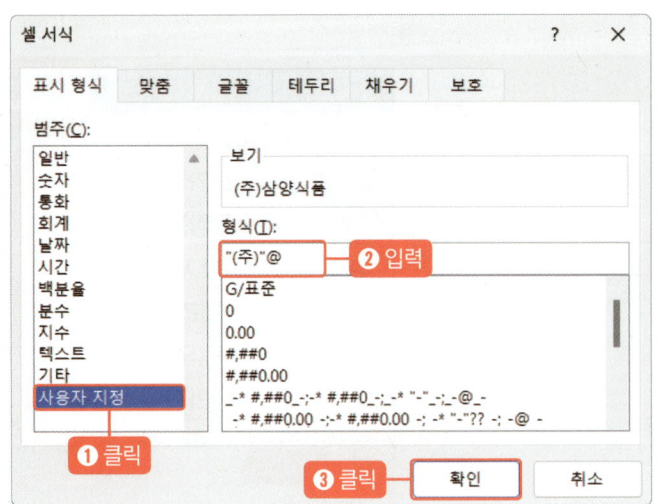 ▶

엑셀 2021 시트에 입력된 데이터에 사용자 지정 표시 형식을 지정해 보세요.

📁 **실습 및 완성파일** [Chapter 13]-[연습문제] 폴더

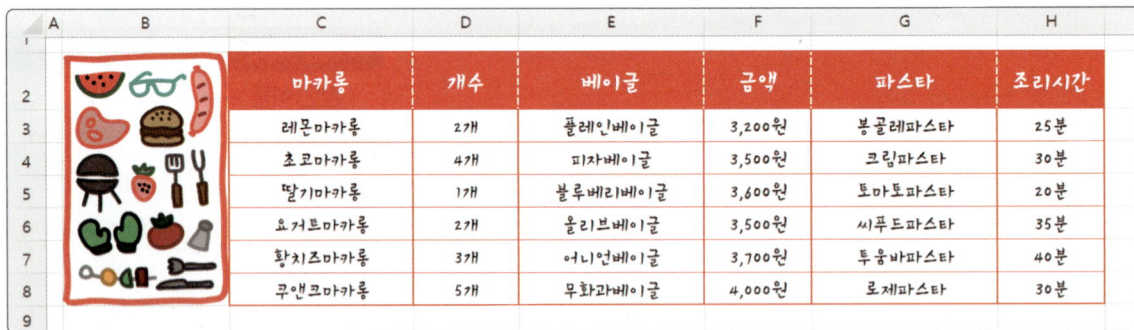

▶ 사용자 지정 표시 형식 설정하기
  - [C3:C8] 영역 : @"마카롱", [E3:E8] 영역 : @"베이글", [G3:G8] 영역 : @"파스타"
  - [D3:D8] 영역 : #"개"
  - [F3:F8] 영역 : #,##0"원"
  - [H3:H8] 영역 : G/표준"분"
▶ 시트 내 글꼴 서식 자유롭게 변경하기

반짝반짝 픽셀아트

인터넷 ··· 픽셀아트를 만들기 위해 도안을 찾아 이미지를 복사해요.
엑셀 ··· RAND 함수와 조건부 서식으로 반짝이는 효과를 적용해요.

📁 실습 및 완성파일 [Chapter 14] 폴더

오늘의 QUIZ — 픽셀과 관련된 내용으로 옳지 않은 것은 무엇일까?

 픽셀은 그림을 이루고 있는 아주 작은 점이야!

픽셀의 개수가 많을수록 그림이 더욱 선명해져!

 픽셀의 크기가 커질수록 그림이 더욱 선명해지는 거야!

STEP 1 픽셀아트 도안을 찾아 이미지 복사하기

01 네이버(www.naver.com)에 접속

02 펄러비즈 도안의 고화질 이미지를 검색 후 클릭

03 우측에 크게 표시된 [이미지 복사]

> **TIP** 펄러비즈 도안, 픽셀아트 도안 등의 키워드로 검색해 보세요. 도안은 선이 구분된 것을 선택하는 것이 좋으며, [Chapter 13] 폴더 내에 교재와 동일한 픽셀아트 이미지가 있으니 작업에 참고해주세요!

STEP 2 픽셀아트 완성하기

01 엑셀 2021 프로그램을 실행한 다음 [A1] 셀을 선택하여 픽셀 도안을 붙여넣어줍니다.

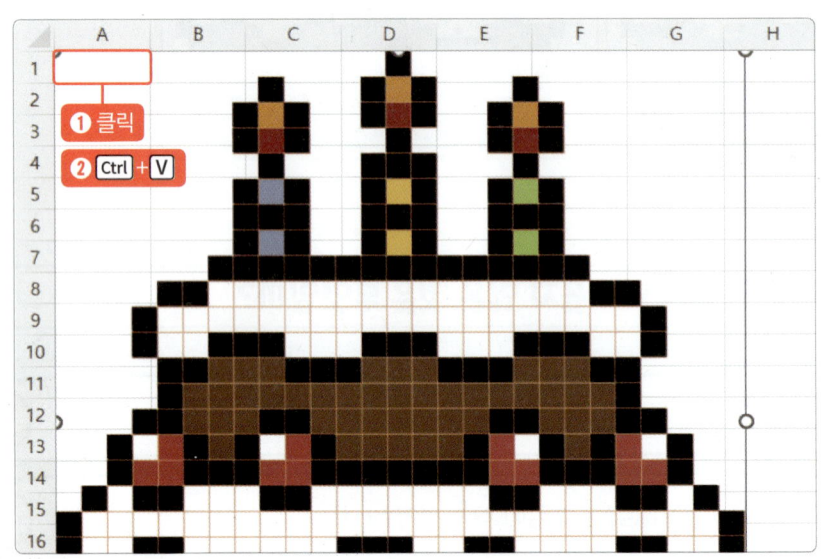

> **TIP** 선택한 셀을 기준으로 개체가 삽입될 거예요!

02 ◢를 클릭하여 모든 셀을 선택한 후 **열 너비(2.2)**와 **행 높이(17)**를 지정합니다.

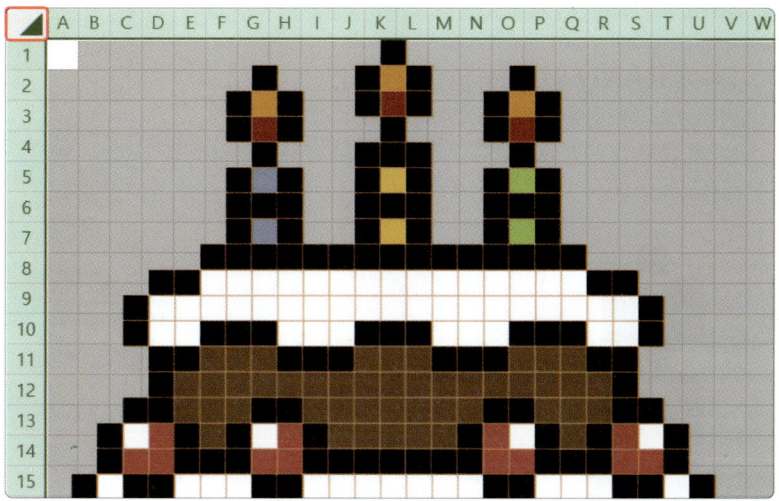

03 픽셀 도안의 크기와 위치를 조정한 후 [홈] 탭에서 채우기 기능을 이용하여 픽셀 그림을 그려보세요.

04 픽셀아트가 완료되면 우측의 도안 이미지는 삭제해줍니다.

▼

> **TIP** Ctrl을 누른 채 똑같은 색을 채울 셀을 각각 선택하면 더 편리하게 작업할 수 있어요!

CHAPTER 14 반짝반짝 픽셀아트 **83**

STEP 3 원하는 셀에 RAND 함수 적용하기

01 [A1] 셀을 클릭한 후 함수마법사를 이용해 **RAND 함수**를 입력합니다.

02 함수가 입력된 [A1] 셀을 복사(Ctrl+C)한 다음 반짝이를 적용할 셀을 선택해 보세요.

TIP Ctrl을 누른 채 떨어져 있는 셀을 각각 클릭하면 더 편리하게 작업할 수 있어요! 선택된 셀을 다시 클릭하면 선택 해제가 가능해요!

03 [홈] 탭에서 [붙여넣기]-**[수식]**을 클릭하여 선택된 셀에 함수만 붙여넣어줍니다.

04 RAND 함수의 결과가 **0 또는 1**로 표시되는 것을 확인합니다.

CHAPTER 14 반짝반짝 픽셀아트 **85**

STEP 4 조건부 서식으로 반짝이는 픽셀아트 완성하기

01 ▣를 눌러 모든 셀이 선택되면 [홈] 탭에서 [조건부 서식]-[아이콘 집합]-**[기타 규칙]**을 클릭합니다.

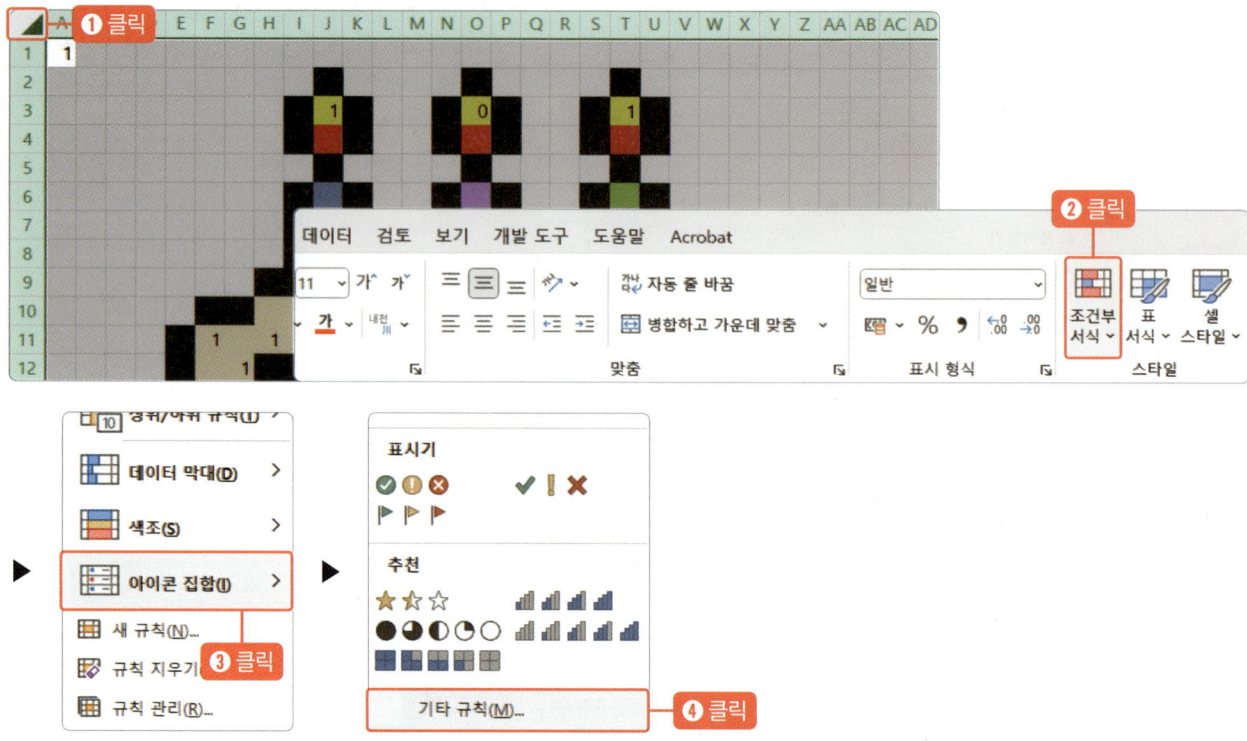

02 원하는 아이콘 스타일을 선택하고 **'아이콘만 표시' 옵션에 체크**한 후 아이콘의 모양을 자유롭게 변경해 보세요.

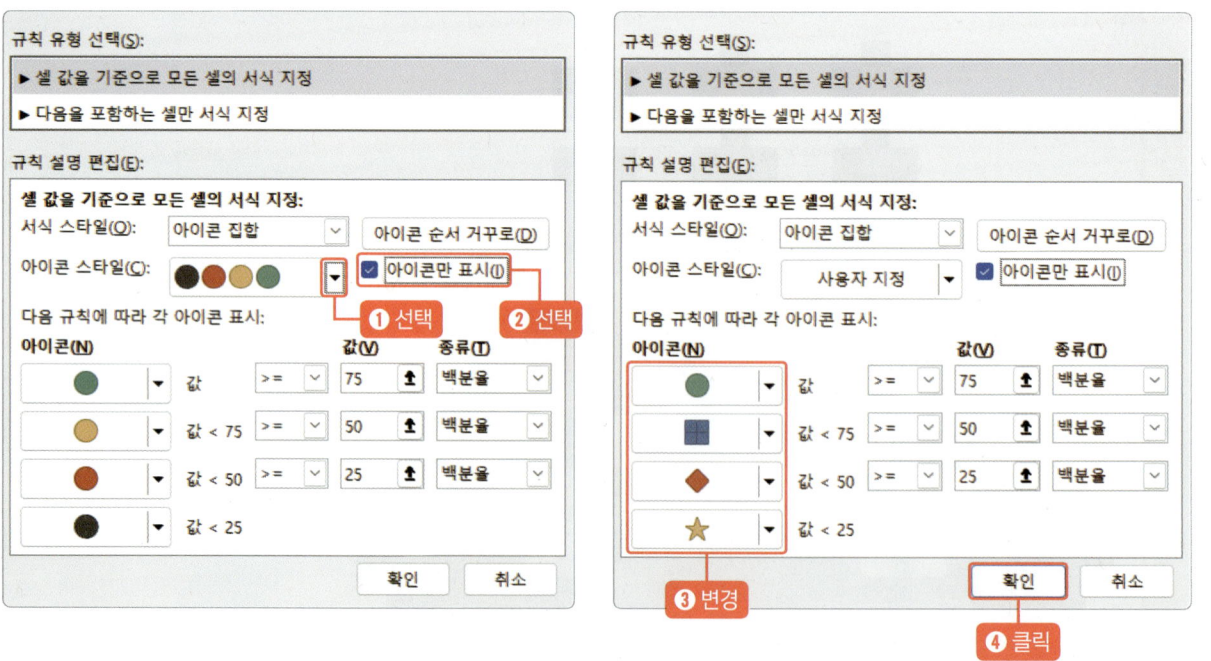

03 [A1] 셀에 입력된 함수를 삭제한 후 F9 를 누를 때마다 픽셀아트가 반짝이는 것을 확인해 봅니다.

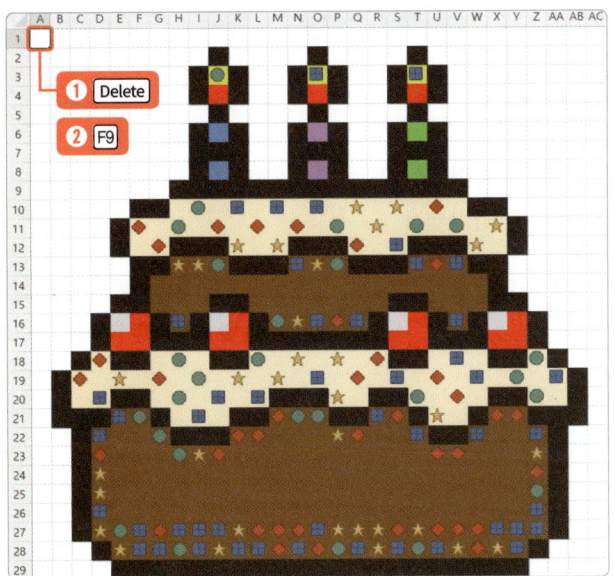
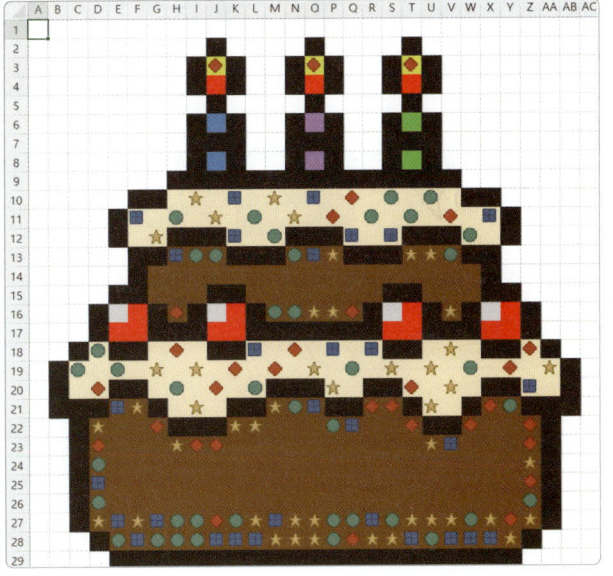

엑셀 2021에서 RAND 함수와 조건부 서식을 이용하여 빛나는 이름을 만들어 보세요.

📁 **실습 및 완성파일** [Chapter 14]-[연습문제] 폴더

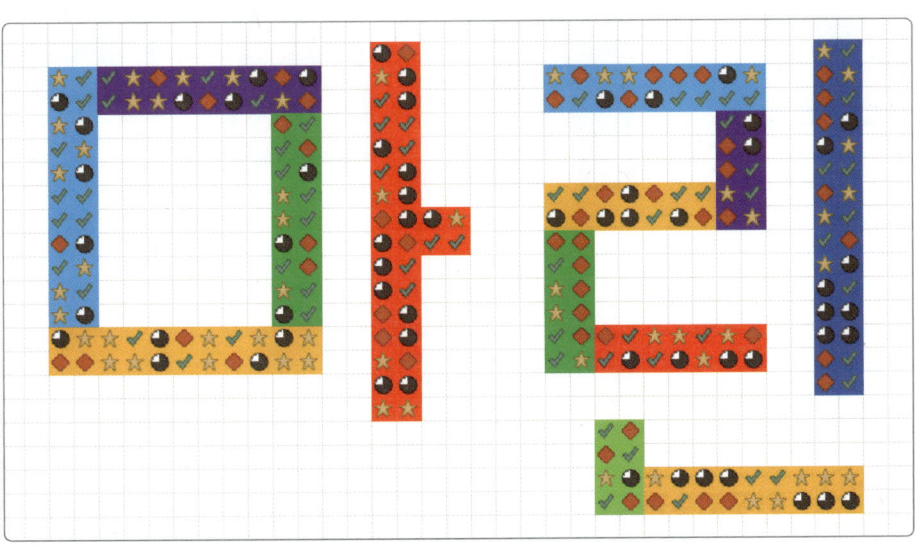

▸ 셀에 색을 채워 원하는 글자를 만들어보기
▸ [A1] 셀에 RAND 함수를 구하고 글자 안에 함수만 붙여넣기
　■ 84페이지를 참고하여 작업해 보세요!
▸ [조건부 서식]-[아이콘 집합]을 이용해 원하는 아이콘을 표시하는 조건부 서식 지정하기
▸ [A1] 셀의 함수식을 삭제한 후 F9 를 길게 눌러 반짝이는 글자 확인하기

CHAPTER 14 반짝반짝 픽셀아트 **87**

마린 당근 마켓 의류 상품

CHAPTER 15

인공지능 ··· AI가 만들어준 아이콘을 예쁘게 꾸며보세요.
엑셀 ··· 삽입된 그림의 배경을 투명하게 변경해요.

📁 실습 및 완성파일 [Chapter 15] 폴더

 **오늘의 QUIZ** 　인공지능과 관련된 내용으로 옳지 않은 것은 무엇일까?

- 챗GPT는 사람처럼 대화할 수 있는 대표적인 인공지능 챗봇이야!
- 인공지능은 기본적으로 알고리즘을 기반으로 작동해!
- 인공지능은 사람처럼 창의적으로 생각하고 공감할 수 있는 능력이 있어!

STEP 1 그림의 배경을 투명하게 변경하기

01 [Chapter 15] 폴더에서 **'당근마켓.xlsx'** 파일을 불러옵니다.

02 삽입된 그림을 선택한 다음 [그림 서식] 탭에서 [색]-**[투명한 색 설정]**을 클릭합니다.

03 마우스 포인터가 모양으로 변경되면, 회색 배경을 선택하여 **배경을 투명하게** 만듭니다.

04 [보기] 탭에서 **머리글, 눈금선, 수식 입력줄 항목의 체크를 해제**한 후 88페이지를 참고하여 타이틀의 크기와 위치를 적당히 조절합니다.

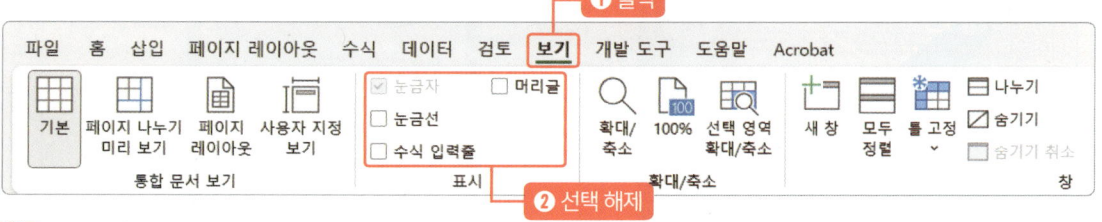

> **TIP** [보기] 탭의 [표시] 그룹에서 '머리글', '눈금선', '수식 입력줄'의 체크를 해제하면 시트를 더 넓게 볼 수 있어요!

STEP 2 오토드로우를 이용해 아이콘 만들기

01 오토드로우(www.autodraw.com)에 접속

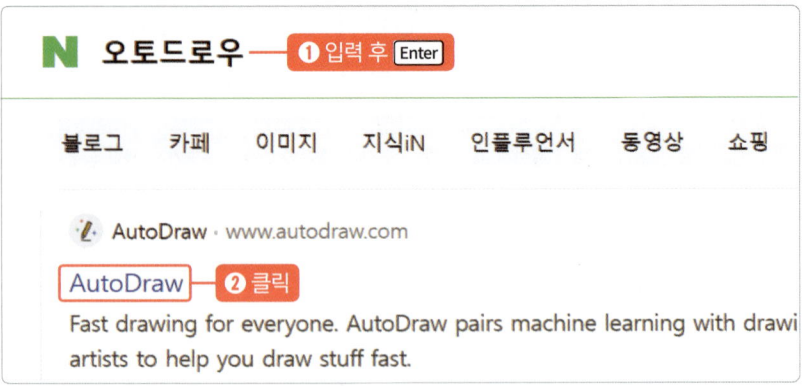

02 도구로 티셔츠 모양 그리기

03 인공지능이 추천해 준 아이콘 중에서 원하는 그림 선택

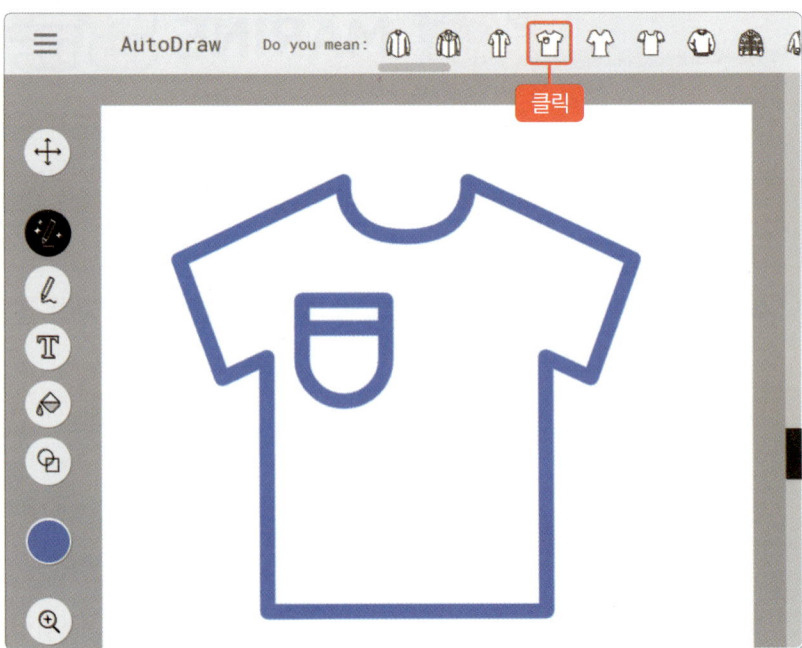

TIP 오토드로우는 낙서를 분석하여 유사한 모양의 아이콘을 찾아주는 인공지능이에요!

04 🖊 도구를 선택한 다음 원하는 색상으로 채색하기

> **TIP** 책에서는 테두리 부분을 검정색으로, 안쪽 면을 자주색으로 채워주었어요!

05 ✏ 도구를 이용해 옷을 꾸미기

06 작업이 완료되면 [이미지를 다른 이름으로 저장]

> **TIP** 동일한 방법으로 다양한 물건 아이콘을 만들고 저장해 보세요!

STEP 3 그림 자르기 및 배경 투명하게 지정하기

01 [삽입] 탭-[그림]을 클릭하여 91페이지에서 저장했던 그림을 삽입합니다.

> **TIP** 선택된 셀을 기준으로 그림이 삽입될 거예요!

02 삽입된 그림의 크기와 위치를 조절한 다음 [그림 서식] 탭의 **[자르기]** 기능을 이용하여 아이콘 크기에 맞추어 잘라줍니다.

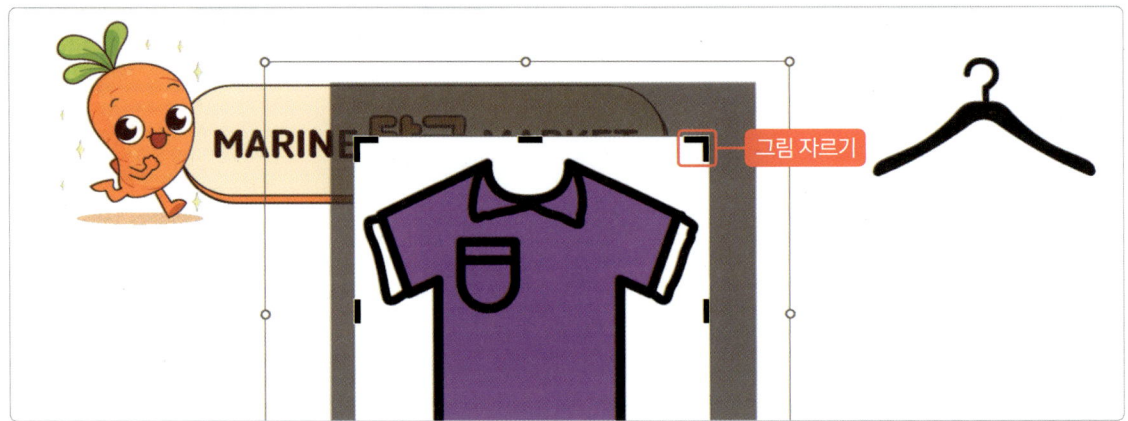

03 이번에는 89페이지를 참고하여 배경을 투명한 색으로 설정한 후 옷걸이와 함께 배치해 보세요.

> **TIP** 옷걸이 위에서 마우스 오른쪽 버튼을 눌러 [맨 뒤로 보내기]를 작업해요!

04 동일한 방법으로 저장한 아이콘을 엑셀 시트에 예쁘게 배치합니다.

TIP Ctrl + Z 를 눌러 이전 단계로 되돌릴 수 있고, Ctrl + Shift + Z 를 누르면 다시 실행이 가능해요!

오토드로우 인공지능 도구를 이용하여 아이콘을 만든 후 엑셀 2021에 배치해 보세요.

📁 **실습 및 완성파일** [Chapter 15]-[연습문제] 폴더

- ▸ [B2:F2] 셀에 무늬 색과 무늬 스타일을 채우기
  - ■ 셀을 우클릭하여 [셀 서식] 메뉴를 선택한 후 [채우기] 탭에서 무늬 색과 무늬 스타일 지정이 가능해요!
- ▸ [B3:F3] 셀에 채우기 색상을 적용하고, 글꼴 서식을 자유롭게 변경하기
- ▸ 오토드로우를 이용하여 각 테마에 맞는 그림 아이콘을 생성한 후 [이미지 복사]
  - ■ 아이콘을 찾고 예쁘게 색칠하고 펜으로 꾸며보세요. 단, 흰색은 이용하지 않는 것이 좋아요!
- ▸ 아이콘을 엑셀 시트에 붙여넣고 배치하기
  - ■ 필요에 따라 그림 크기 및 열 너비를 조정해 주세요!

CHAPTER 16

종합평가
편의점 대박 세일 기간

- **인터넷** … 판매하려는 물건 이미지를 저장해요.
- **엑셀** … 데이터를 입력하고 수식을 계산한 후 표시 형식을 지정해요.

📁 실습 및 완성파일 [Chapter 16] 폴더

오늘의 작품

상품명	상세 이미지	판매가	할인율	할인금액	할인적용가
탕후루		5,400원	15%	810원	4,590원
무선이어폰		32,000원	20%	6,400원	25,600원
햄버거		3,700원	10%	370원	3,330원
곰돌이젤리		1,900원	5%	95원	1,805원
생수		1,100원	8%	88원	1,012원

 인터넷 작성조건

① 진열할 물품 이미지를 검색하여 고화질로 저장

> **TIP** 내가 편의점을 운영한다면 판매하고 싶은 상품 이미지 5개를 찾아 저장해 보세요. 책에서 사용된 이미지는 [Chapter 16] 안에 있어요!

 엑셀 작성조건

① [C5:C9] 영역에 저장한 이미지를 배치한 후 필요에 따라 그림 자르기 기능을 이용
② [B5:B9], [D5:D9], [E5:E9]에 필요한 데이터를 자유롭게 입력

> **TIP** 할인율을 입력할 때는 숫자 뒤에 %를 함께 입력해 주세요!

③ [F5] 셀을 선택하여 할인금액을 구하기 위해 아래와 같이 수식을 입력

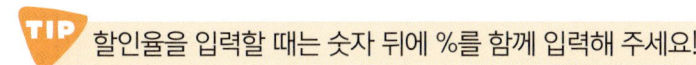

④ [G5] 셀을 선택하여 할인적용가를 구하기 위해 아래와 같이 수식을 입력

⑤ [F5:G5] 영역을 선택한 후 자동채우기 핸들()을 [F9:G9]까지 드래그하여 나머지 수식을 계산

⑥ [D5:D9], [F5:G9] 영역에 사용자 지정 표시 형식 기능을 이용해 "원"을 표시

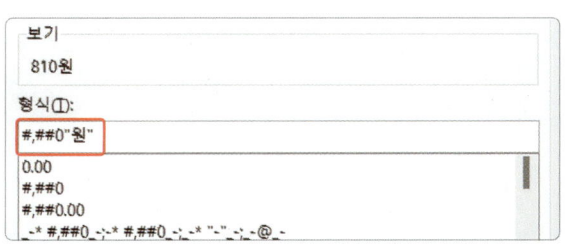

> **TIP** #,##0"원" 형식을 이용하면 천 단위 구분 기호도 함께 표시할 수 있어요!

⑦ 셀에 입력된 텍스트 서식(글꼴, 크기, 정렬 등)을 변경하여 완성

CHAPTER 17 첫음절 단어 챌린지

인공지능 ··· 챗GPT로 '사'와 '고'로 시작하는 단어를 빠르게 찾아보세요.
엑셀 ··· UNIQUE 함수를 이용해 중복되는 데이터를 제거해요.

📁 **실습 및 완성파일** [Chapter 17] 폴더

no	사람 VS 인공지능	사로 시작하는 단어	중복 제거	고로 시작하는 단어	중복 제거
1		사진관	사진관	고기	고기
2		사과	사과	고양이	고양이
3		사연	사연	고구마	고구마
4		사자	사자	고철	고철
5		사고	사고	고민	고민
6		사슴	사슴	고수	고수
7		사랑	사랑	고장	고장
8		사물	사물	고산지대	고산지대
9		사수	사수	고백	고백
10		사방	사방	고을	고을
1		사과	사전	고기	고등어
2		사랑	사탕	고양이	고속도로
3		사자	사무실	고등어	고마움
4		사전	사춘기	고장	고생
5		사탕	사원	고속도로	고요
6		사무실	사기	고마음	고지
7		사춘기		고민	
8		사고		고생	
9		사원		고요	
10		사기		고지	

오늘의 TOON — 중복되지 않은 데이터만 남겨주세요!

엑셀의 UNIQUE 함수를 사용하면 중복된 항목은 제거하고, 한 번만 나오는 값들만 골라낼 수 있어요.
복잡한 데이터를 깔끔하게 정리할 때 유용하게 쓰입니다.

STEP 1 '사'와 '고'로 시작하는 단어 10개 입력하기

01 [Chapter 17] 폴더에서 **'첫음절챌린지.xlsx'** 파일을 불러옵니다.

02 [D3:D12] 셀에 **'사'**로 시작하는 단어를 각각 10개 적어보세요.

03 이번에는 [F3:F12] 셀에 **'고'**로 시작하는 단어를 10개 적어보세요.

no	사람 VS 인공지능	사로 시작하는 단어	중복 제거	고로 시작하는 단어
1		사진관		고기
2		사과		고양이
3		사연		고구마
4		사자		고철
5		사고		고민
6		사슴		고수
7		사랑		고장
8		사물		고산지대
9		사수		고백
10		사방		고을

STEP 2 챗GPT를 이용해 단어 리스트 생성하기

01 챗GPT(chatgpt.com)에 접속

02 필요한 내용을 입력

03 표시된 내용을 확인

04 챗GPT에게 내용 수정을 요청

> **TIP** 환경에 따라 챗GPT의 결과가 다르게 표시될 거예요. 필요한 데이터를 얻기 위해 다시 명령해 보세요!

05 원하는 내용이 표시되면 <코드 복사>

> **TIP** 내용을 블록으로 지정한 후 Ctrl + C를 눌러 복사하는 방법도 있어요!

STEP 3 챗GPT 생성 데이터를 엑셀 시트에 붙여넣기

01 [D13] 셀을 선택한 후 Ctrl+V를 눌러 복사된 데이터를 붙여넣어줍니다.

02 98페이지를 참고하여 챗GPT를 통해 '고'로 시작하는 단어를 찾아 데이터를 입력해 보세요.

STEP 4 찾기 및 바꾸기로 텍스트 공백 없애기

01 [D13] 셀을 더블클릭하면 글자 뒤쪽에 공백이 있는 것을 확인할 수 있습니다.

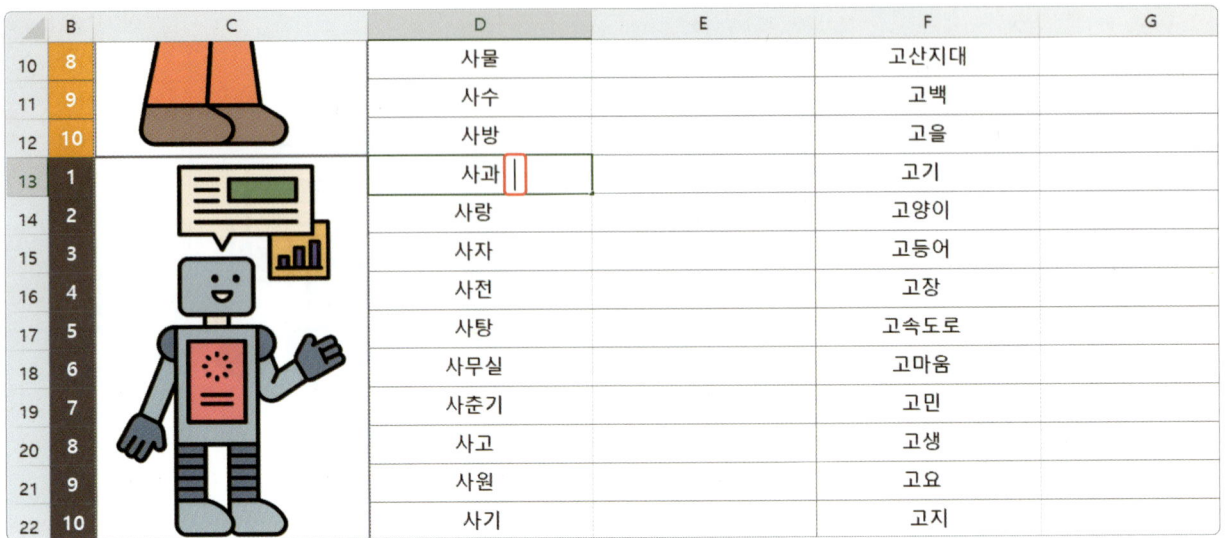

> **TIP** 챗GPT가 생성한 데이터를 복사하여 시트에 붙여넣었을 때, 위와 같이 글자 뒤에 공백이 생기기도 해요! 만약 공백이 보이지 않을 경우에는 다음 페이지로 이동하여 작업을 이어갑니다!

02 해당 공백을 삭제하기 위해 [홈] 탭에서 [찾기 및 선택]-[바꾸기]를 클릭합니다.

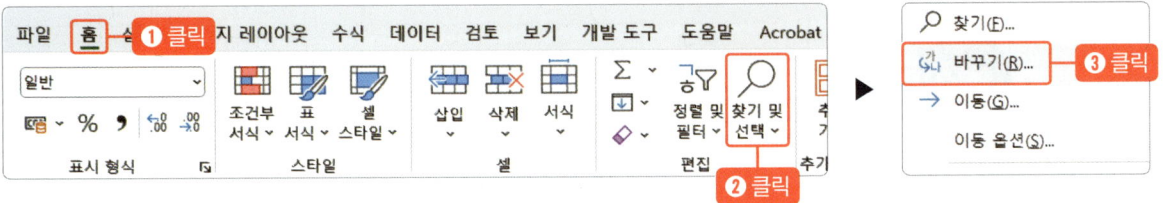

03 찾을 내용에 띄어쓰기를 한 다음 바꿀 내용은 비워주고 <모두 바꾸기>를 클릭합니다.

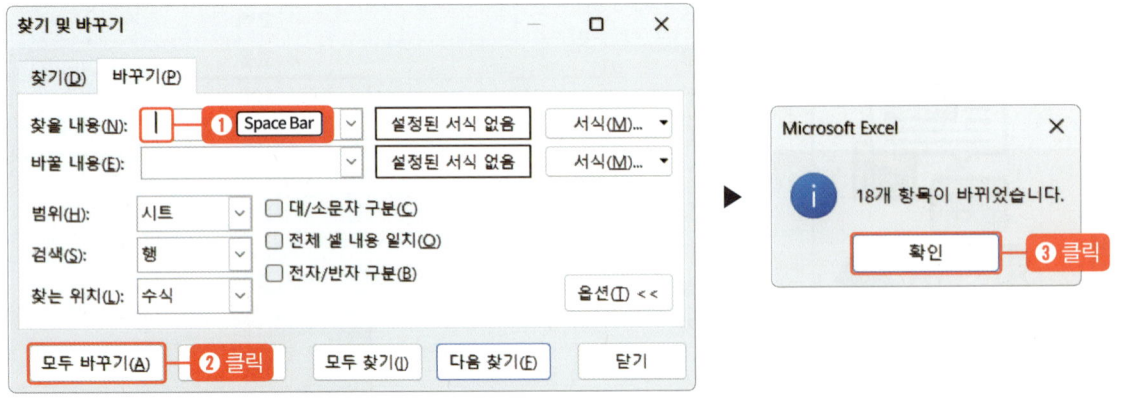

> **TIP** 교재에서는 띄어쓰기 공백이 2칸 입력되어, 찾을 내용 입력 칸을 클릭하여 2칸 띄어주었어요.

STEP 5 UNIQUE 함수로 중복된 데이터를 제거하기

01 [E3] 셀을 클릭한 후 함수마법사를 이용해 UNIQUE 함수를 찾아줍니다.

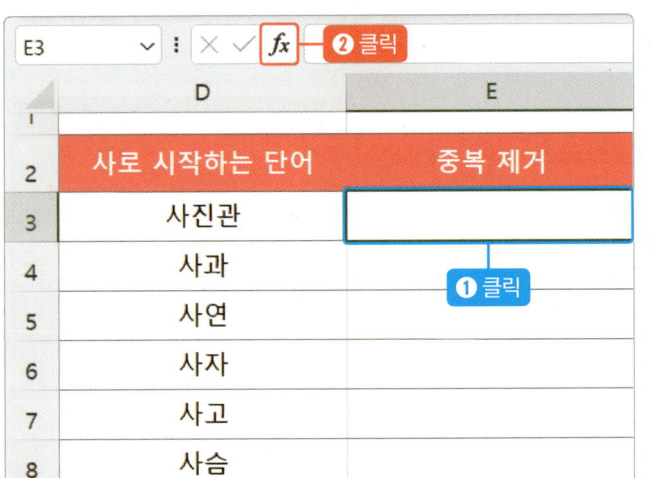 ▶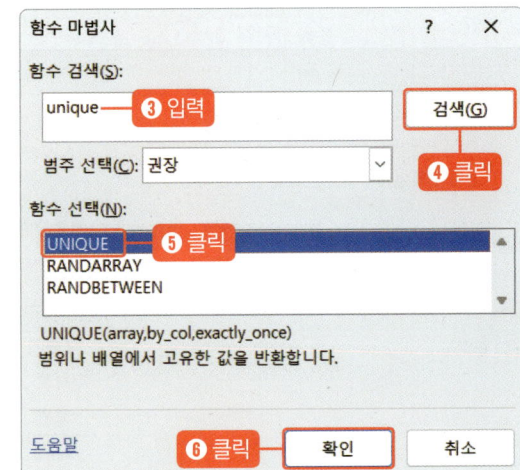

TIP 중복되지 않은 항목만 나열해주는 UNIQUE 함수는 365 또는 2021 버전에서만 이용이 가능해요!

02 [Array] 범위를 [D3:D22] 영역으로 지정한 다음 <확인>을 클릭합니다.

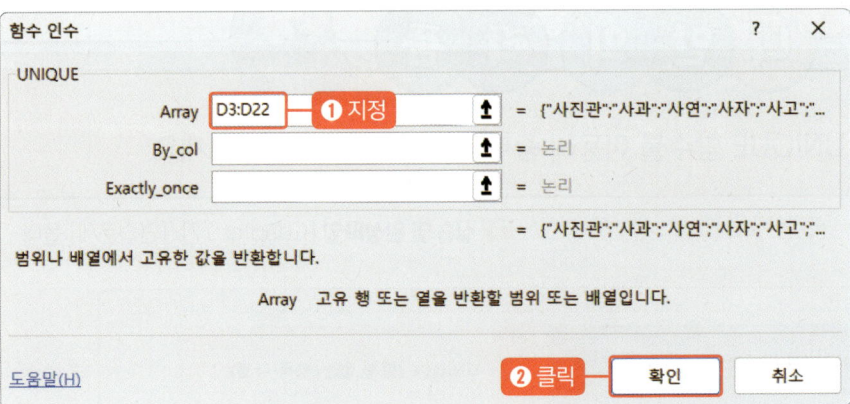

03 E열에서 내가 입력한 데이터와 챗GPT의 데이터 전체에서 중복된 값이 제거된 것을 확인할 수 있습니다.

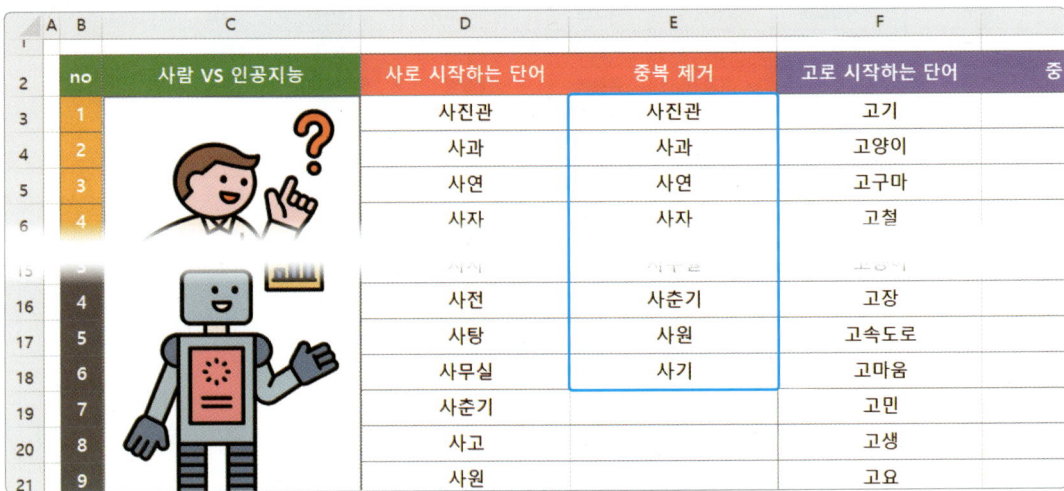

CHAPTER 17 첫음절 단어 챌린지 101

04 동일한 방법으로 UNIQUE 함수를 이용하여 **[F3:F22]** 영역에서 중복된 값을 제외한 단어를 G열에 표시해 보세요.

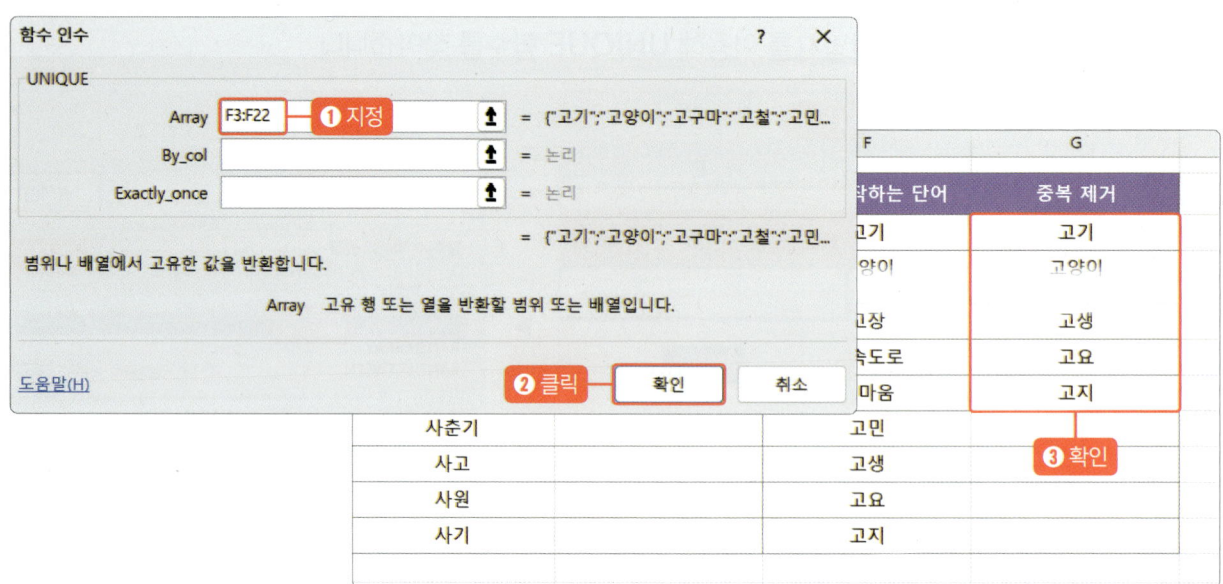

나만의 작품

엑셀 2021에서 UNIQUE 함수를 이용해 중복되지 않는 값만 남겨 보세요.

📁 **실습 및 완성파일** [Chapter 17]-[연습문제] 폴더

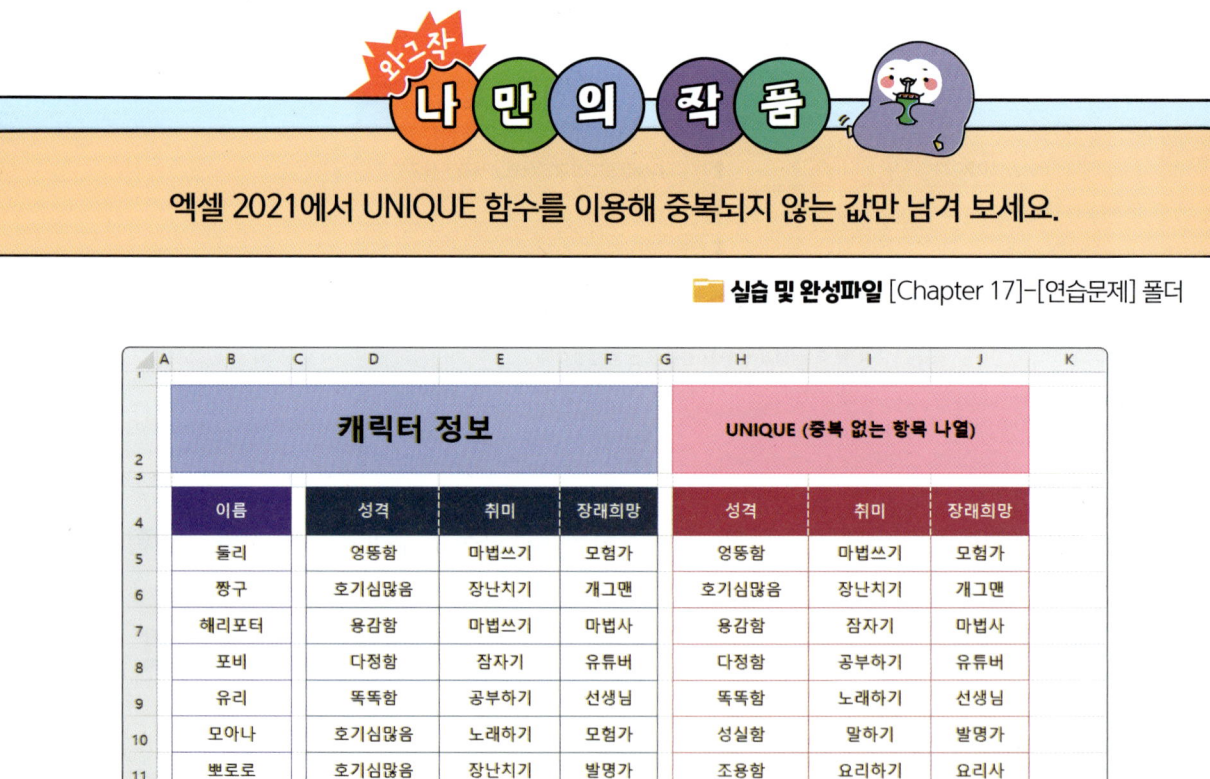

▶ UNIQUE 함수를 사용하여 캐릭터의 성격, 취미, 장래희망 항목에서 중복 없이 각각의 값을 나열하기

■ 성격(H열), 취미(I열), 장래희망(J열)이 표시되도록 함수를 구해 보세요!

CHAPTER 18
네모네모 픽셀 스케치북

인터넷 … 다양한 색상조합과 색상 코드를 알아보아요.
엑셀 … 조건부 서식을 이용해 셀에 글자를 입력했을 때 색이 채워지도록 만들어요.

📁 실습 및 완성파일 [Chapter 18] 폴더

오늘의 OXOX
조건부 서식은 하나에 셀에만 적용할 수 있다?

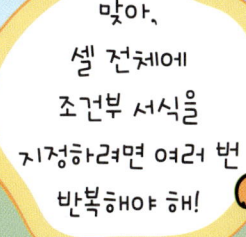

맞아, 셀 전체에 조건부 서식을 지정하려면 여러 번 반복해야 해!

VS

아니야, 셀 전체를 선택하고 작업하면 한 번에 지정할 수 있어!

STEP 1 조건부 서식 규칙 지정하기

01 [Chapter 18] 폴더에서 '**픽셀스케치북.xlsx**' 파일을 불러옵니다.

02 ▢를 클릭하여 모든 셀을 선택한 후 [홈] 탭-[조건부 서식]-**[새 규칙]**을 클릭합니다.

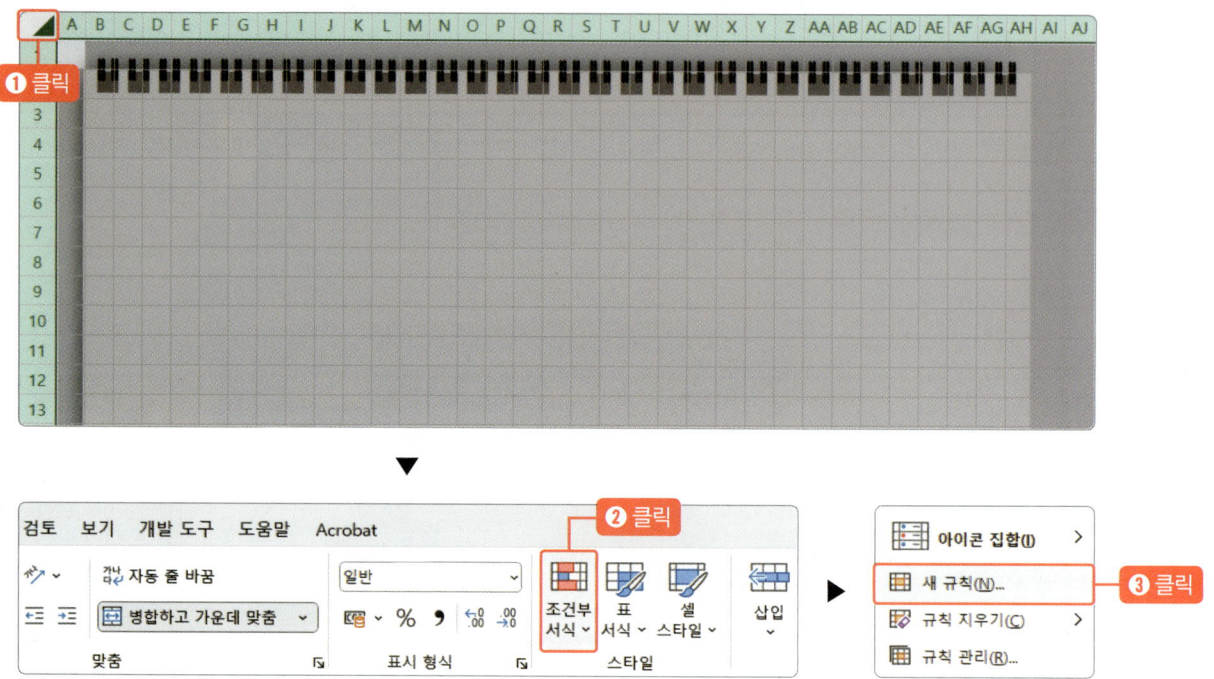

03 [수식을 사용하여 서식을 지정할 셀 결정]을 선택한 다음 아래와 같이 수식을 입력합니다.

04 셀에 채우기 색을 지정하기 위해 <서식>을 클릭합니다.

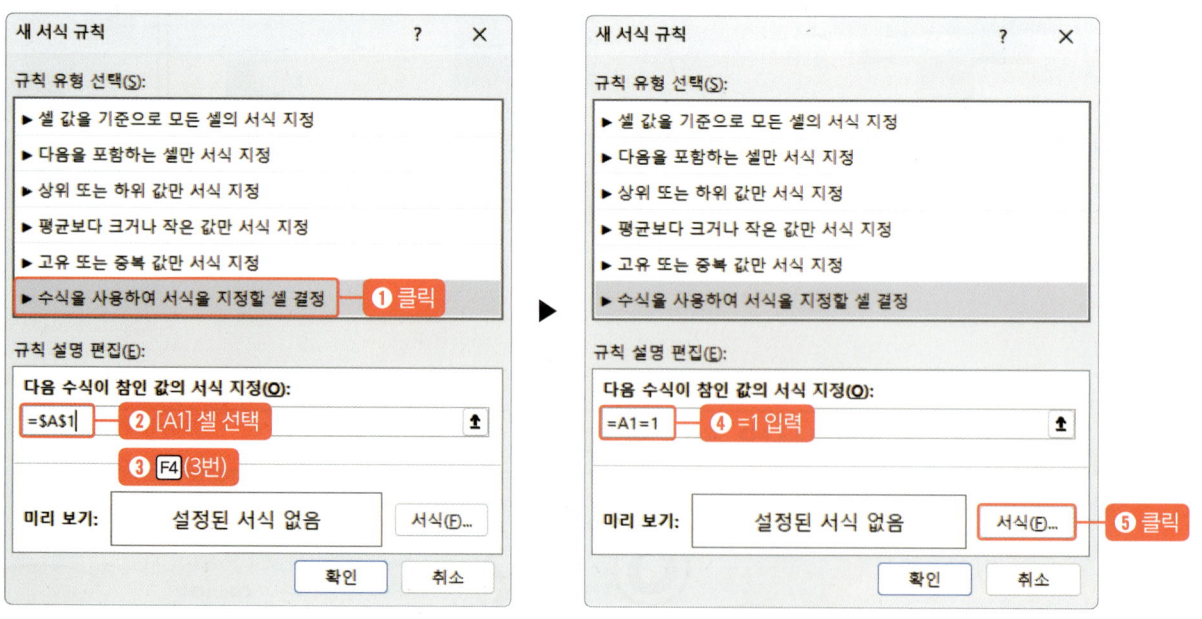

> **TIP** [A1] 셀을 선택한 다음 표시된 'A1'을 블록으로 지정한 후 F4 를 3번 눌러 'A1' 형식으로 변경할 수 있어요!

STEP 2 컬러헌트에서 필요한 색상코드 복사하기

01 컬러헌트(colorhunt.co)에 접속

02 원하는 색의 헥사코드 클릭

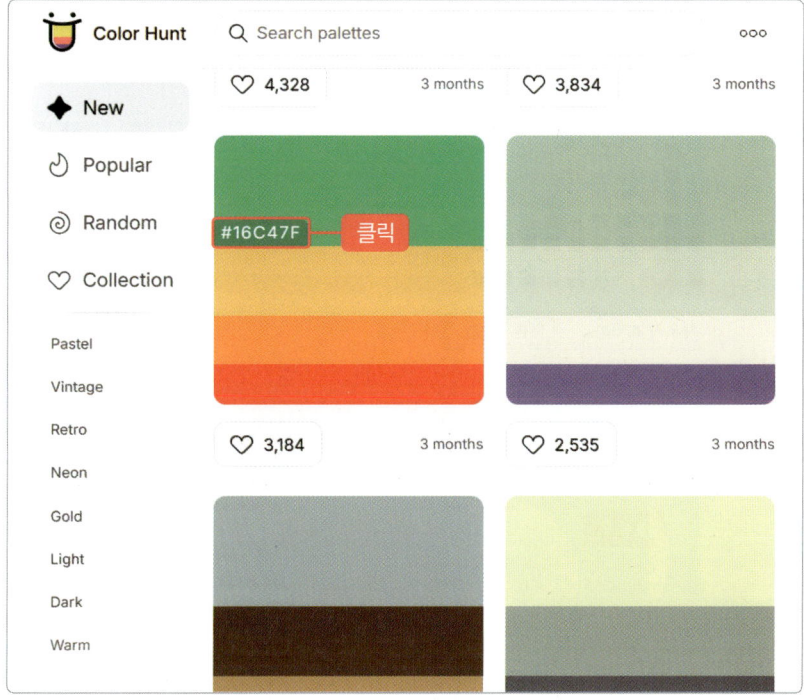

 원하는 색상에 마우스 포인터를 올리면 해당 색상의 헥사코드가 표시되며, 이 코드를 클릭하면 클립보드에 자동으로 복사돼요!

STEP 3 헥사코드를 이용하여 색상 지정하기

01 [셀 서식] 대화상자에서 [채우기]를 선택한 다음 <다른 색>을 클릭합니다.

02 [사용자 지정]에서 16진수 입력 칸에 헥사코드를 붙여넣기(Ctrl+V)합니다.

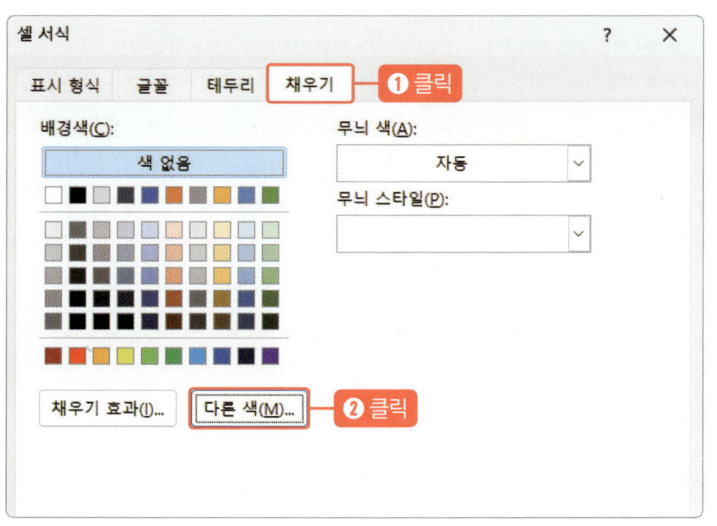
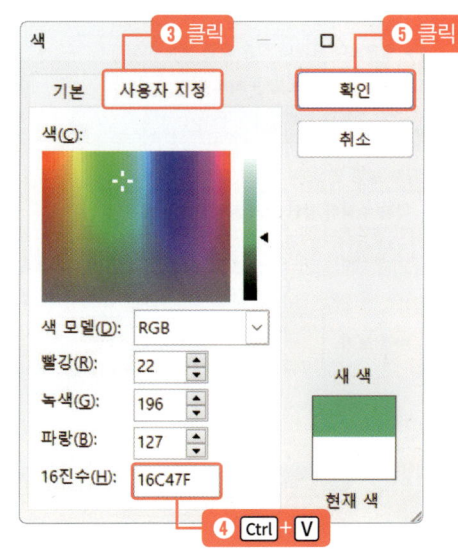

03 채우기 색이 적용된 것을 확인한 후 <확인> 단추를 클릭합니다.

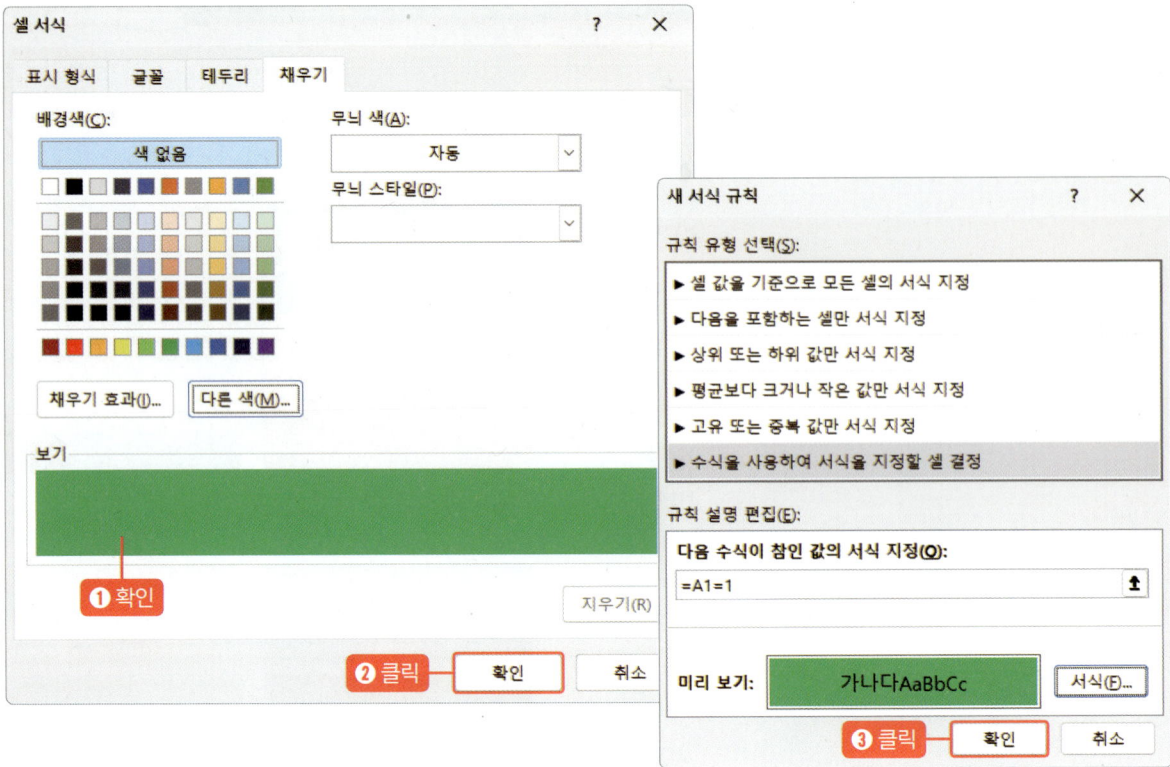

04 빈 셀에 숫자 1을 입력하여 해당 셀의 색상이 변경되는지 확인해 봅니다.

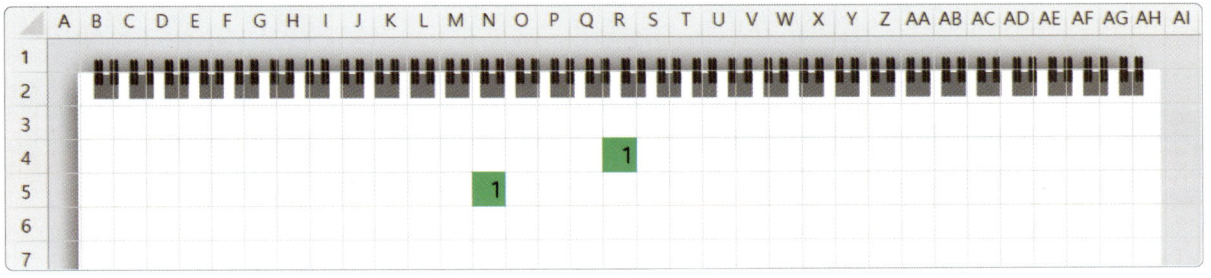

05 104-105페이지를 참고하여 18번까지 다양한 색을 적용합니다.

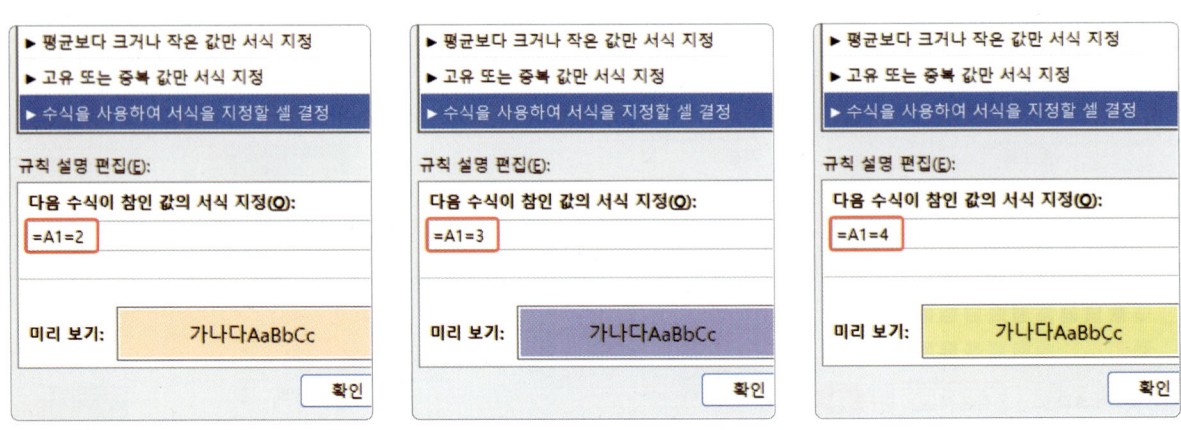

TIP 각 숫자를 입력했을 때, 다른 색이 채워지도록 작업해 보세요!

06 **A부터 AW 열 머리글**을 드래그한 후 **글꼴 크기를 1로 변경**합니다.

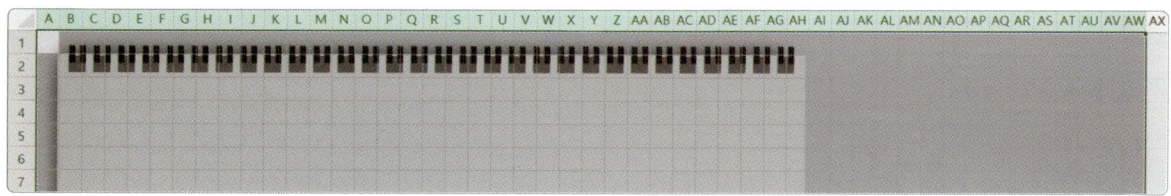

> **TIP** 해당 셀에 숫자를 입력했을 때 텍스트가 잘 보이지 않도록 하기 위한 작업이에요!

07 셀에 숫자를 입력하여 픽셀 그림을 그려보세요.

> **TIP** 만약 숫자를 입력해도 셀에 색이 채워지지 않는 곳이 있다면, [A1] 셀을 복사(Ctrl+C)한 후 해당 부분에 붙여넣기(Ctrl+V)한 다음 숫자를 다시 입력해 보세요!

나만의 작품

조건부 서식이 적용된 엑셀 2021 시트에서 숫자를 입력해 픽셀 그림을 그려보세요.

📁 **실습 및 완성파일** [Chapter 18]-[연습문제] 폴더

작성 조건 ▸ 숫자를 입력하면서 원하는 픽셀 그림 그리기
- 인터넷을 이용해 '픽셀 도안', '펄러비즈 도안' 등의 키워드를 검색하여 참고용 이미지를 찾아볼 수도 있어요!

CHAPTER 19 반려동물 선호도 조사 그래프

인공지능 … 챗GPT와 대화하며 나에게 맞는 반려동물을 추천받아요.
엑셀 … 아이콘을 활용해 차트를 만들어요.

📁 실습 및 완성파일 [Chapter 19] 폴더

오늘의 QUIZ — 차트를 활용하는 이유와 거리가 먼 것은 무엇일까?

 텍스트 대신 차트를 활용하면 데이터를 보기 좋게 표현할 수 있어!

 차트는 다른 사람이 이해하지 못하도록 개성있게 꾸미는 것이 좋으해!

 복잡한 수치나 정보들도 차트를 통해 한눈에 파악할 수 있지!

STEP 1 챗GPT를 이용해 반려동물 추천받기

01 챗GPT(chatgpt.com)에 접속

02 필요한 내용을 입력

TIP 반려동물을 기르기 위해서는 나의 주변 환경을 반드시 고려해야 해요!

03 표시된 내용을 확인

- ☑ **추천 반려동물**
  1. **물고기 (예: 베타, 구피, 금붕어)** — 확인
     - 알레르기 위험 없음
     - 집에 자주 없어도 자동 급여기와 필터 시스템으로 관리 가능
     - 단, 수조 관리나 물갈이는 정기적으로 필요
  2. **파충류 (예: 레오파드 게코, 코넬 스네이크)**
     - 털이 없으므로 알레르기 위험 거의 없음
     - 조용하고 공간도 많이 차지하지 않음

STEP 2 차트에 필요한 데이터 입력하기

01 [Chapter 19] 폴더에서 '**반려동물차트.xlsx**' 파일을 불러옵니다.

02 [삽입] 탭-[**아이콘**]을 클릭한 후 '**동물**'을 검색하여 챗GPT가 추천해준 동물 아이콘이 모두 있는지 확인해 보세요.

CHAPTER 19 반려동물 선호도 조사 그래프

03 챗GPT의 결과를 참고하여 [L2:O4] 영역에 데이터를 입력합니다. 이때, [L4:O4] 셀에는 기준이 되는 수치인 100%를 입력합니다.

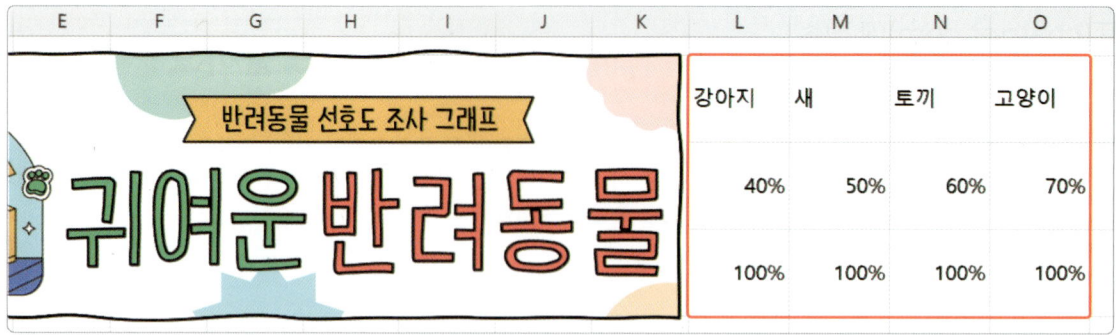

04 [L2:O4] 영역을 범위로 지정한 다음 보기 좋게 서식을 변경해 봅니다.

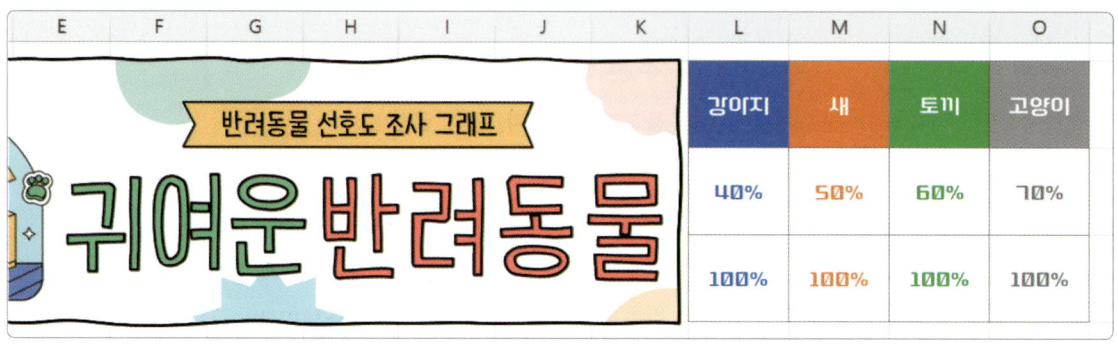

TIP 교재에서는 테두리, 채우기 색, 텍스트 정렬, 글꼴 모양 등을 변경했어요!

STEP 3 차트 삽입하기

01 [L2:O4] 영역을 선택한 후 [삽입] 탭에서 [묶은 세로 막대형] 차트를 찾아 삽입합니다.

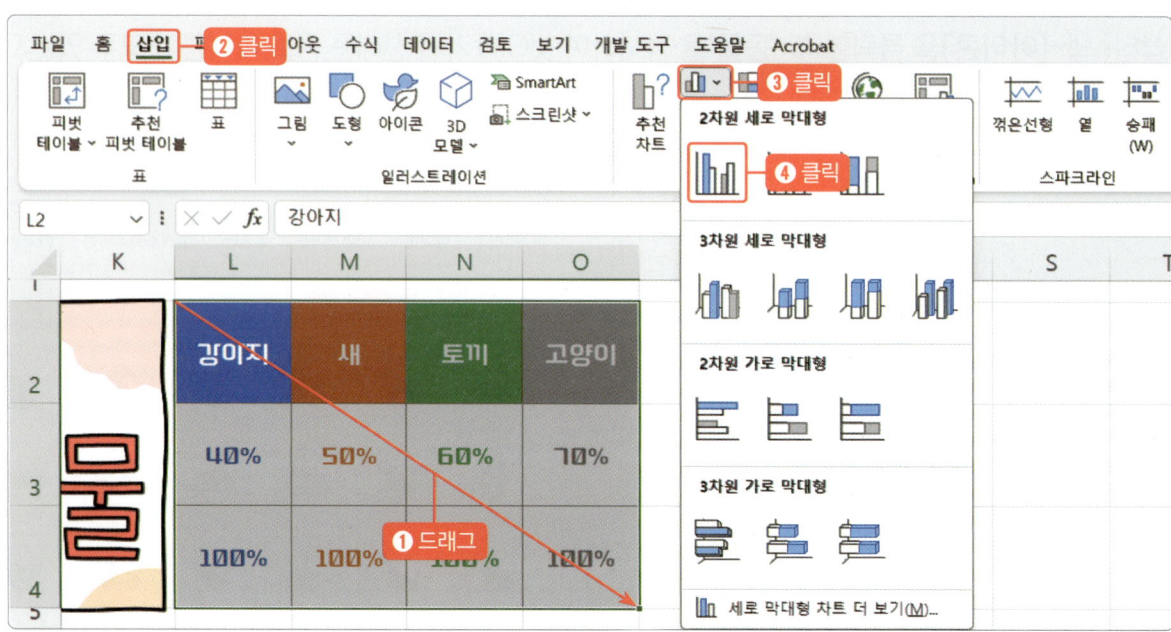

02 차트가 삽입되면 [B6:O21] 영역에 차트를 배치한 다음 차트 제목과 범례를 삭제합니다.

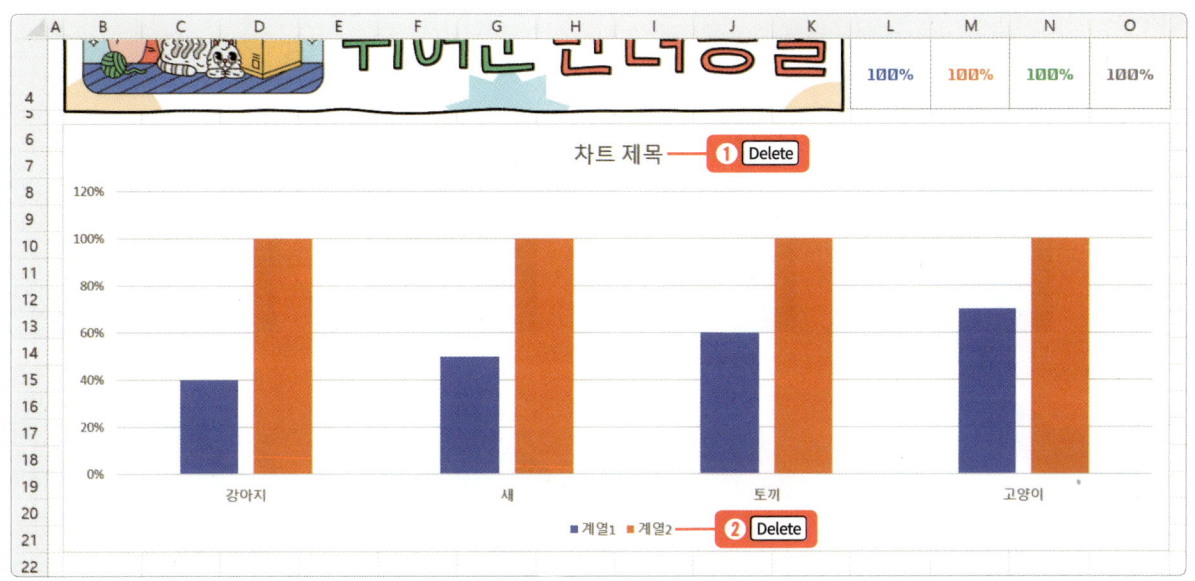

TIP 차트를 배치할 때는 Alt 를 누른 채 차트 주변에 표시되는 조절점을 드래그하면 편리해요!

STEP 4 아이콘을 삽입한 후 차트에 적용하기

01 [삽입] 탭-[아이콘]을 클릭하여 차트에 필요한 동물 아이콘을 삽입합니다.

▼

02 동물 아이콘을 각각 1개씩 복사하여 아래와 같이 배치합니다.

> **TIP** Ctrl 을 누른 채 아이콘을 드래그하여 복사할 수 있어요. 복사된 아이콘의 크기와 위치를 변경해 보세요!

03 아래 그림을 참고하여 아이콘의 서식을 변경해 봅니다.

> **TIP** 왼쪽 아이콘의 채우기 색상을 변경한 다음 오른쪽 아이콘에 '채우기 없음'과 '채우기와 동일한 윤곽선 색'을 지정해요!

04 차트 막대에 아이콘을 채우기 위해 **[데이터 계열 서식]**을 선택합니다.

05 오른쪽 창이 활성화되면 **[채우기]-[그림 또는 질감 채우기]**를 클릭한 후 **'다음 배율에 맞게 쌓기'** 옵션에 체크합니다.

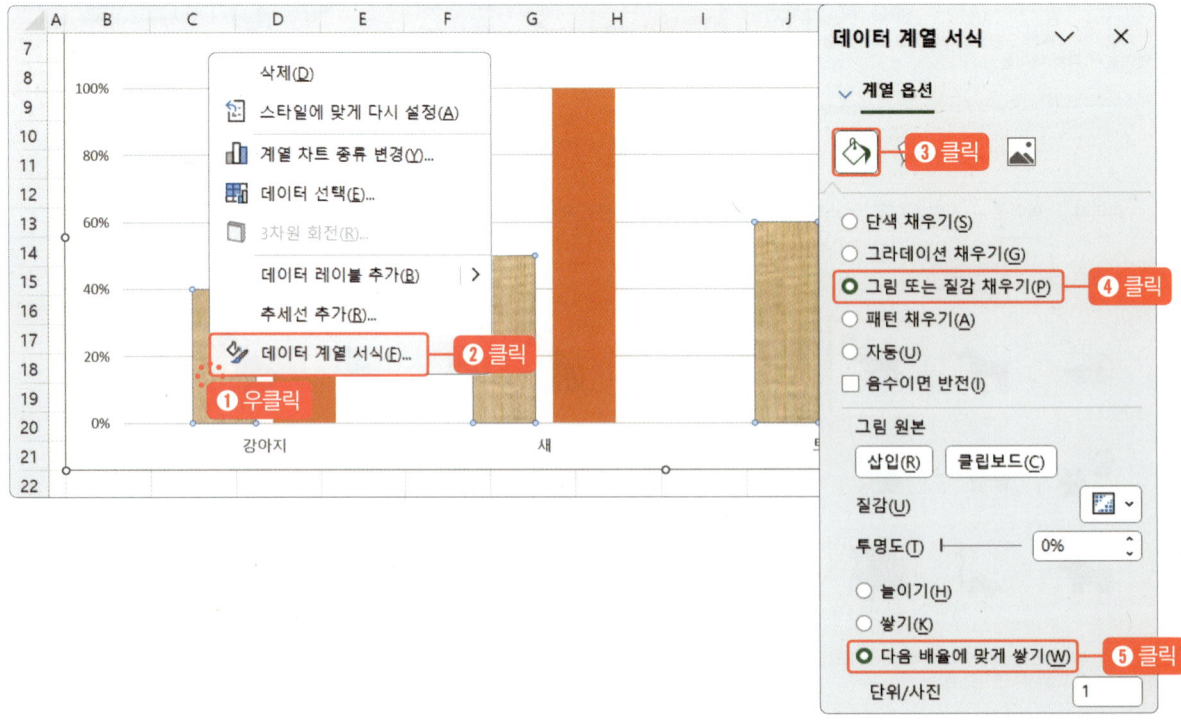

06 동일한 방법으로 오른쪽 막대에도 '그림 또는 질감 채우기'–'다음 배율에 맞게 쌓기'를 지정합니다.

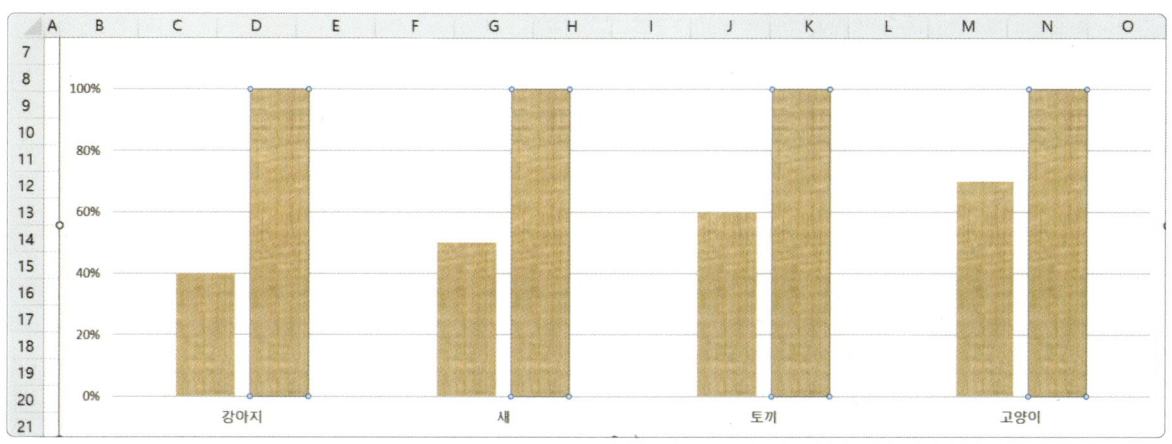

07 색상이 채워진 아이콘을 복사(Ctrl+C)한 다음 첫 번째 막대만 선택된 상태에서 붙여넣기(Ctrl+V) 합니다.

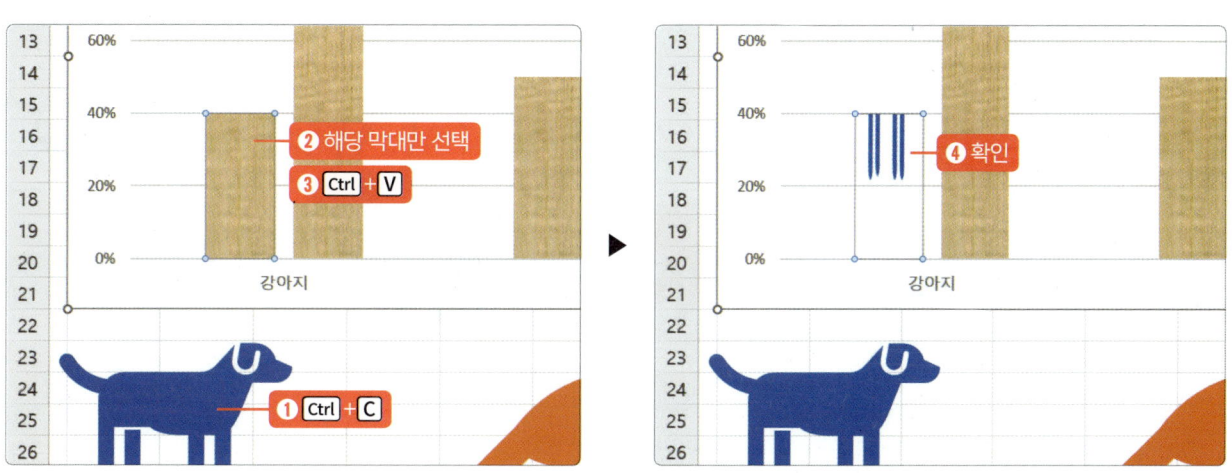

> **TIP** 첫 번째 막대를 클릭한 후, 다시 한 번 클릭하면 해당 막대 하나만 선택이 가능해요!

08 나머지 아이콘도 각 차트에 붙여넣어 보세요.

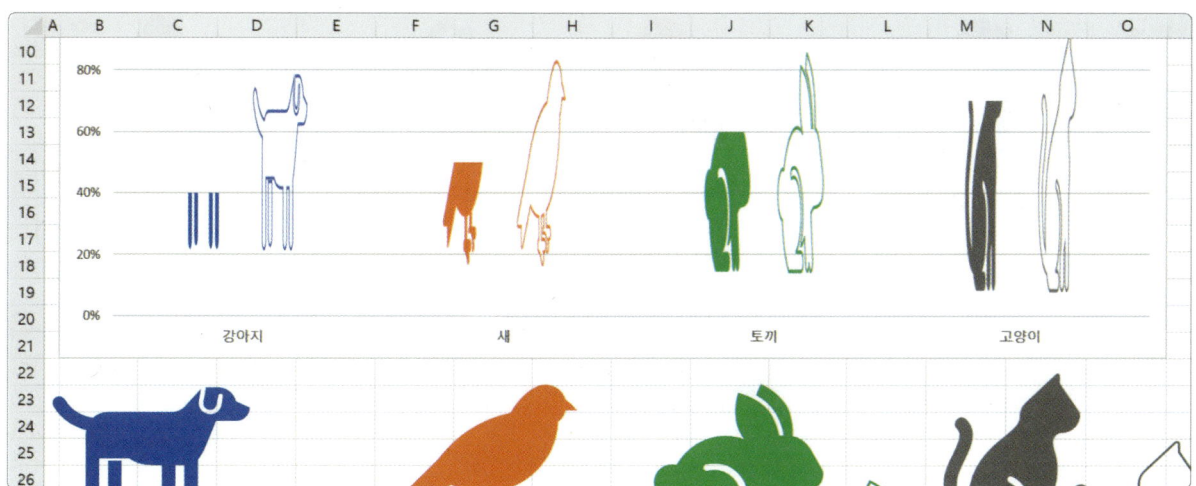

09 [데이터 계열 서식]을 클릭한 다음 **계열 겹치기**와 **간격 너비 옵션**을 변경하여 차트 모양을 확인해 봅니다.

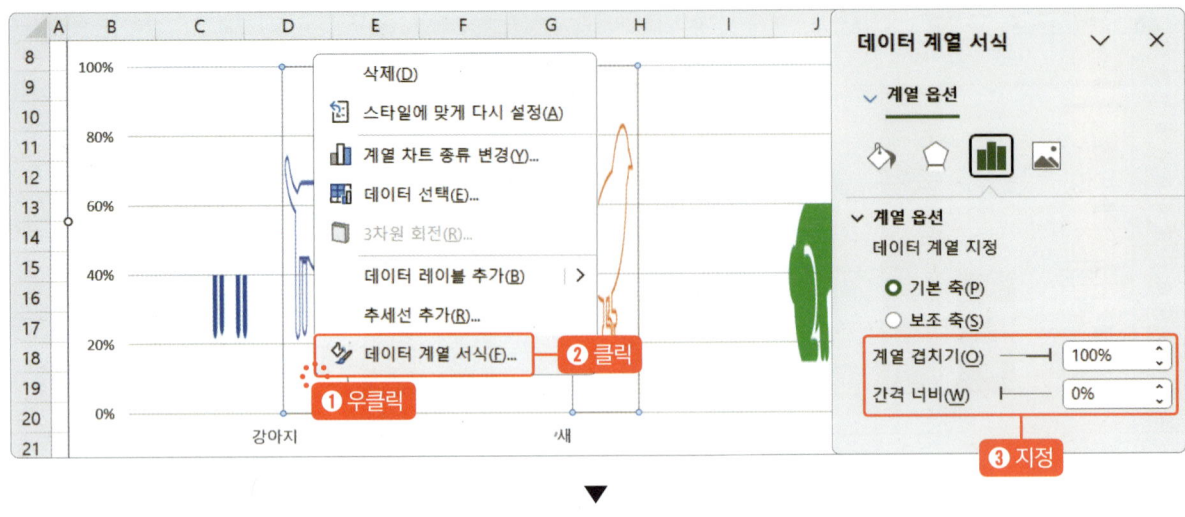

10 차트 주변에 배치된 아이콘은 모두 지워줍니다.

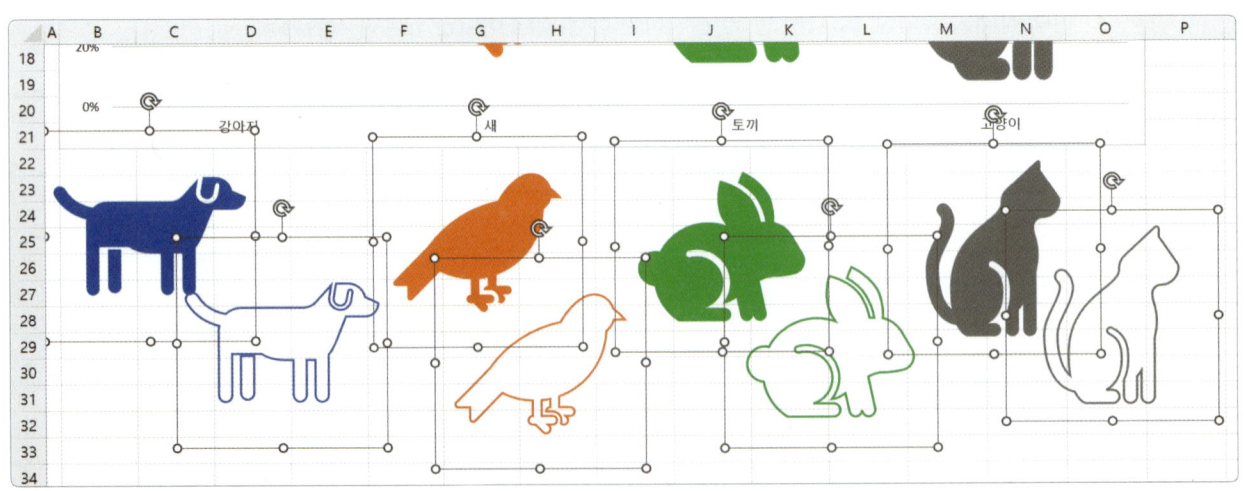

TIP Shift 를 누른 채 아이콘을 각각 선택한 후 Delete 를 눌러 한 번에 삭제할 수 있어요!

11 가로 축을 선택한 후 글꼴 서식을 변경하고, 동일한 방법으로 세로 축의 글꼴 서식도 변경하여 차트를 완성합니다.

> TIP [L3:O4] 영역의 수치를 변경하여 차트 색상의 채워짐이 조금씩 달라지는 것을 확인해 보세요!

나만의 작품

엑셀 2021에서 아이콘을 활용해 차트를 만들어 보세요.

📁 실습 및 완성파일 [Chapter 19]-[연습문제] 폴더

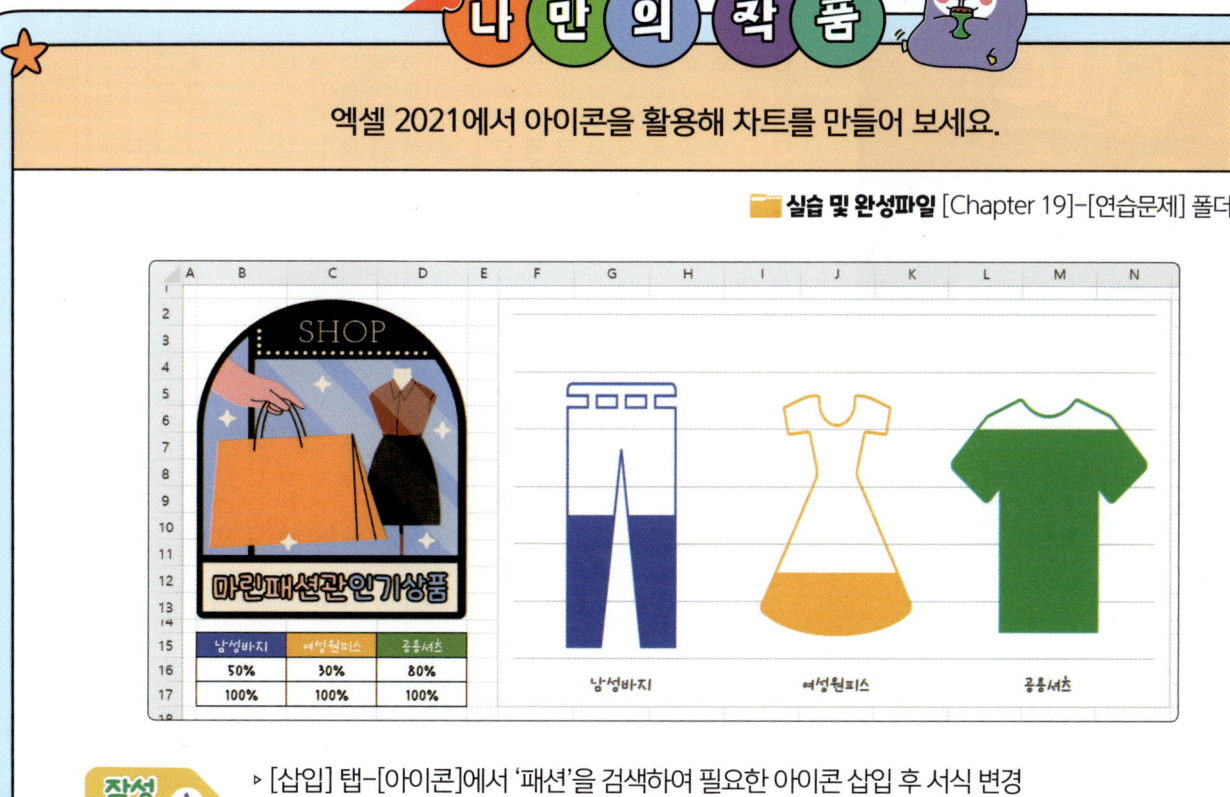

작성조건
- [삽입] 탭-[아이콘]에서 '패션'을 검색하여 필요한 아이콘 삽입 후 서식 변경
  ■ 111~112페이지를 참고하여 작업해보세요!
- 데이터 계열 서식에서 [그림 또는 질감 채우기]-다음 배율에 맞게 쌓기 옵션 지정 후 아이콘을 복사하여 각 막대에 붙여넣기
- 계열 옵션에서 '계열 겹치기 100%', '간격 너비 0%'로 옵션 변경
- 가로축과 표 등의 글꼴 서식을 자유롭게 변경

CHAPTER 20 마우스 클릭 연습 게임 개발

- **인터넷** ··· 인터넷을 활용하여 마우스 클릭 연습을 해요.
- **엑셀** ··· 확인란을 넣어 마우스 클릭 연습 게임을 만들어요.

📁 실습 및 완성파일 [Chapter 20] 폴더

오늘의 OXOX — 엑셀 프로그램에서 개발 도구는 특별한 기능일까?

맞아, 자주 사용하는 기능 외에 숨겨진 특별한 도구 상자라고 볼 수 있어!

VS

아니야, 개발 도구는 그냥 그림 그리는 기능일 뿐이야!

STEP 1 마우스 클릭 연습 체험하기

01 네이버(www.naver.com)에 접속 후 내용 검색

02 [네이비즘 서버시간] 클릭

03 주어진 시간 내에 픽셀 형태의 포도알을 클릭

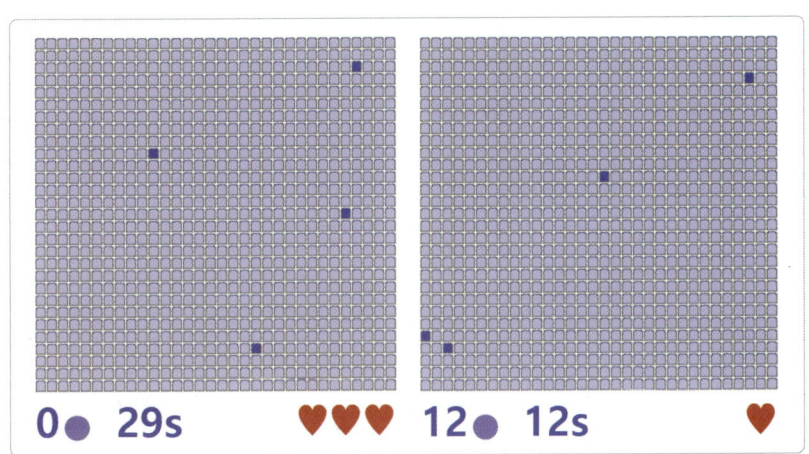

STEP 2 개발 도구 메뉴 활성화하기

01 [Chapter 20] 폴더에서 '**클릭연습.xlsx**' 파일을 불러온 다음 [파일] 탭-[**옵션**]을 클릭합니다.

CHAPTER 20 마우스 클릭 연습 게임 개발 117

02 [리본 사용자 지정] 메뉴를 선택한 후 **개발 도구 항목**을 활성화합니다.

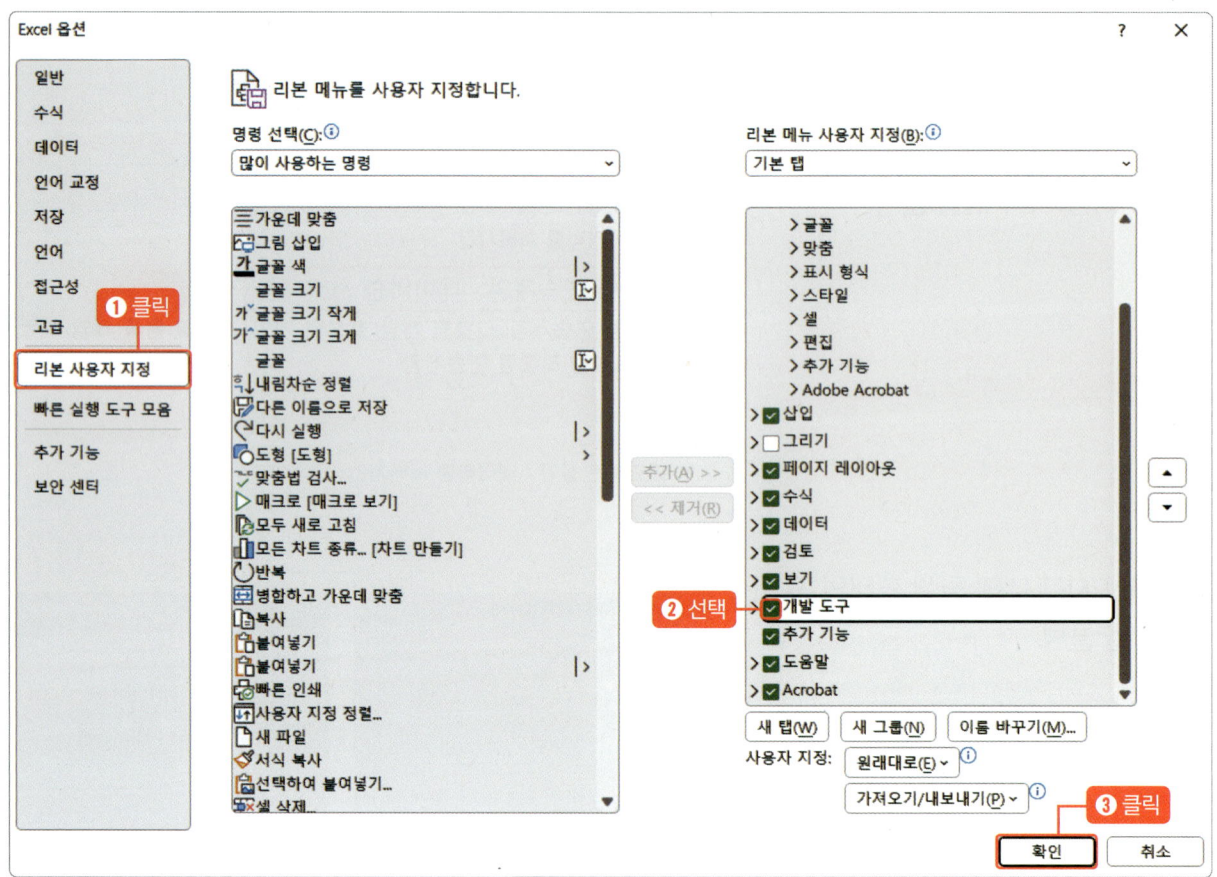

STEP 3 빈 셀에 확인란 추가하기

01 [개발 도구] 탭-[삽입]에서 **확인란(양식 컨트롤)**을 선택합니다.

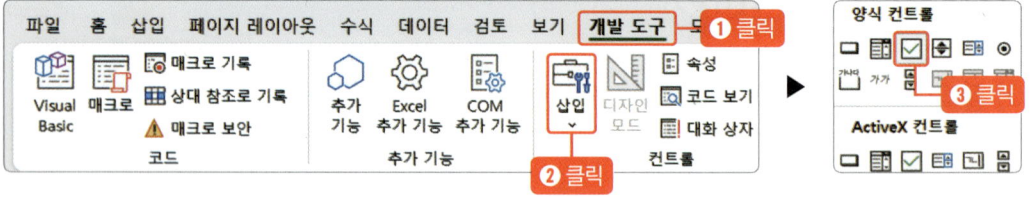

02 시트 우측 빈 셀에 드래그하여 확인란을 아래 그림과 같이 삽입합니다.

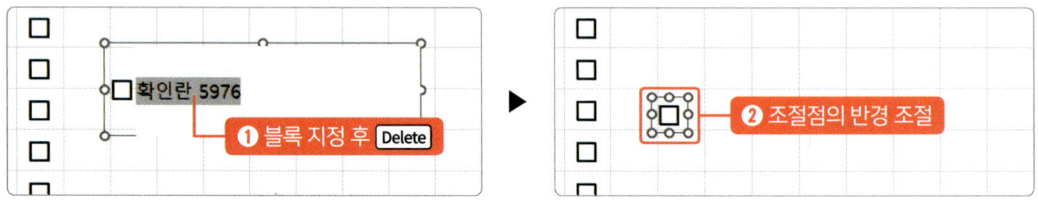

TIP 확인란 선택이 해제되어 블록 지정이 어렵다면 Ctrl을 누른 채 확인란을 다시 선택해 보세요!

03 확인란을 우클릭한 채 [B1] 셀 쪽으로 드래그하여 [여기에 복사]합니다.

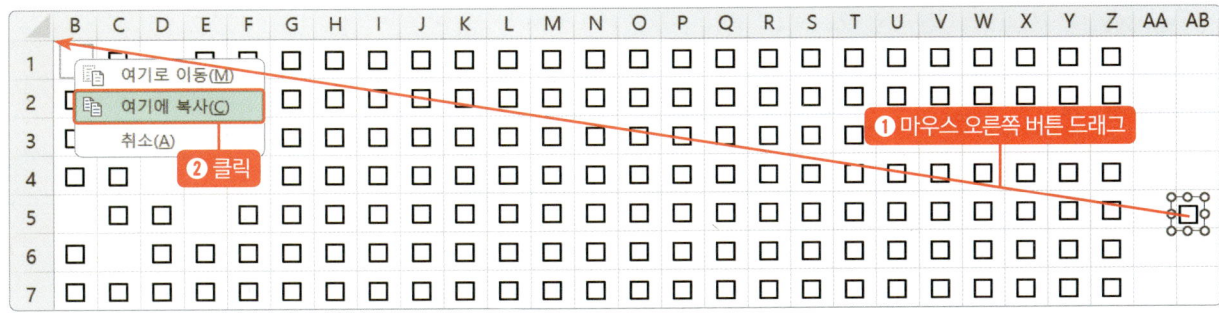

04 [B1] 셀에 확인란이 배치된 것을 확인합니다.

> **TIP** Ctrl을 누른 채 확인란을 선택한 후 키보드의 방향키로 위치를 세밀하게 조절할 수 있어요!

STEP 4 점수 계산을 위해 COUNTIF 함수 사용하기

01 병합된 [A24:A27] 영역을 선택한 다음 함수마법사를 이용해 COUNTIF 함수를 찾아줍니다.

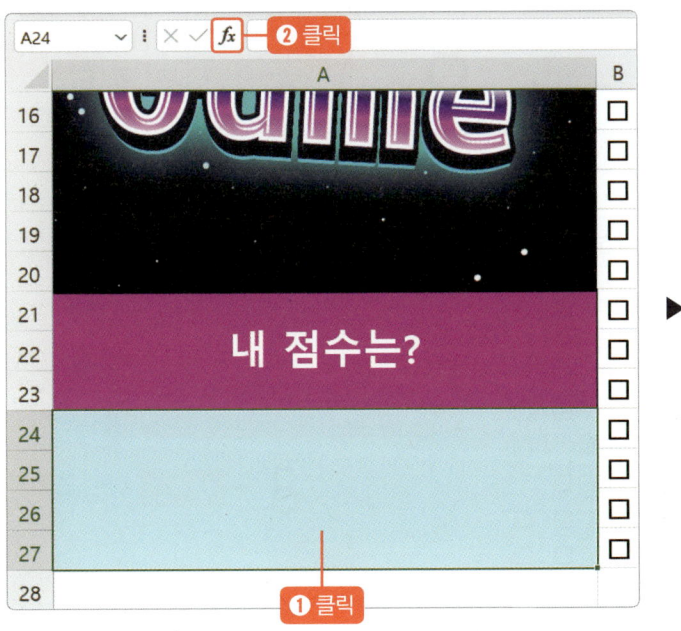
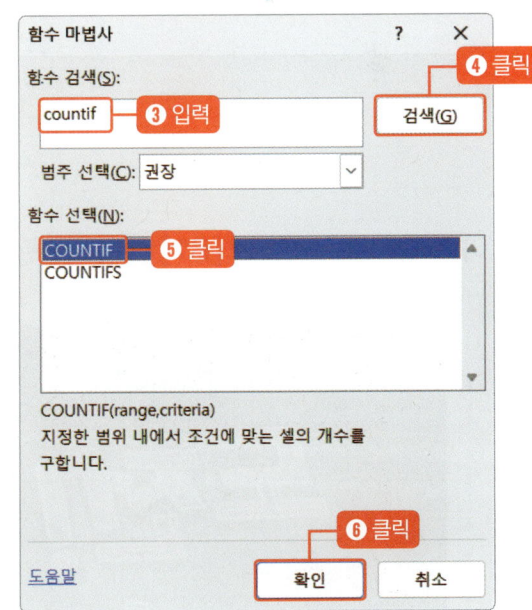

CHAPTER 20 마우스 클릭 연습 게임 개발 119

02 아래와 같이 **인수 입력**을 완료한 후 <확인>을 클릭합니다.

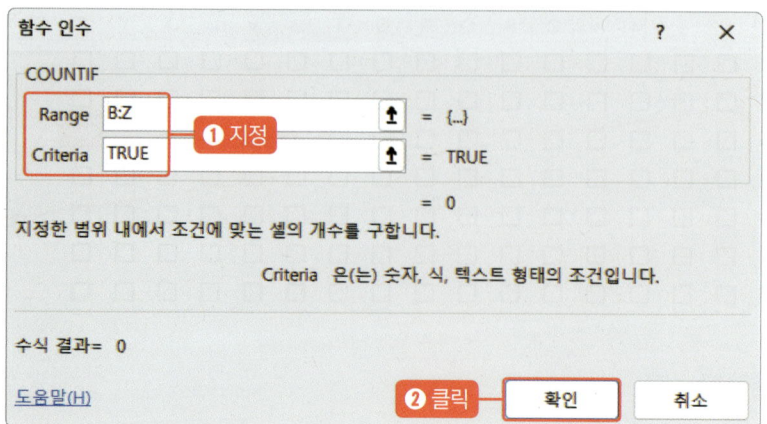

> **TIP** Range에는 확인란이 포함된 B~Z 열의 머리글을 선택하고, Criteria에는 TRUE를 반환하는 값을 입력했어요!

03 [B24:C27] 영역의 확인란을 체크표시로 변경한 후 점수가 증가하는 것을 확인해보세요.

04 이번에는 새로 작업한 [B1] 셀의 확인란을 체크하여 점수에 변화가 없는 것을 확인합니다.

> **TIP** [B1] 셀에 추가된 확인란은 셀과 연결되지 않아서, 체크가 되더라도 점수에 반영되지 않아요!

STEP 5 확인란에 셀 연결하기

01 [B1] 셀의 확인란 위에서 마우스 오른쪽 버튼을 눌러 [컨트롤 서식]을 클릭합니다.

02 값을 '선택하지 않은 상태'로 지정한 다음 셀 연결 주소에 해당 셀 주소를 입력합니다.

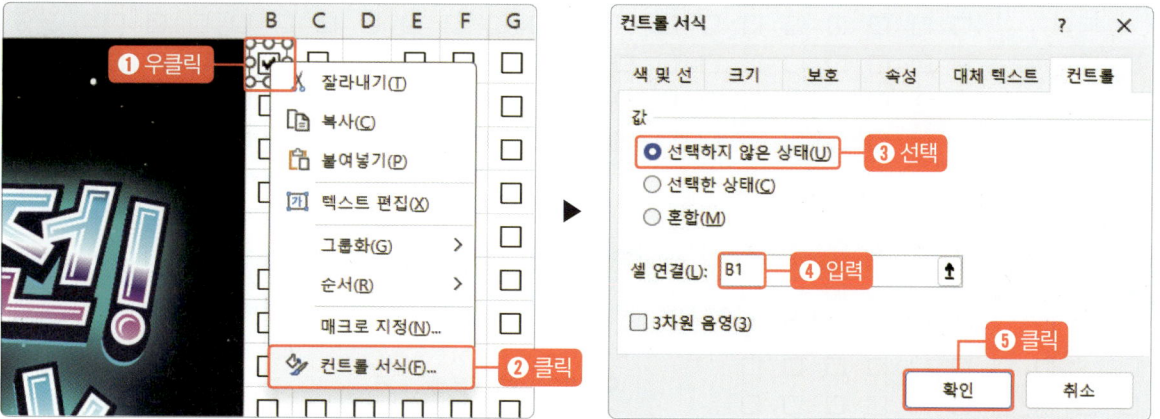

03 [B1] 셀의 확인란이 선택된 상태에서 점수가 증가했는지 확인해봅니다.

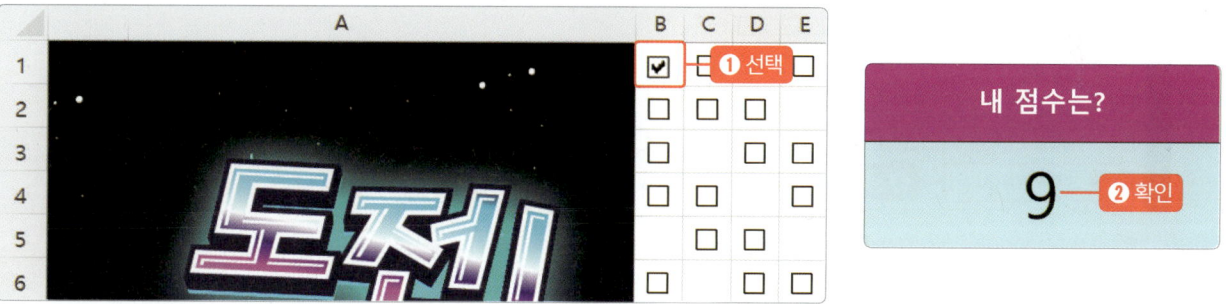

04 이번에는 [A24:A27] 영역이 선택된 상태에서 수식 입력줄에 표시된 함수식을 확인한 후 뒤쪽에 **&"점"**을 입력해줍니다.

> **TIP** 함수식 뒤에 &를 이용하여 문자열을 연결할 수 있어요!

05 아래 순서를 참고하여 [B5] 셀에 확인란을 작업합니다.

06 동일한 방법으로 [C3], [C6], [D1], [D4], [E2], [E5] 셀에도 확인란을 작업합니다.

07 모든 확인란의 체크 표시를 해제하여 게임 준비 상태인 0점으로 만들어줍니다.

08 정해진 시간(예 : 60초) 안에 누가 더 많은 점수를 얻을 수 있는지 마우스 게임을 진행해 보세요.

엑셀 2021 시트에 확인란을 추가하여 체크리스트를 만들어 보세요.

📁 **실습 및 완성파일** [Chapter 20]-[연습문제] 폴더

■ 체크리스트 작성이 어렵다면 챗GPT의 도움을 받아보세요!

▸ [B3:E3] : 원하는 동물의 이름을 넣어 내용 입력하기 → 글꼴 서식 변경
▸ [C4:C8], [E4:E8] : 반려동물 입양 전 체크리스트 적어보기 → 글꼴 서식 변경
▸ [B4:B8], [D4:D8] : [개발 도구]-[삽입]에서 [확인란(양식 컨트롤)]을 추가하기

내 맘대로 몬스터 도감

인터넷 ··· 필요한 몬스터 이미지를 찾아 저장해요.
엑셀 ··· 다양한 엑셀 함수를 이용하여 값을 계산해요.

📁 실습 및 완성파일 [Chapter 21] 폴더

	몬스터		몬스터 능력					몬스터 능력 분석			
사진	이름		힘	방어	스피드	마법	기술	총 능력	평균 능력	최고 능력	최저 능력
🟣	메타몽		50점	40점	60점	70점	90점	310점	62점	90점	40점
🟠	파이리		80점	40점	85점	60점	80점	345점	69점	85점	40점
🔵	꼬부기		75점	85점	70점	65점	80점	375점	75점	85점	65점
🟢	치코리타		60점	70점	50점	75점	65점	320점	64점	75점	50점
🟡	피카츄		70점	45점	95점	80점	85점	375점	75점	95점	45점
🟤	맘모꾸리		95점	90점	60점	50점	75점	370점	74점	95점	50점
🟣	홍수몬		70점	60점	80점	75점	85점	370점	74점	85점	60점

오늘의 QUIZ — 엑셀의 함수와 관련된 내용으로 틀린 것은 무엇일까?

 SUM 함수를 이용하면 숫자의 합을 계산할 수 있어! 🟠

 AVERAGE 함수를 이용하면 숫자의 평균을 계산할 수 있지! 🟢

MAX 함수는 최소값, MIN 함수는 최대값을 구할 때 이용하는 함수야! 🟣

STEP 1 SUM 함수로 총 능력(합계) 구하기

01 [Chapter 21] 폴더에서 '**몬스터도감.xlsx**' 파일을 불러온 다음 [I4] 셀을 선택하고 **함수마법사**를 클릭합니다.

02 SUM 함수를 선택한 다음 [D4:H4] 범위를 지정합니다.

> **TIP** SUM은 숫자가 있는 범위의 합계를 구할 때 사용하는 함수예요!

03 메타몽의 총 능력(합계)이 구해진 것을 확인합니다.

04 [I4] 셀의 **자동 채우기 핸들**을 [I13] 셀까지 드래그하여 나머지 몬스터의 총 능력(합계)도 쉽게 계산할 수 있어요.

STEP 2 AVERAGE 함수로 평균 능력 구하기

01 [J4] 셀을 선택한 다음 함수마법사를 이용해 AVERAGE 함수를 찾아 계산합니다.

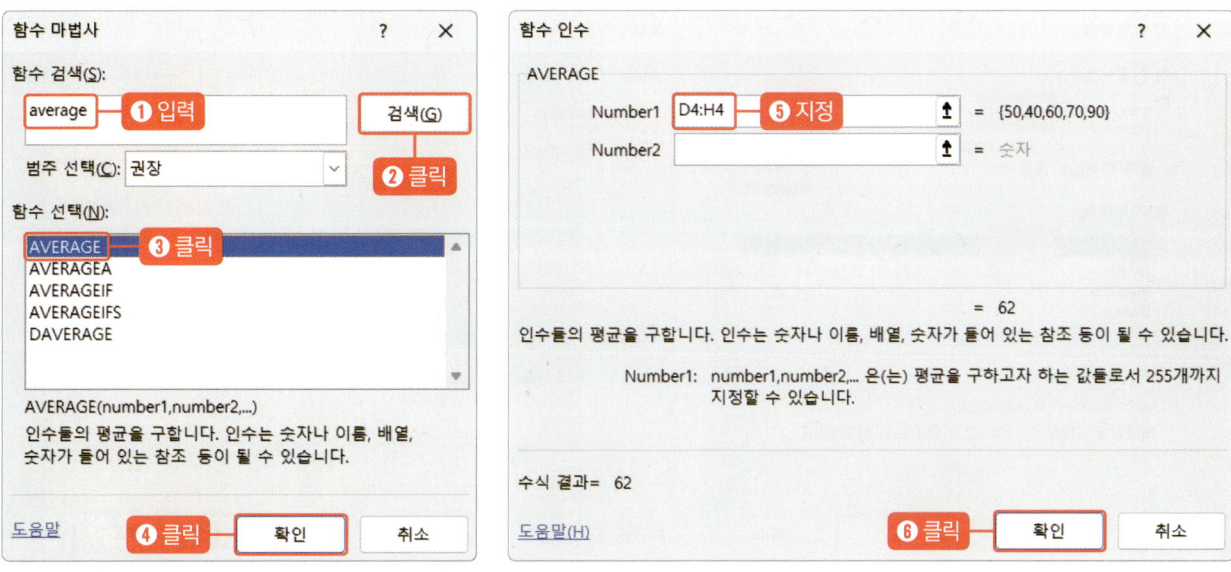

> **TIP** AVERAGE는 숫자가 있는 범위의 평균을 구할 때 사용하는 함수예요!

02 결과를 확인한 다음 **자동 채우기 핸들**을 이용하여 [J13]셀까지 평균을 구해보세요.

	A	B	C	D	E	F	G	H	I	J	K
2			몬스터		몬스터 능력					몬스터 능력 분	
3		사진	이름	힘	방어	스피드	마법	기술	총 능력	평균 능력	최고 능력
4			메타몽	50	40	60	70	90	310	62	
5			파이리	80	40	85	60	80	345	69	
12			야도란	55	40	50	90	75	310	62	
13			잠만보	90	80	40	50	85	345	69	

CHAPTER 21 내 맘대로 몬스터 도감

STEP 3 MAX와 MIN 함수로 최고 능력, 최저 능력 구하기

01 [K4] 셀을 선택한 다음 함수마법사를 이용해 **MAX** 함수를 찾아 계산합니다.

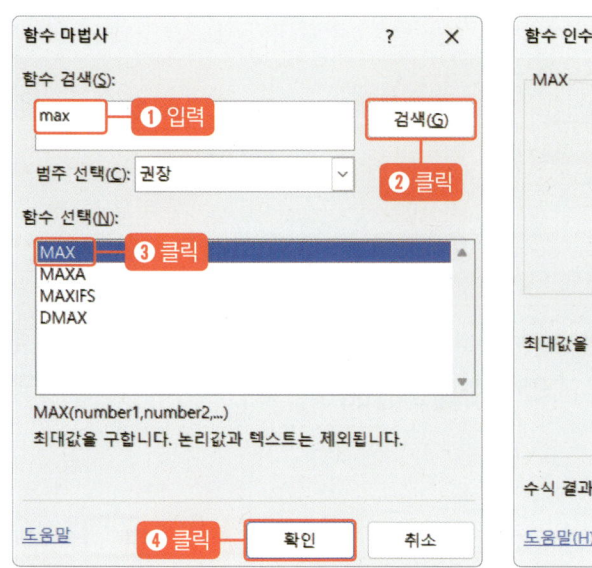 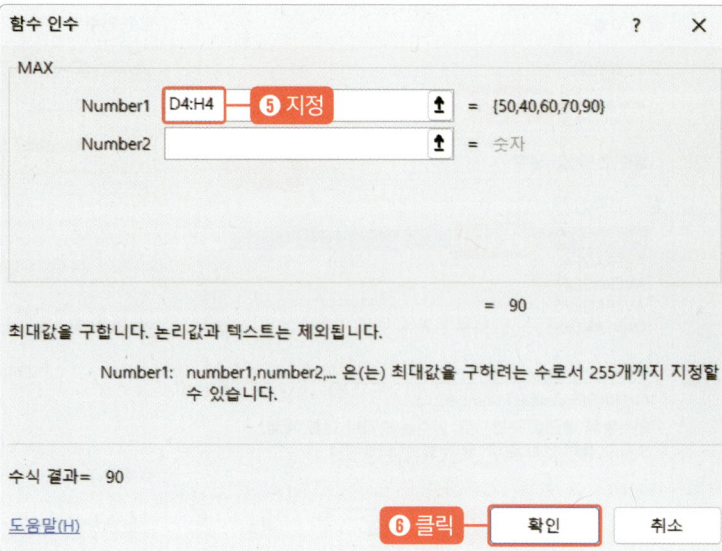

> **TIP** MAX는 숫자가 있는 범위에서 최대값을 구할 때 사용하는 함수예요!

02 동일한 방법으로 [L4] 셀을 선택하여 **MIN** 함수를 찾아 최저 능력을 계산합니다.

> **TIP** MIN은 숫자가 있는 범위에서 최소값을 구할 때 사용하는 함수로, MAX 함수와 계산 방식이 똑같아요!

03 [K4:L4] 영역을 선택한 후 **자동 채우기 핸들**로 나머지 값을 계산해 보세요.

C	D	E	F	G	H	I	J	K	L
몬스터	몬스터 능력					몬스터 능력 분석			
이름	힘	방어	스피드	마법	기술	총 능력	평균 능력	최고 능력	최저 능력
메타몽	50	40	60	70	90	310	62	90	40
파이리	80	40	85	60	80	345	69	85	40
야도란	55	40	50	90	75	310	62	90	40
잠만보	90	80	40	50	85	345	69	90	40

STEP 4 몬스터 이미지를 엑셀 시트로 가져오기

01 포켓몬 코리아 공식 웹사이트 (pokemonkorea.co.kr)에 접속

02 포켓몬 도감 클릭

03 메타몽 검색 후 [이미지 복사]

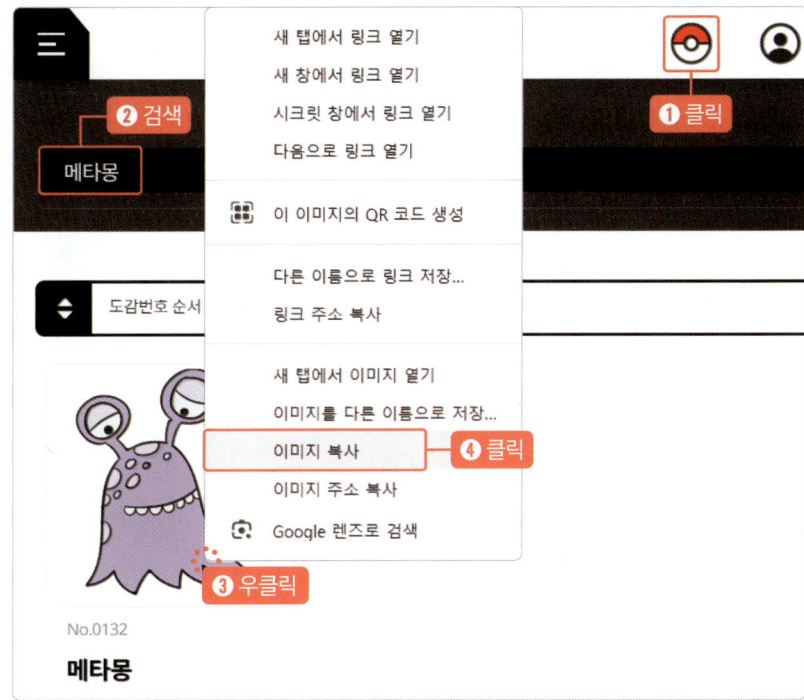

TIP 캐릭터 저작권의 문제로 책에서는 별도의 이미지를 이용했어요!

STEP 5 셀에 이미지 배치하기

01 비어 있는 [N4] 셀을 선택한 후 Ctrl + V 를 눌러 복사한 이미지를 붙여넣어줍니다.

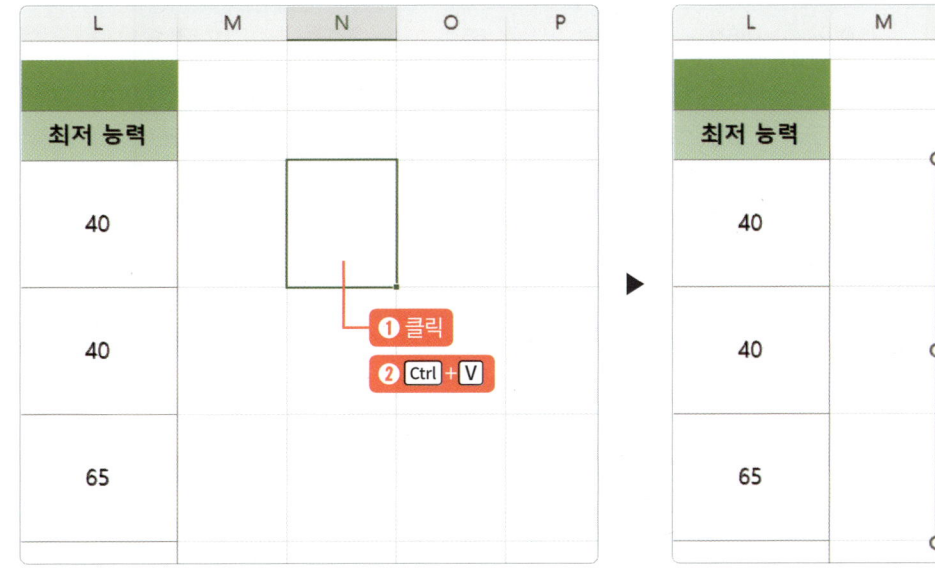

02 이미지를 B열에 배치한 다음 동일한 방법으로 나머지 몬스터를 채워보세요.

CHAPTER 21 내 맘대로 몬스터 도감

03 **[D4:L13]** 영역을 범위로 지정한 후 우클릭하여 **[셀 서식]**을 클릭합니다.

04 **[표시 형식]** 탭-**[사용자 지정]**을 클릭한 다음 **G/표준"점"**을 입력하여 완성합니다.

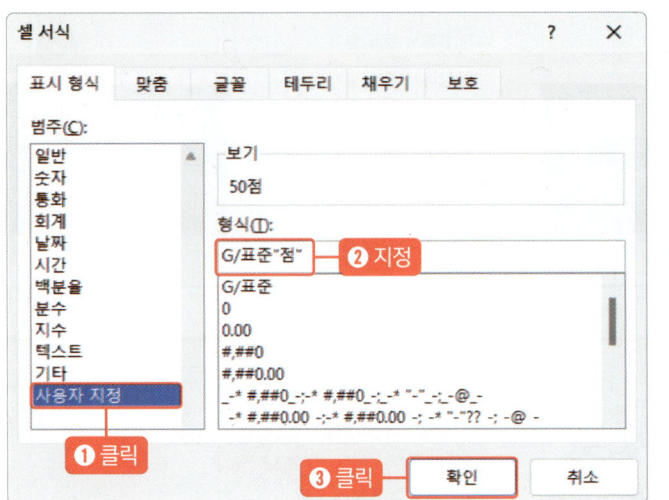 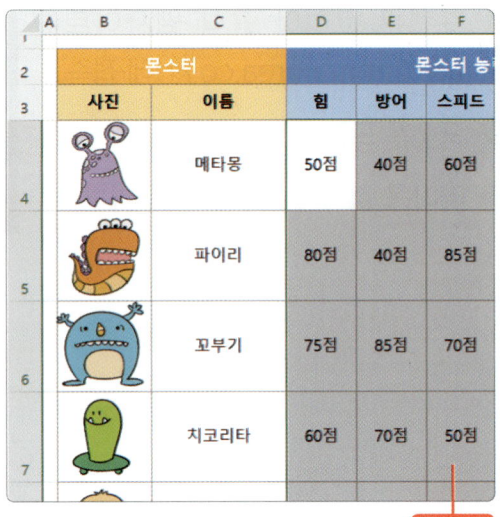

엑셀 2021에서 시험 점수 데이터를 이용해 함수를 구해보세요.

📁 **실습 및 완성파일** [Chapter 21]-[연습문제] 폴더

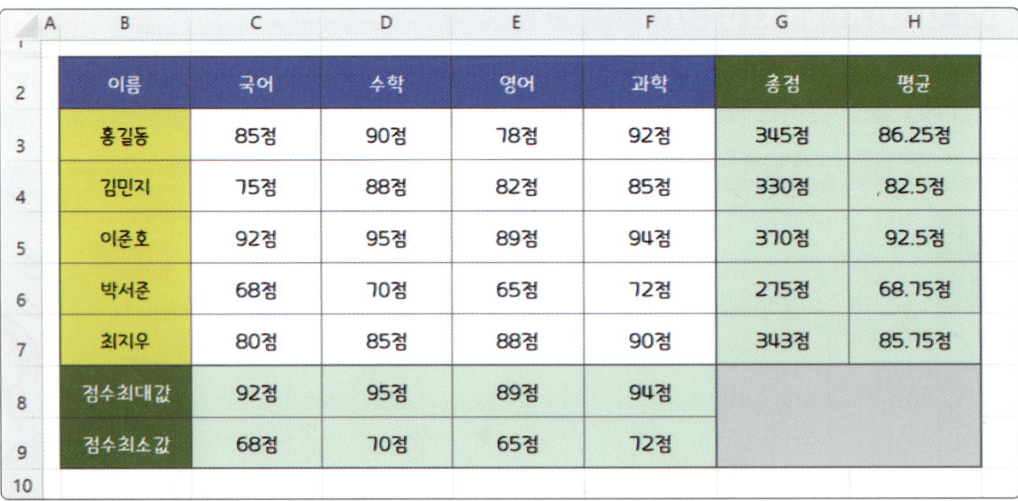

- [B2:H9] : 원하는 색상과 선 모양으로 테두리 지정하기
- [G8:H9] : 병합하고 가운데 맞춤 적용하기
- 각 셀에 색상 채우고, 글꼴 서식 변경하기
- 총점(SUM), 평균(AVERAGE), 점수최대값(MAX), 점수최소값(MIN) 구하기
- [C3:H9] : 셀 서식의 표시 형식을 이용하여 "점" 표시하기

CHAPTER 22 시끌벅적 장난감 매장

인공지능 ··· 워드클라우드를 생성하여 타이틀로 활용해요.
엑셀 ··· 다양한 엑셀 함수를 이용하여 값을 계산해요.

오늘의 작품   실습 및 완성파일 [Chapter 22] 폴더

번호	평점	판매량	제품명	추천여부	판매순위
1	3.0	5,558개	마법의 큐브		6위
2	4.0	8,654개	스피드 레이서	강력추천	2위
3	3.0	7,812개	플라잉 드론		3위
4	1.0	6,051개	슬라임 왕국		5위
5	5.0	9,662개	스마트 AI 로봇	강력추천	1위
6	3.0	4,881개	입체 드림 3D펜		7위
7	4.0	3,701개	두근두근 악어 이빨	강력추천	8위
8	5.0	2,438개	경제 브루마블	강력추천	10위
9	2.0	3,386개	펀펀 도미노		9위
10	2.0	7,006개	알쏭달쏭 마술상자		4위

오늘의 QUIZ — 엑셀의 함수와 관련된 내용으로 틀린 것은 무엇일까?

- RANK.EQ 함수를 이용하면 범위 내에서 순위를 구할 수 있어!
- SUM은 숫자들의 평균을 구할 때 이용하는 간단한 함수이지!
- IF는 참과 거짓을 구분하여 그에 맞는 결과를 표시해주는 함수야!

STEP 1 IF 함수로 추천여부 표시하기

01 [Chapter 22] 폴더에서 '**장난감매장.xlsx**' 파일을 불러온 다음 [F4] 셀을 선택하고 **함수마법사**를 클릭합니다.

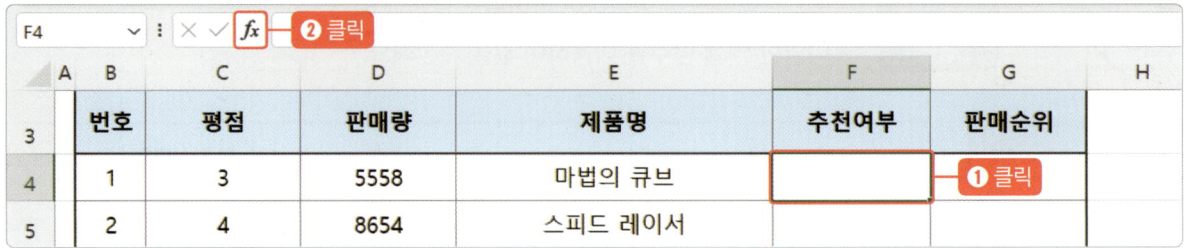

02 IF 함수를 선택한 다음 아래와 같이 Logical_test 입력 칸에 조건을 입력합니다.

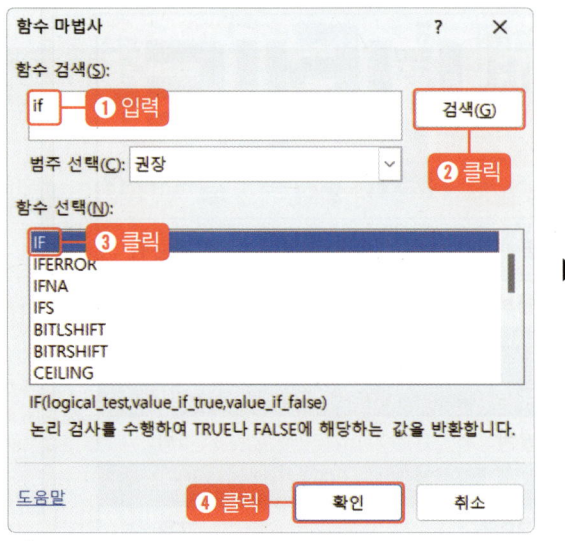

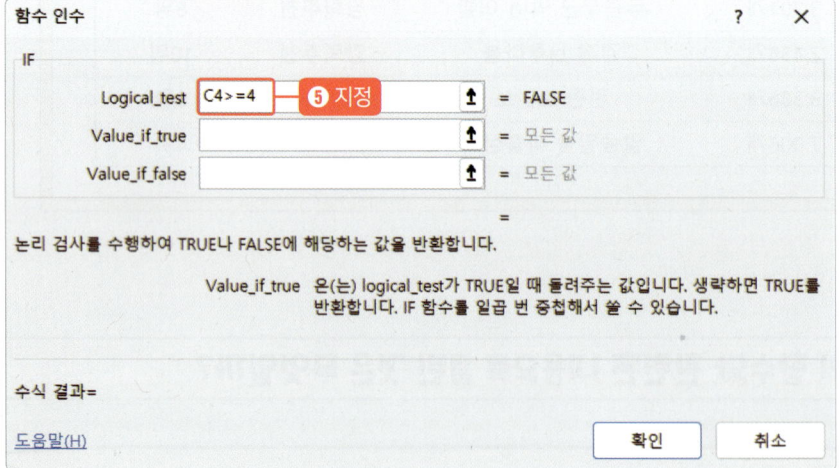

> **TIP** IF는 참과 거짓을 구분하여 결과를 표시해주는 함수예요. 평점을 기준으로 4점 이상인 경우 '강력추천'을 표시하고, 그 외에는 공란으로 표시해 보도록 하겠습니다!

03 조건이 참일 때와 거짓일 때 표시할 내용을 각각 입력한 후 <확인>을 클릭합니다.

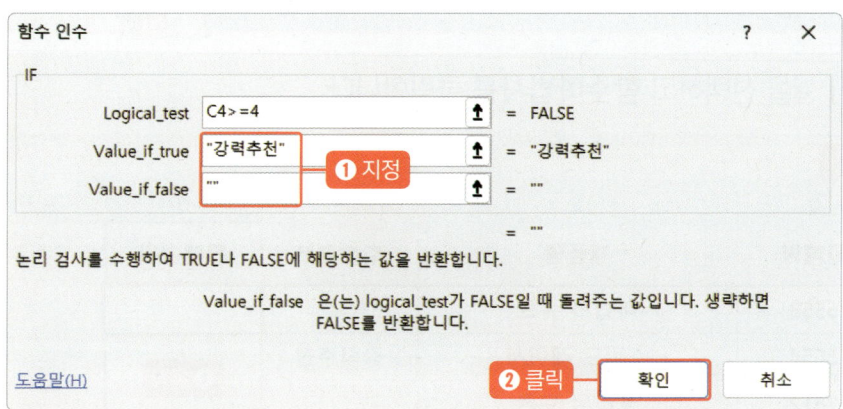

 첫 번째 칸에 입력된 C4>=4는 '평점이 4 이상'인 경우를 뜻하고, 두 번째 칸에는 '평점이 4 이상이 맞을 경우에 표시할 내용', 세 번째 칸에는 '평점이 4 이상이 아닐 경우에 표시할 내용'을 입력해 주세요. 큰 따옴표("")만 들어갔다면 공백으로 표시하겠다는 약속이에요!

04 [F4] 셀에 함수가 입력되었지만, 평점이 4 이상이 아니기 때문에 아무것도 표시되지 않은 것을 확인할 수 있어요.

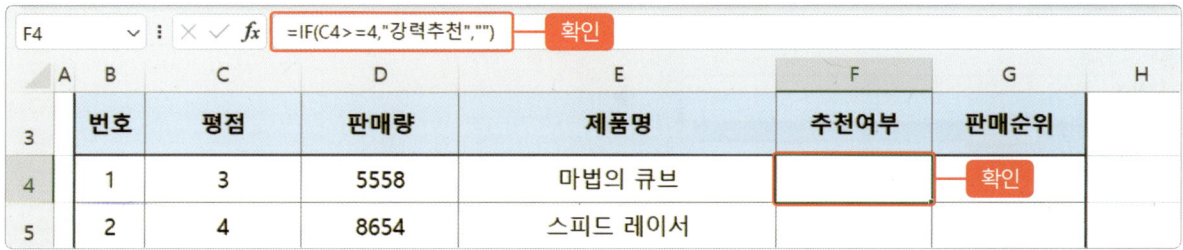

05 [F4] 셀의 자동 채우기 핸들을 **마우스 오른쪽 버튼**을 누른 채 [F13] 셀까지 드래그한 후 **[서식 없이 채우기]**를 클릭하여 결과를 확인합니다.

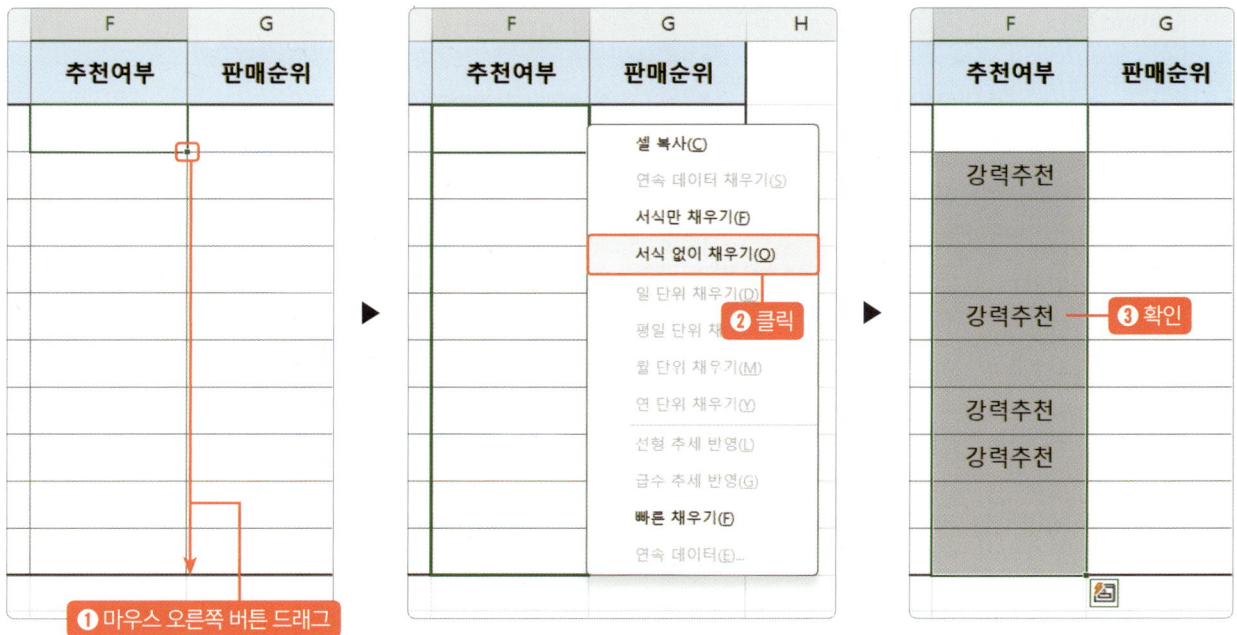

STEP 2 RANK.EQ 함수로 판매순위 표시하기

01 판매순위를 구하기 위해 **[G4]** 셀을 선택하고 **함수마법사**를 클릭합니다.

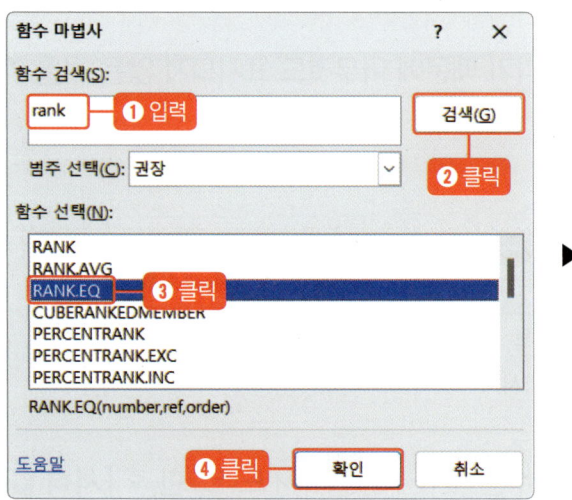

02 RANK.EQ 함수를 선택한 다음 아래와 같이 인수를 입력합니다.

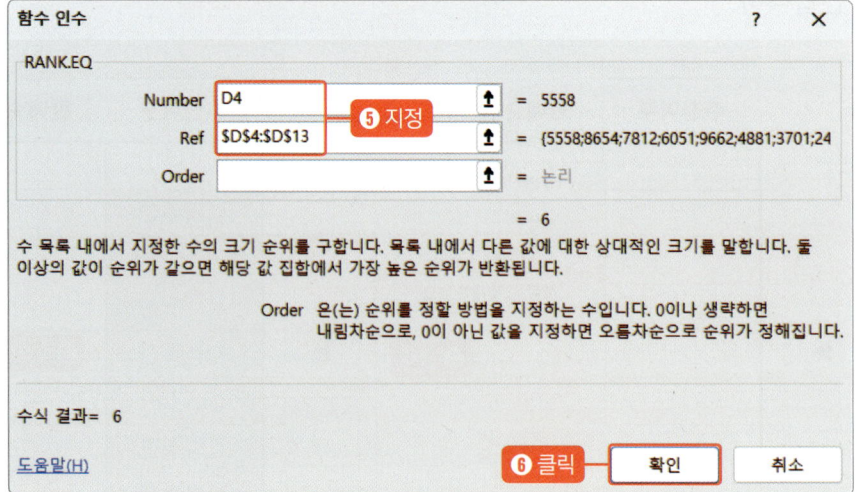

> **TIP** RANK.EQ는 선택된 셀 범위에서 순위를 구해주는 함수예요. Ref 인수 입력 시 셀 범위를 지정한 후 F4를 한 번 눌러 교재와 동일하게 입력해 주세요!

03 [G4] 셀에 순위가 구해진 것을 확인하고 수식 입력줄 뒤쪽에 **&"위"** 를 입력해줍니다.

04 [G4] 셀 주변의 **자동 채우기 핸들**을 이용해 [G13] 셀까지 순위를 표시해 봅니다.

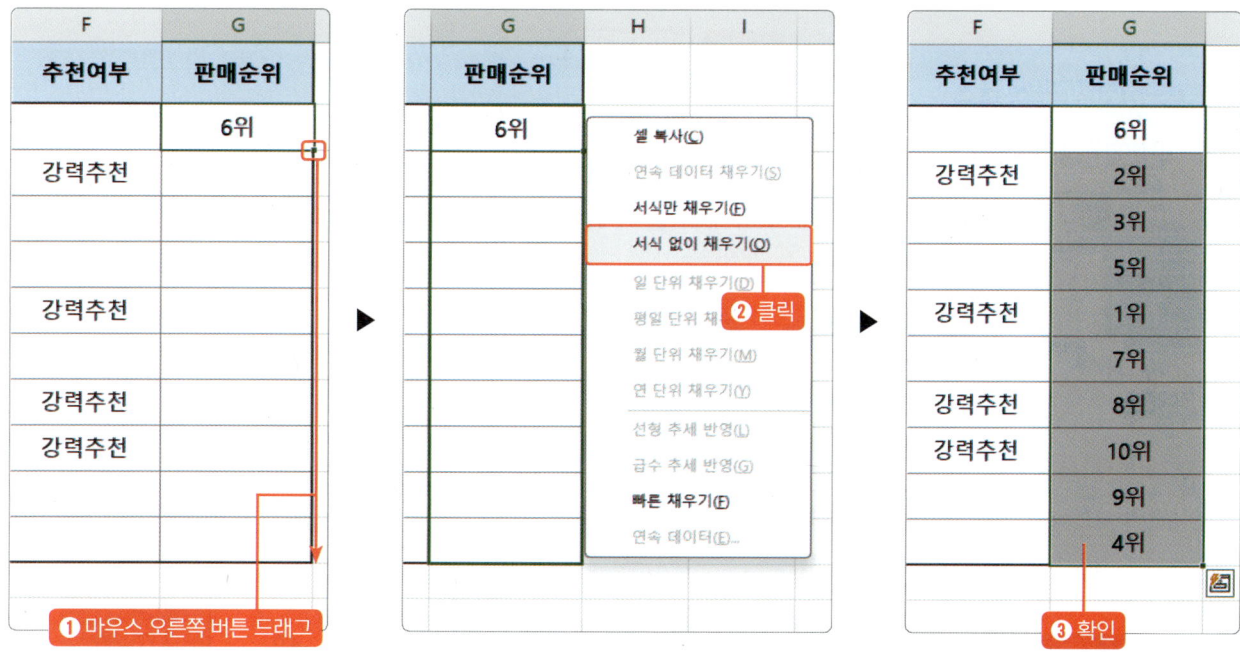

STEP 3 데이터에 표시 형식 적용하기

01 [C4:C13] 영역을 범위로 지정한 후 우클릭하여 [셀 서식]을 클릭합니다.

02 [표시 형식] 탭-[숫자]에서 **소수 자릿수를 1**로 변경한 후 <확인>을 클릭합니다.

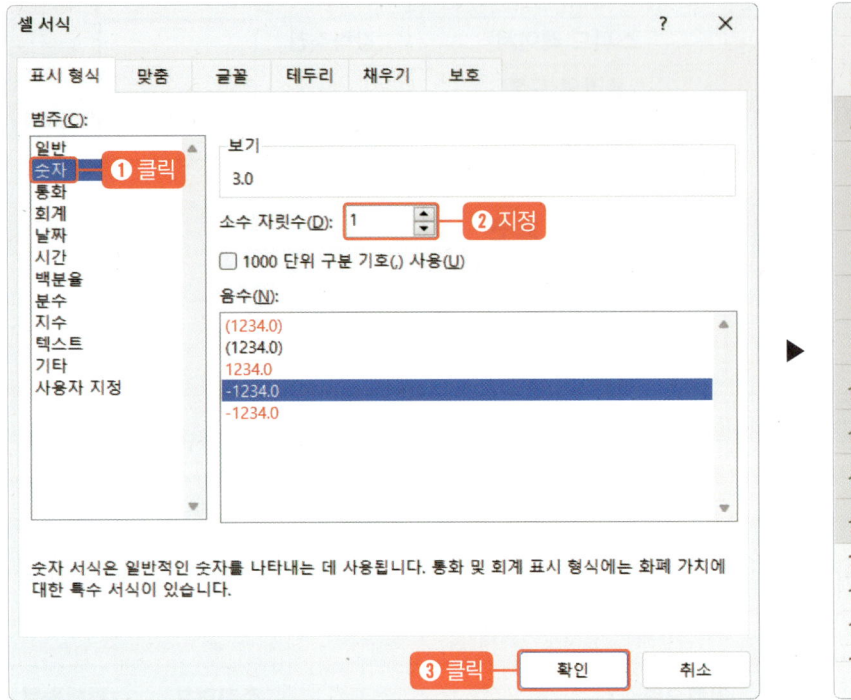
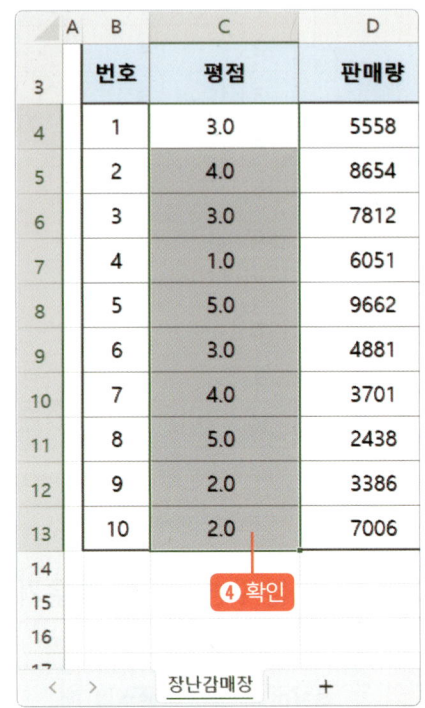

03 이번에는 [D4:D13] 영역을 범위로 지정한 후 우클릭하여 [셀 서식]을 클릭합니다.

04 [표시 형식] 탭-[**사용자 지정**]에서 아래와 같이 형식을 지정한 후 <확인>을 클릭합니다.

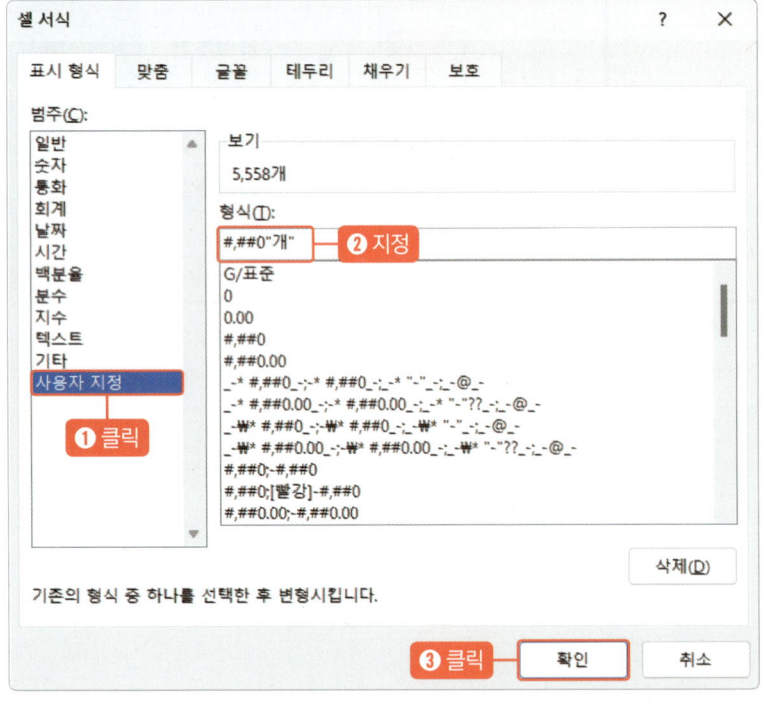

STEP 4 조건부 서식 규칙 작성하기

01 [B4:G13] 영역을 범위로 지정한 다음 [홈] 탭에서 [조건부 서식]-[새 규칙]을 클릭합니다.

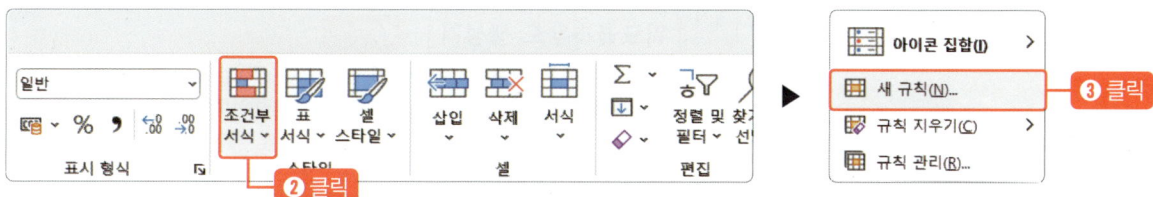

02 [수식을 사용하여 서식을 지정할 셀 결정]에서 수식을 입력한 후 서식을 변경하고 <확인>을 클릭합니다.

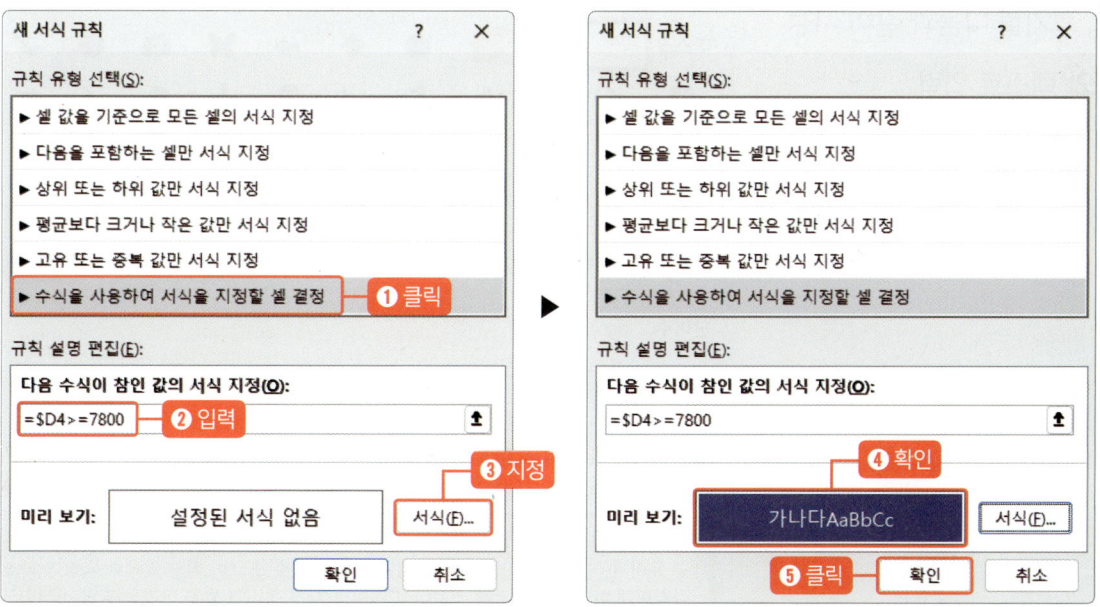

> **TIP** 판매량이 7800 이상인 경우 서식을 변경하기 위한 수식이에요. 수식 입력 시 [D4] 셀 선택 후 F4를 두 번 눌러 $D4로 표시할 수 있어요!

03 판매량이 7,800개 이상인 셀에 색이 채워진 것을 확인할 수 있습니다.

번호	평점	판매량	제품명	추천여부	판매순위
1	3.0	5,558개	마법의 큐브		6위
2	4.0	8,654개	스피드 레이서	강력추천	2위
3	3.0	7,812개	플라잉 드론		3위
4	1.0	6,051개	슬라임 왕국		5위
5	5.0	9,662개	스마트 AI 로봇	강력추천	1위
6	3.0	4,881개	입체 드림 3D펜		7위

STEP 5 워드클라우드로 이미지 생성하기

01 워드클라우드 생성기 (wordcloud.kr)에 접속

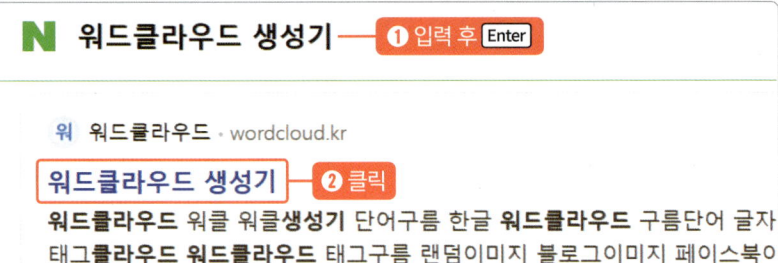

TIP 워드클라우드는 여러 가지 문자 중 중요한 단어를 크기와 색상으로 표현해주는 인공지능 도구예요!

02 마스크, 크기를 다음과 같이 지정

03 키워드와 텍스트 입력

TIP 텍스트에는 내가 좋아하는 단어들을 최대한 많이 입력하고, 키워드에는 크게 표시할 글자를 입력해 주세요! 많은 양의 텍스트 입력이 어렵다면 챗GPT의 도움을 받을 수도 있겠죠?

04 글자색과 폰트를 변경한 다음 <워드클라우드 만들기>

05 <다운로드>

06 X를 눌러 다운로드 완료

 131페이지를 참고하여 엑셀 시트 제목 부분에 다운로드 받은 워드클라우드 이미지를 배치해 보세요!

나만의 작품

엑셀 2021에서 입력된 데이터를 이용해 함수를 구하고 조건부 서식을 적용해 보세요.

📁 **실습 및 완성파일** [Chapter 22]-[연습문제] 폴더

- [H3:H7] 슈퍼히어로 인증(IF 함수) : 평균 점수가 85 이상이면 "슈퍼히어로", 아니면 "노력필요" 표시
- [I3:I7] 순위(RANK.EQ 함수) : 평균 점수를 기준으로 순위를 구한 다음 &"위" 표시
- [B3:I7] 조건부서식 : 슈퍼히어로 인증이 "슈퍼히어로"이면 자유롭게 서식을 변경
- 테두리, 셀 채우기, 글꼴 서식 변경 등의 기능으로 표 서식 꾸미기
- [B3:B7] 영역에 히어로 관련 아이콘 삽입하기
  ■ 아이콘 이미지는 [Chapter 22]-[연습문제] 폴더 안에서 찾을 수 있어요!

CHAPTER 23 재미로 하는 랜덤 응답기

- **인공지능** ··· 챗GPT를 활용해 다량의 데이터를 생성해요.
- **엑셀** ··· 무작위 값을 추출해주는 함수를 이용해 랜덤 응답기를 만들어요.

📁 실습 및 완성파일 [Chapter 23] 폴더

★ 재미로 하는 랜덤 응답기 ★

여행갈 때 필수품으로 챙기는 것은?	주말 아침 생각나는 음식은?	나의 평생 반려동물은?
신발	갈비탕	고릴라

어버이날 추천 선물은?	먹기 힘든 음식을 고르자면?	하루 변신할 수 있다면 어떤 동물로?
안경	감자튀김	토끼

제일 아끼고 좋아하는 물건은?	매일 먹어도 질리지 않는 음식은?	함께 산책하고 싶은 동물은?
핸드폰	햄버거	부엉이

내 생일 선물로 받고 싶은 것은?	오늘 저녁 메뉴는?	내가 소설가라면 어떤 동물을 주인공으로?
TV	감자튀김	고양이

오늘의 QUIZ — 엑셀의 함수와 관련된 내용을 틀린 것은 무엇일까?

- RANDBETWEEN은 정해진 범위 내에서 랜덤으로 값을 추출하는 함수야!
- UNIQUE 함수를 이용하면 중복되는 값을 제외하고 나열할 수 있지!
- IF 함수는 선택된 범위의 평균을 구해주는 기능을 해!

STEP 1 챗GPT를 이용해 데이터 생성하기

01 챗GPT(chatgpt.com)에 접속
02 필요한 내용을 입력

> **TIP** 랜덤응답기에는 '사물', '음식', '동물'과 관련된 데이터가 필요해요!

03 표시된 내용을 확인 후 코드 복사

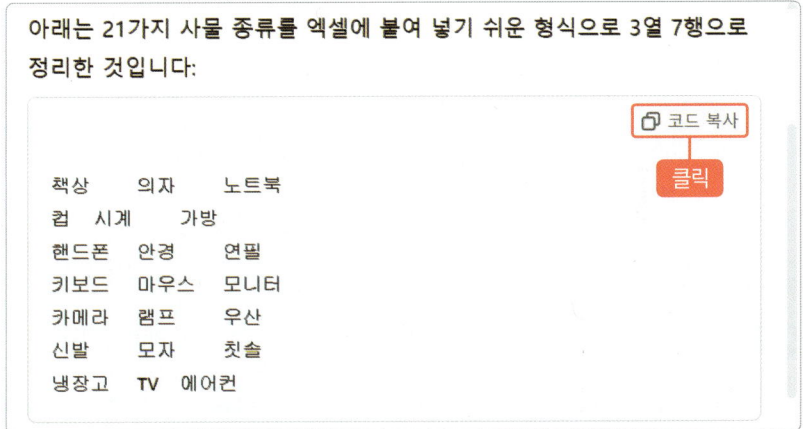

> **TIP** 엑셀 데이터 형식이 아니라면, 셀에 붙여넣었을 때 글꼴이나 테두리 서식이 변경될 수 있으니 작업에 참고해요!

STEP 2 함수 계산을 위해 필요한 데이터 정리하기

01 [Chapter 23] 폴더에서 **'랜덤응답기.xlsx'** 파일을 불러온 다음 **[B7]** 셀을 선택하여 복사된 데이터를 붙여넣어줍니다.

	A	B	C	D	E	F	G	H	I	J
5		Ctrl+V								
7		책상	의자	노트북						
8		컵	시계	가방						
9		핸드폰	안경	연필						
10		키보드	마우스	모니터						

CHAPTER 23 재미로 하는 랜덤 응답기

02 동일한 방법으로 챗GPT를 통해 **'음식'** 주제의 데이터와 **'동물'** 주제의 데이터를 생성해 엑셀 시트를 작업해 보세요.

> **질문 예** 이번에는 음식 데이터를 3열 7행으로 만들어줘. 엑셀에 붙여넣을 거야.

B	C	D	E	F	G	H	I	J
책상	의자	노트북	김치	비빔밥	불고기	호랑이	사자	코끼리
컵	시계	가방	된장찌개	잡채	삼겹살	기린	고양이	강아지
핸드폰	안경	연필	떡볶이	라면	김밥	늑대	여우	곰
키보드	마우스	모니터	칼국수	갈비탕	해장국	판다	하마	코뿔소
카메라	램프	우산	물냉면	순두부찌개	부침개	다람쥐	토끼	고릴라
신발	모자	칫솔	감자튀김	피자	햄버거	펭귄	돌고래	수달
냉장고	TV	에어컨	초밥	우동	돈까스	참새	부엉이	독수리

03 **[B15:D19], [E15:G19], [H15:J19]** 영역에 랜덤응답기에 필요한 질문을 입력해 보세요.

B	C	D	E	F	G	H	I	J
책상	의자	노트북	김치	비빔밥	불고기	호랑이	사자	코끼리
컵	시계	가방	된장찌개	잡채	삼겹살	기린	고양이	강아지
핸드폰	안경	연필	떡볶이	라면	김밥	늑대	여우	곰
키보드	마우스	모니터	칼국수	갈비탕	해장국	판다	하마	코뿔소
카메라	램프	우산	물냉면	순두부찌개	부침개	다람쥐	토끼	고릴라
신발	모자	칫솔	감자튀김	피자	햄버거	펭귄	돌고래	수달
냉장고	TV	에어컨	초밥	우동	돈까스	참새	부엉이	독수리
내 생일 선물로 받고 싶은 것은?			가장 어려운 요리는?			무인도에 갈 때 데려가고 싶은 동물은?		
여행갈 때 필수품으로 챙기는 것은?			주말 아침 생각나는 음식은?			나의 평생 반려동물은?		
추운 겨울 챙겨야 할 것은?			매일 먹어도 질리지 않는 음식은?			하루 변신할 수 있다면 어떤 동물로?		
제일 아끼고 좋아하는 물건은?			오늘 저녁 메뉴는?			함께 산책하고 싶은 동물은?		
어버이날 추천 선물은?			먹기 힘든 음식을 고르자면?			내가 소설가라면 어떤 동물을 주인공으로?		

> **TIP** 각 영역에는 사물, 음식, 동물이 정답으로 나왔을 때 어색하지 않은 질문이 필요해요!

STEP 3 함수를 이용하여 랜덤 질문 만들기

01 [B4:D4] 영역을 선택한 후 INDEX 함수를 찾아줍니다.

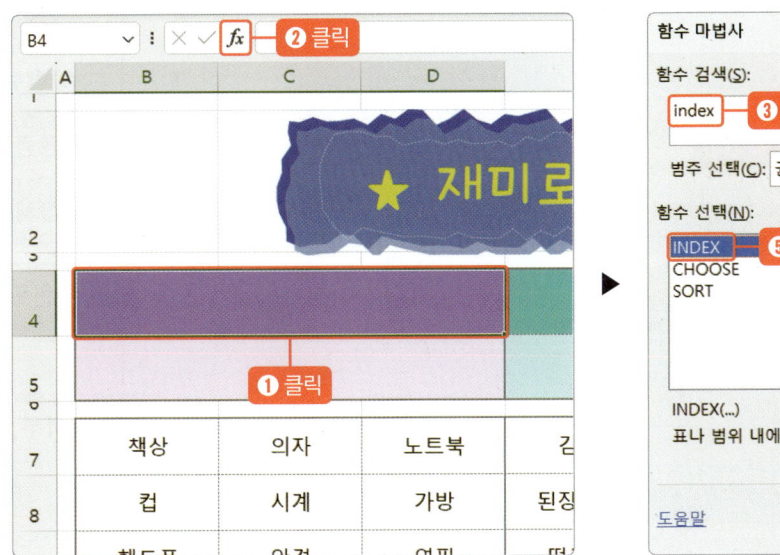
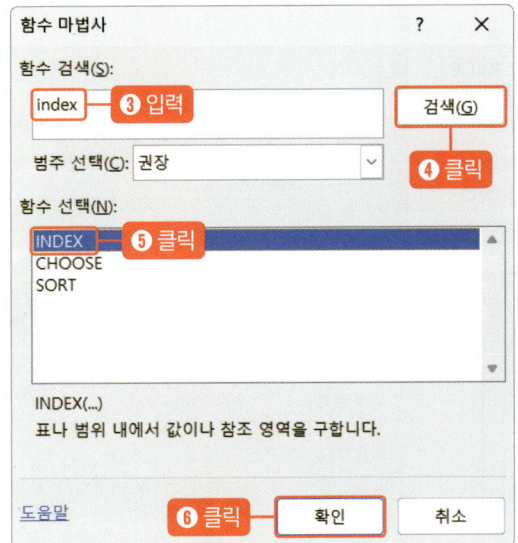

02 [인수 선택] 대화상자가 표시되면 <확인>을 누른 후 Array 범위를 [B15:D19] 영역으로 지정합니다.

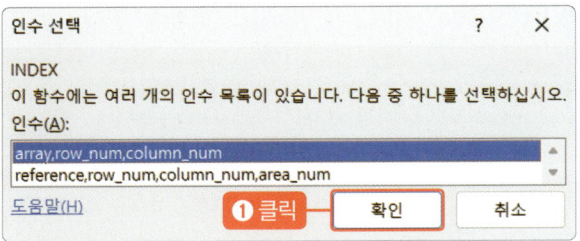

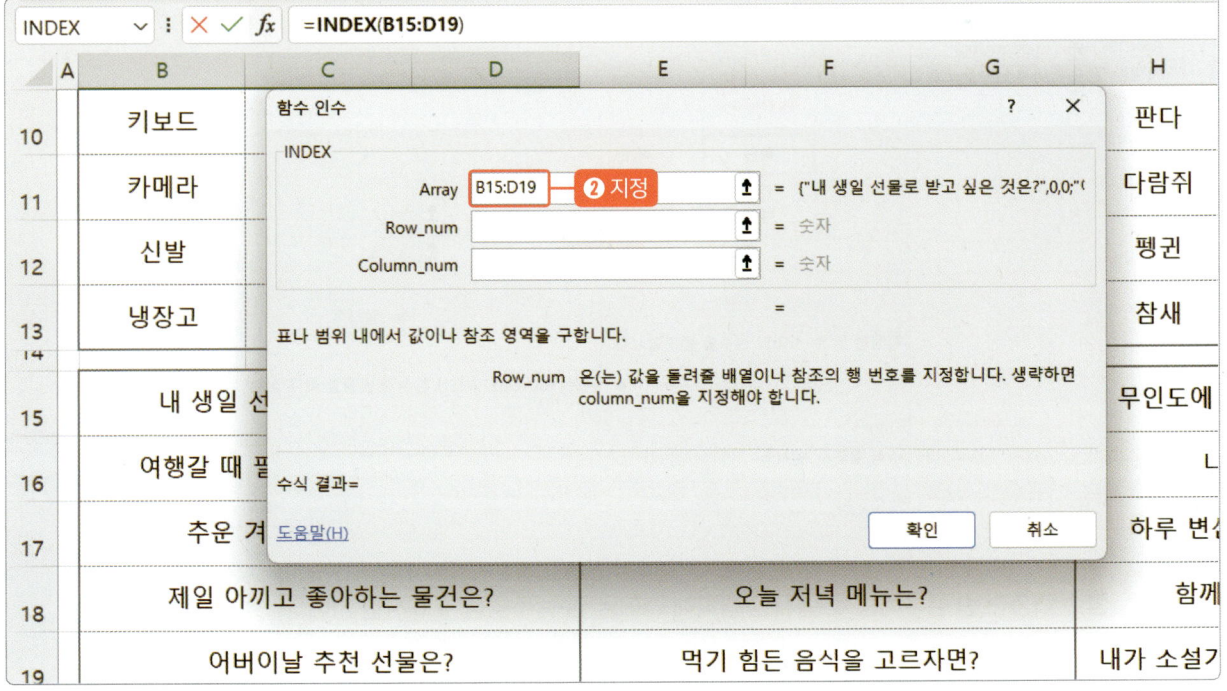

CHAPTER 23 재미로 하는 랜덤 응답기 **143**

03 Row_num 입력 칸을 선택한 다음 이름 상자의 목록 단추를 클릭하여 **[함수 추가]**를 선택합니다.

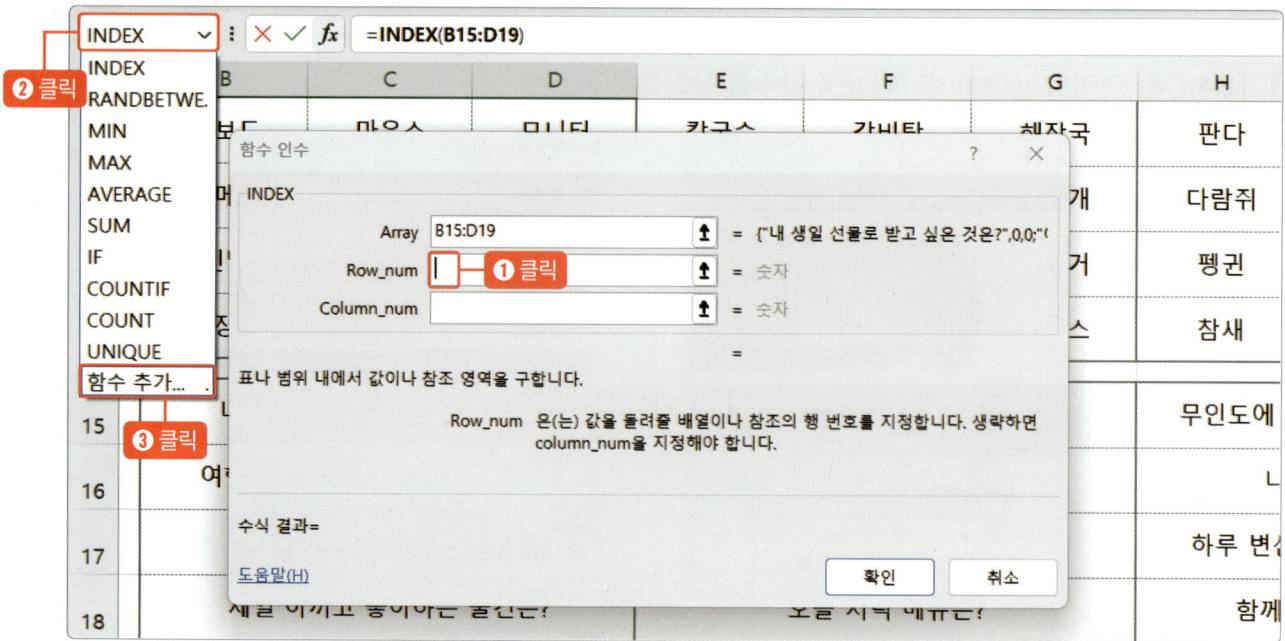

04 함수마법사 기능이 활성화되면 RANDBETWEEN 함수를 찾아 인수를 입력합니다.

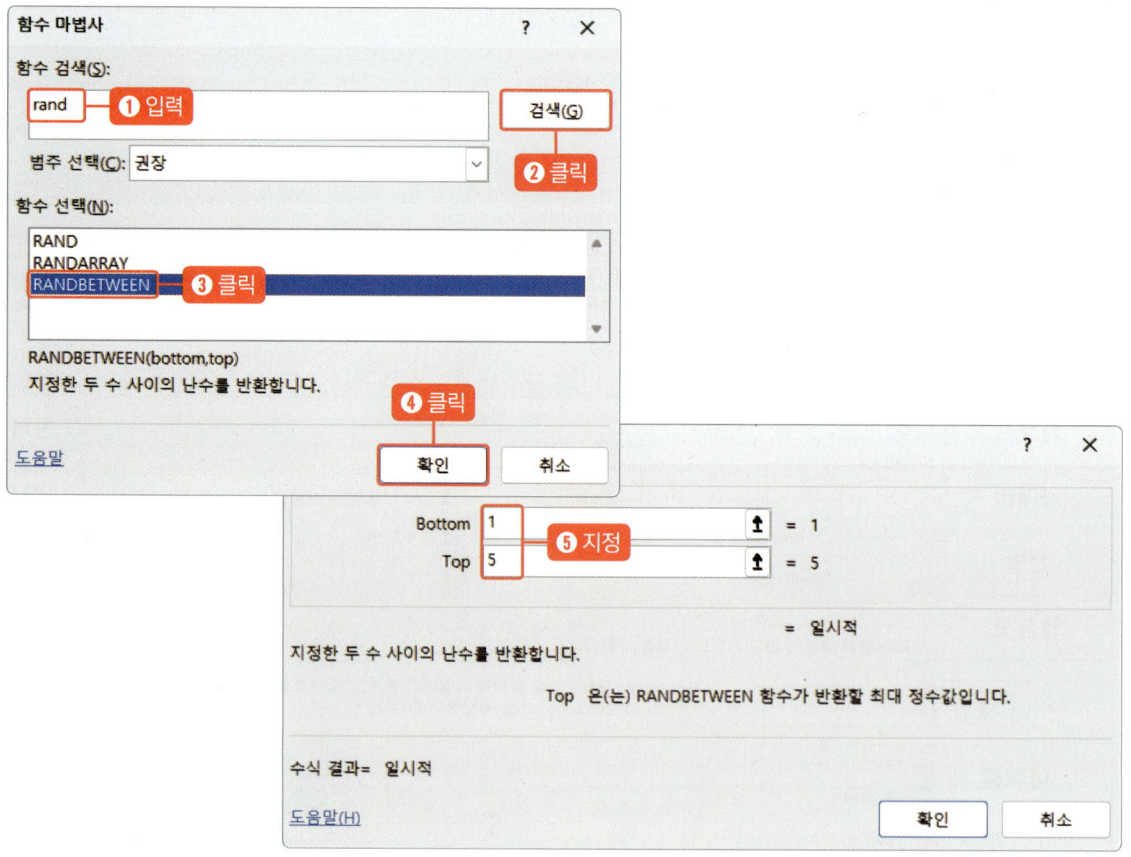

> **TIP** 함수 이름이 길 경우에는 몇 글자만 입력해도 해당 함수가 목록에 표시될 거예요!

05 수식 입력 줄에서 INDEX가 있는 부분을 선택한 다음 다시 **함수마법사**를 실행합니다.

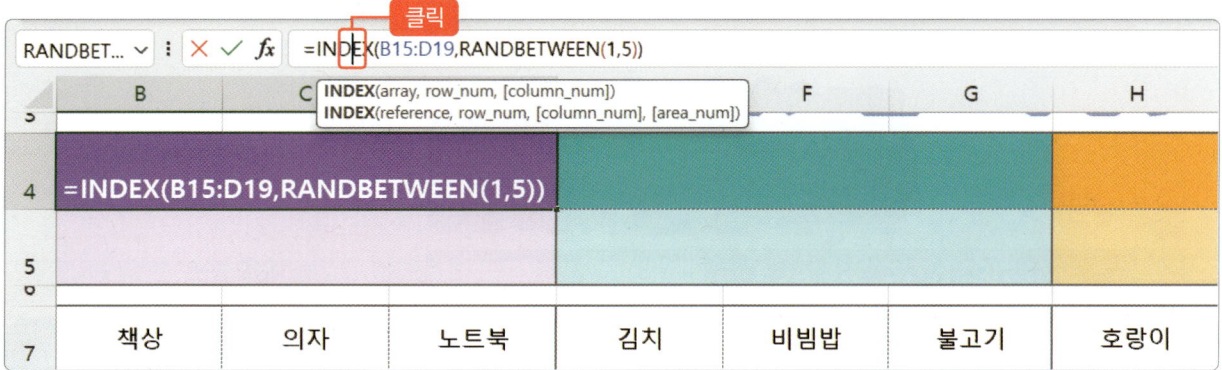

06 [인수 선택] 대화상자가 표시되면 <확인>을 누른 후 Column_num 입력칸을 선택하여 이름 상자 목록 중 RANDBETWEEN 함수를 찾아줍니다.

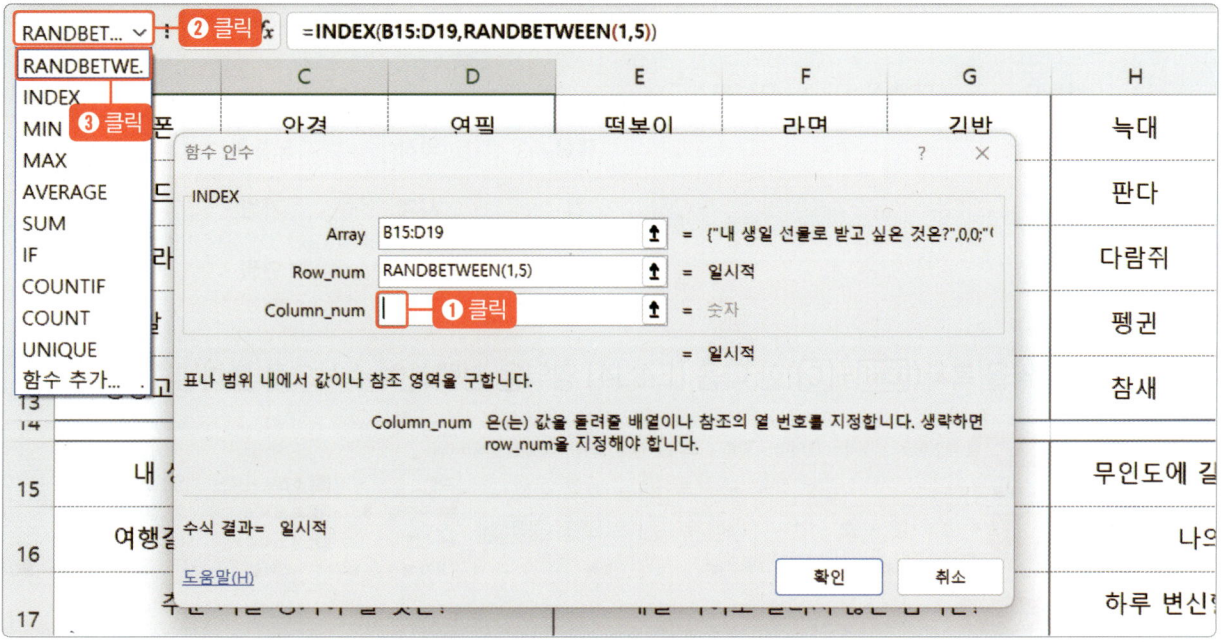

> **TIP** 만약 목록에 RANDBETWEEN 함수가 보이지 않을 경우에는 [함수 추가]를 클릭하여 찾을 수 있어요!

07 아래와 같이 필요한 인수를 입력합니다.

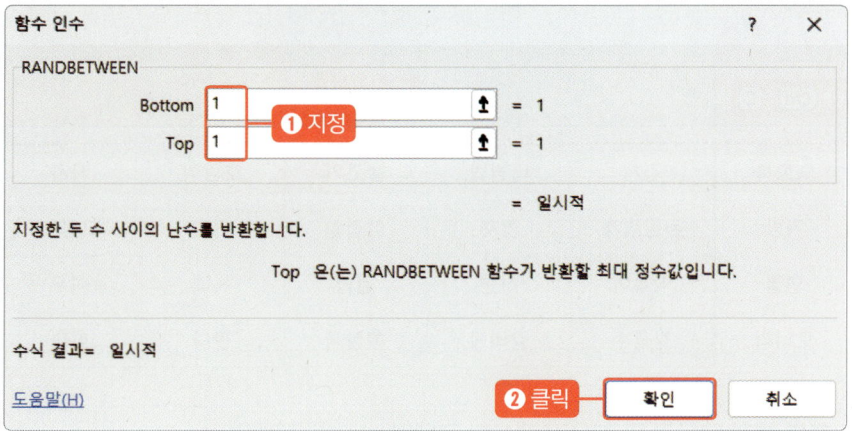

CHAPTER 23 재미로 하는 랜덤 응답기 **145**

08 F9 를 누를 때마다 [B4:D4] 영역에 질문이 랜덤으로 표시되는 것을 확인할 수 있어요.

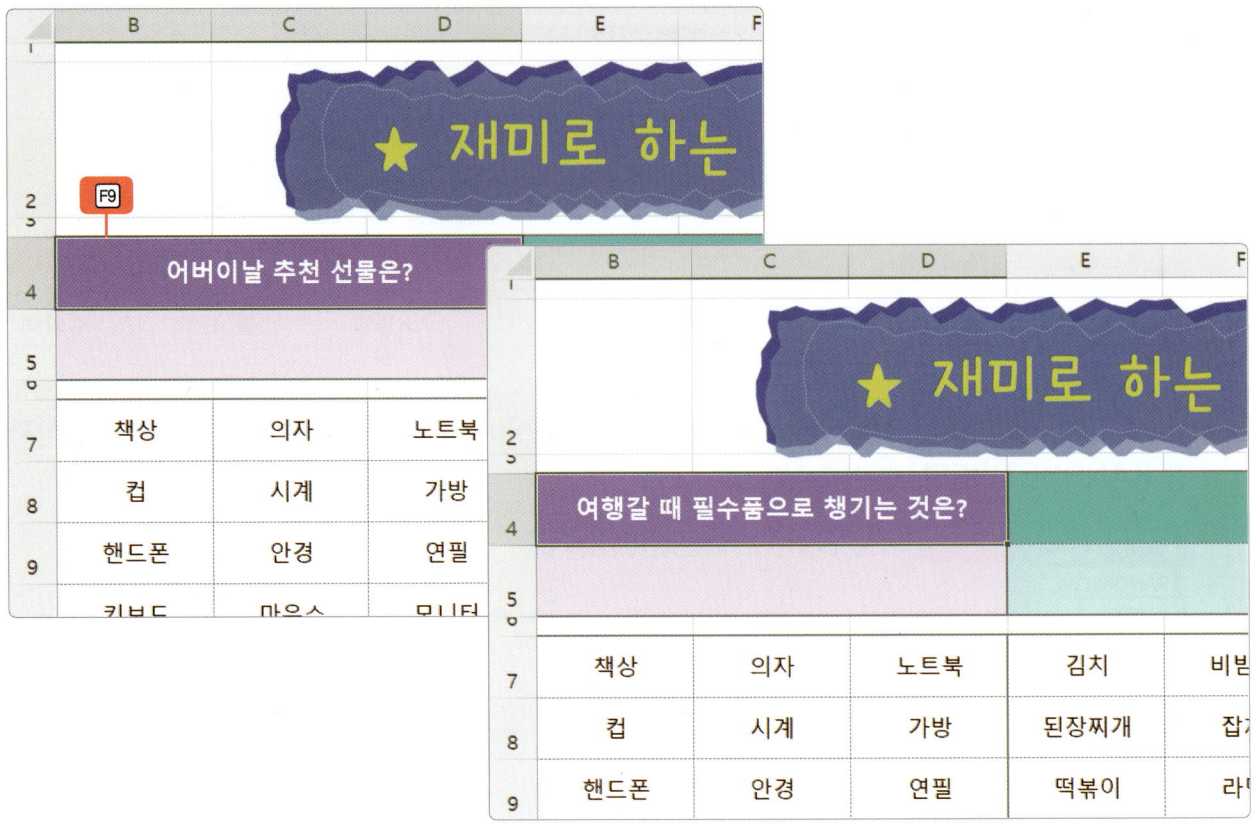

09 [B4:D4] 영역을 복사(Ctrl+C)한 다음 [E4:J4] 영역을 선택하여 수식으로 붙여넣기 합니다.

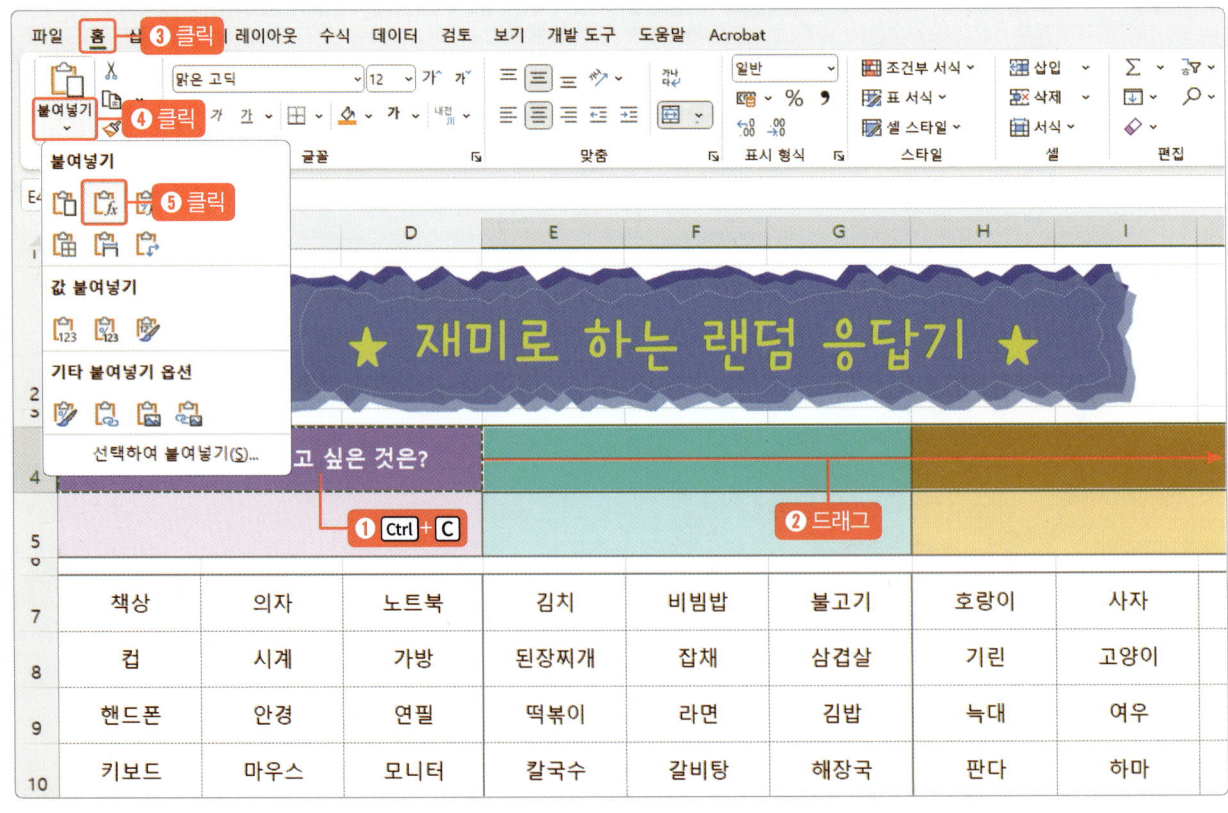

TIP 수식으로 붙여넣기 작업을 하면 셀의 테두리 및 채우기 색상이 그대로 유지될 거예요!

10 F9 를 누를 때마다 질문이 랜덤으로 바뀌는 것을 확인할 수 있습니다.

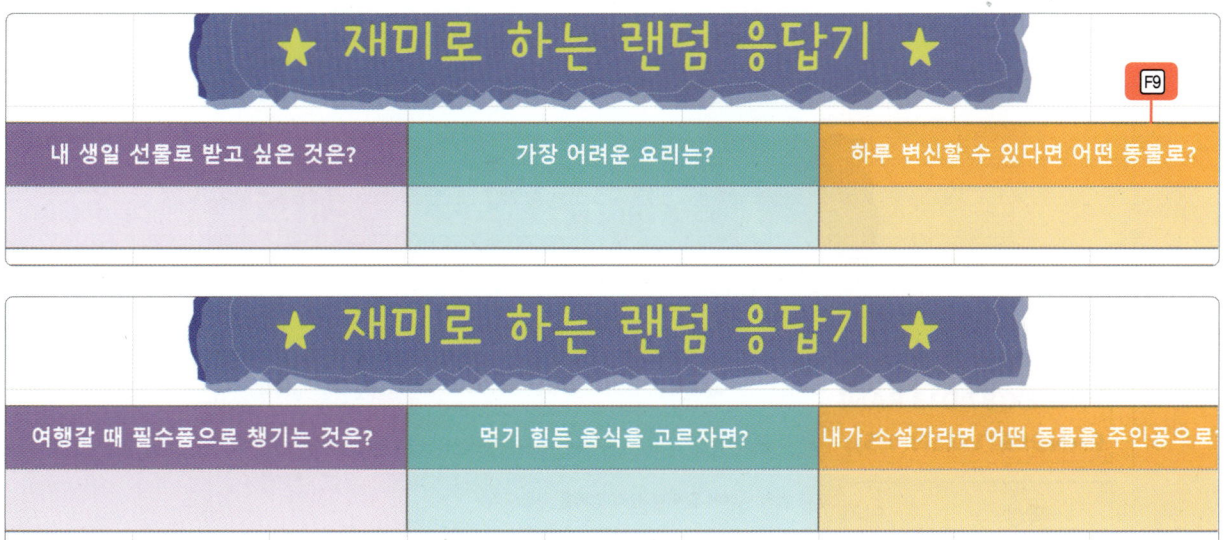

STEP 4 함수를 이용하여 랜덤 답변 완성하기

01 [B5:D5] 영역을 선택한 후 INDEX 함수를 찾아줍니다.

02 [인수 선택] 대화상자가 표시되면 <확인>을 누른 후 Array 범위를 [B7:D13] 영역으로 지정합니다.

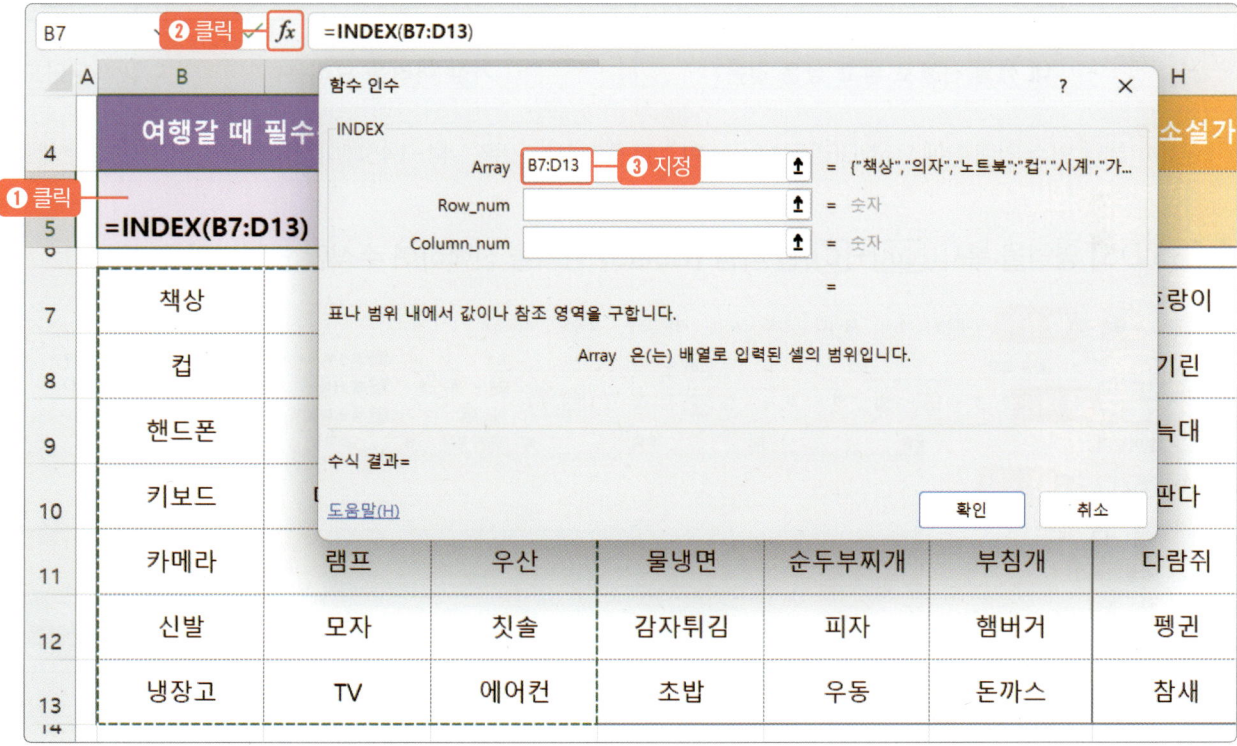

> **TIP** Array 인수에는 랜덤 답변이 표시될 셀 목록을 지정해주세요!

03 Row_num과 Column_num 입력 칸에 다음과 같이 수식을 지정합니다.

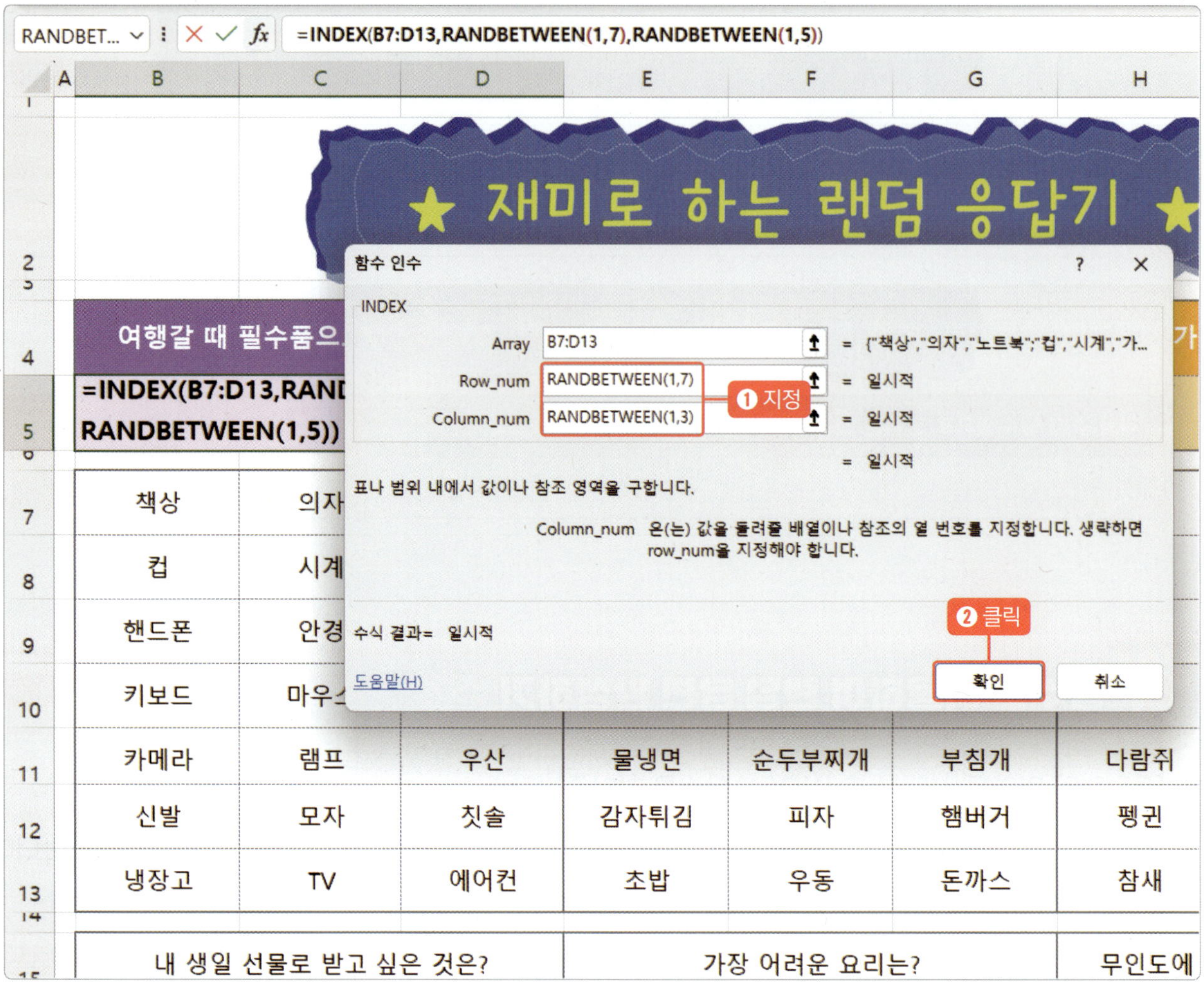

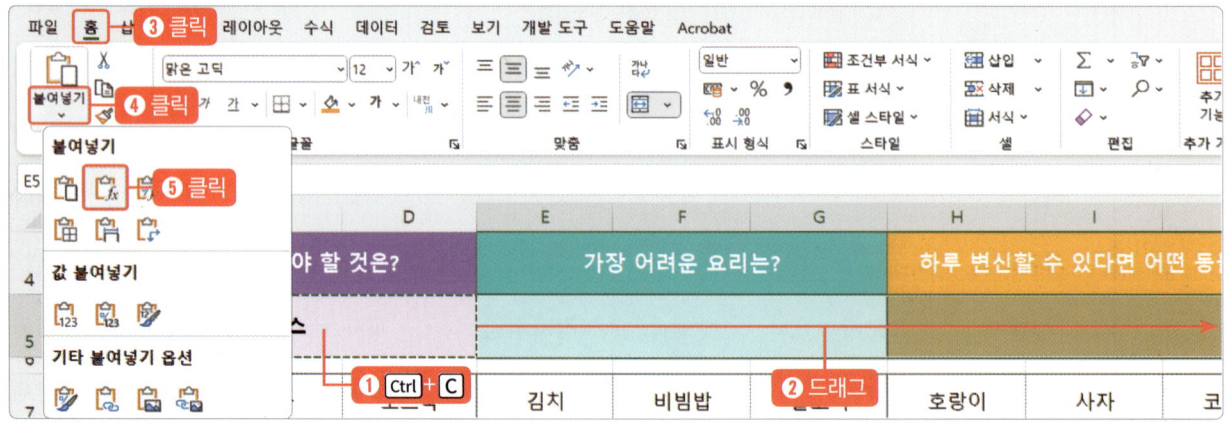

TIP 해당 인수 입력 칸에 RANDBETWEEN 함수를 중첩하는 것은 144-145페이지를 참고하여 작업해 보세요!

04 [B5:D5] 영역을 복사(Ctrl+C)한 다음 [E5:J5] 영역을 선택하여 수식만 붙여넣어줍니다.

05 F9를 누르면서 질문과 답변이 랜덤으로 바뀌는 것을 확인해 보세요.

엑셀 2021 프로그램에서 함수를 이용하여 랜덤 이름생성기를 만들어 보세요.

📁 **실습 및 완성파일** [Chapter 23]-[연습문제] 폴더

	A	B	C	D	E	F	G
2		박		현		우	
3							
5		김	전	다	민	우	후
6		홍	장	지	근	창	화
7		이	박	예	대	진	우
8		황	윤	경	현	도	경
9		정	강	선	재	환	풍
10		표	유	진	유	근	선
11		최	도	명	천	수	열

▷ [B5:G11] 셀에 한 음절 글자를 입력하기
  ■ [B5:C11]에는 성, [D5:G11]에는 이름으로 활용되도 어색하지 않은 글자로 입력해 보세요!

▷ [B2:C3] 영역에 INDEX 함수와 RANDBETWEEN 함수를 이용하여 랜덤으로 글자를 반환하도록 작업

  `B2    fx =INDEX(B5:C11,RANDBETWEEN(1,7),RANDBETWEEN(1,2))`

▷ [D2:E3], [F2:G3] 영역에 수식 붙여넣기
▷ F9 를 눌러 랜덤으로 생성되는 이름 확인

CHAPTER 24

종합평가
스티커 오목 게임

- **인공지능** ···· 로고 생성기를 활용해 게임 타이틀을 작업해요.
- **엑셀** ···· 오목 게임 판을 만들고 IF 함수를 이용하여 결과를 표시해요.

📁 **실습 및 완성파일** [Chapter 24] 폴더

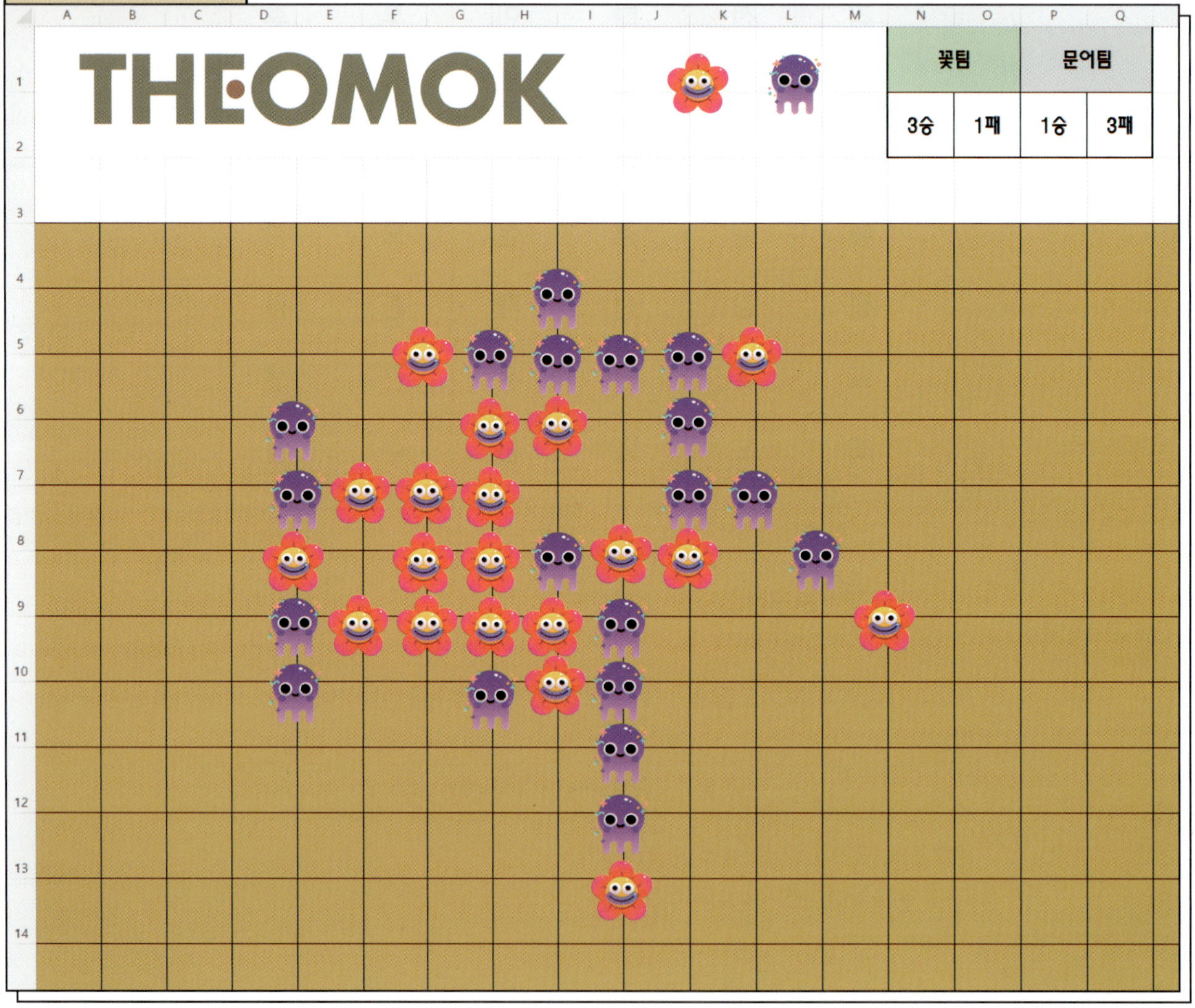

인공지능 작성조건

① 네임릭스(namelix.com)에 접속하여 'OMOK' 키워드 입력

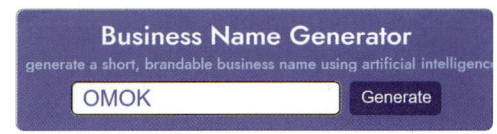

② Name Style(이름 스타일), Randomness(임의성), Brand Info(브랜드 정보)를 선택하여 로고 생성

> **TIP** 처음 입력했던 키워드를 연상하여 인공지능이 다양한 형태의 로고를 보여줄 거예요!

③ 표시된 항목 중 원하는 모양의 로고 이미지를 선택하여 캡처하기

> **TIP** [캡처 도구] 앱을 찾아 이용하거나, ⊞+Shift+S를 눌러 화면 캡처가 가능해요!

엑셀 작성조건

① [A1] 셀을 선택한 후 Ctrl+V를 눌러 로고 붙여넣고 배치하기
② 4행부터 25행 머리글을 드래그하여 테두리와 채우기 색을 적용하여 오목판 만들기
③ [삽입] 탭-[아이콘]-[스티커]에서 오목 게임에 적당한 말을 2개 추가

> **TIP** 말이 추가되면 오목 판에 놓기 좋은 크기로 변경해주세요!

④ 점수판의 [N1:O1] 영역과 [P1:Q1] 영역에 각각 팀 이름을 입력
⑤ [P2] 셀에 IF와 ISBLANK 함수를 이용해 다른팀의 승패에 따라 결과가 입력되도록 계산
⑥ [Q2] 셀에 IF와 ISBLANK 함수를 이용해 다른팀의 승패에 따라 결과가 입력되도록 계산

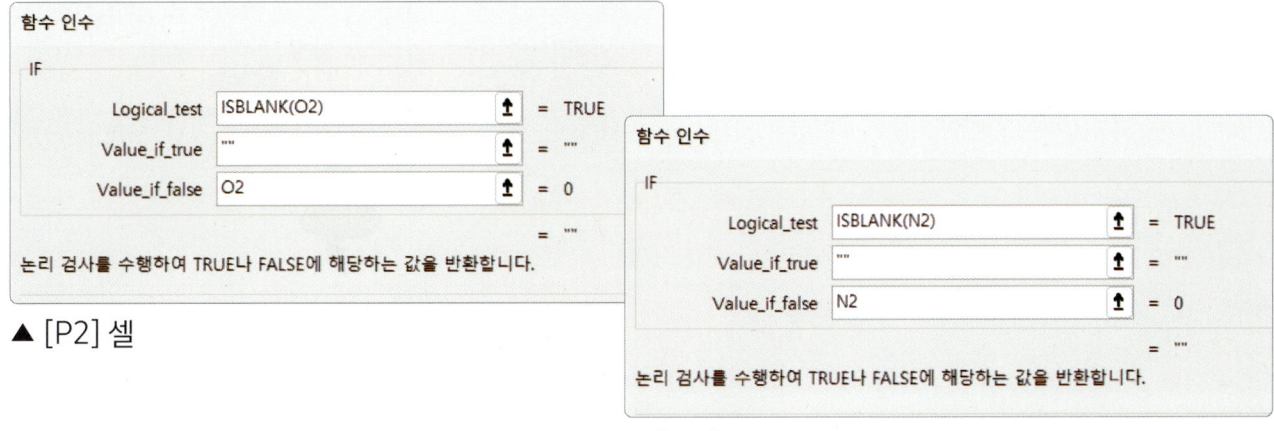

▲ [P2] 셀   ▲ [Q2] 셀

⑦ Ctrl을 누른 채 오목알을 드래그하여 오목 게임을 진행하고 승패 결과를 입력하기

> **TIP** 앞쪽 팀의 결과를 입력하면 뒤쪽 팀 결과가 자동으로 계산되어 표시될 거예요!

MEMO